民法典与生活

徐青英　著

上海人民出版社

前　　言

　　现有的法律类书籍是以培养法律人（未来的立法者、法官、检察官、律师、以及公证员等法律职业从业者）为目标构建的知识体系，特别强调法律信仰、法律道德、法律思维和法言法语等专业素养的培养。这样的书籍对于一般非法律专业的读者并不是最合适的阅读对象。

　　习近平总书记强调，"民法典要实施好，就必须让民法典走到群众身边、走进群众心里。要广泛开展民法典普法工作，将其作为'十四五'时期普法工作的重点来抓；要把民法典纳入国民教育体系，加强对青少年民法典教育"。中宣部等八部门联合印发通知部署学习宣传民法典指出："把民法典纳入国民教育体系，加大民法典在大中小学法治教育中的内容占比。"新时代社会主要矛盾转化昭示着满足人民的美好生活需要成为社会发展的主要任务，这也对法治教育提出了新课题和新使命。法治教育要面向全体读者，就应该对法治知识体系进行重构，对于非法学专业的读者来讲，有效的法治教育是培养尊法学法守法用法的法治素养的重要途径。

　　编纂《民法典》是党的十八届四中全会提出的重大立法任务。2020 年 5 月 28 日，万众瞩目的《民法典》获全国人民代表大会表决通过，标志着我国已经全面迈入民法典时代。这是中国法治进程中的一个重大里程碑。

　　《民法典》与人民生活息息相关，被誉为市民社会生活的百科全书。《民法典》是从日常生活中抽象出来的法律规则系统，是民事领域的基本法律规范，是社会生活的基本准则。《民法典》给予我们"从摇篮到坟墓"的全面保护。从网络时代的个人信息的保护到老龄化社会来临下的失能老人的监护，从房屋买卖中的合同纠纷到各种事故中的损害赔偿，从房屋不动产权证书的过户到婚姻家庭生活的维护，几乎我们生活中做的每件事，都可以在《民法典》中找到法律依据。

　　陶行知在 1921 年题为"活的教育"的文章中第一次明确提出了生活教育的

概念:(1)生活的教育;(2)为生活而教育;(3)为生活的提高、进步而教育。"生活即教育,社会即学校,教学做合一"是生活教育理论体系的重要命题和基本内涵。①"生活即教育"强调生活决定教育,教育不能脱离生活,教育的目的、内容和方法都不能脱离现实社会生活的需要。②为美好生活而进行法治教育,将民法的教育与生活紧密联系起来便是提高法治教育针对性、实效性的教育学依据。

《民法典与生活》是面向非法学专业读者的法律通识类著作,是《思想道德与法治》课程的法治部分的一个延伸,也是江苏省中小学法治教育中心推出的民法典普法著作之一。全书以《民法典》为框架,以民法基本法律问题为抓手,通过研讨大量经典案例,帮助读者理解民法的基本原理,学会从民法的角度理解生活,热爱生活、创造生活,为有尊严地生活打好法治素养基础。

全书力求以读者的生活为视角,以生活中的典型案例阐释民法的基本原理,提高民事权利的保护意识,增强对平等、自由、法治、诚信的核心价值观的理解力和践行力。

全书以民法方法论为重点,生动阐释与日常生活关系密切的民法规范,帮助读者应用所学民法知识大胆维护权利,自觉履行义务,培养预防纠纷发生的能力。

全书以预防和解决民事纠纷为难点,帮助读者培养运用民法理论和民法规范分析和解决民事法律纠纷问题的能力。

本书由南京晓庄学院徐青英独立撰写。在著书过程中,得到了南京晓庄学院马克思主义学院、江苏省中小学法治教育中心领导和同事们的大力支持与帮助,在此表示衷心的感谢! 本书是立项课题"中小学道德与法治课教师法治教育能力培训课程开发研究"(2022JSJY006)、南京晓庄学院通识选修课程"民法典人生导图"和"婚姻家庭继承与生活"的共同建设成果。本书编写过程中引用和参考了许多专家学者的相关著作和研究成果,尤其是宋纪连、郭艺蓓两位教师的相关研究成果,在此真诚致谢! 但限于作者的学识水平和学术能力,本书出版中的不当与缺漏之处恐在所难免。我们衷心地希望广大读者对本书的疏漏提出批评,以使本书能够不断完善。

---

① 参见陶行知等著,胡晓风等编:《生活教育文献》,四川教育出版社 1988 年版,第 291 页。
② 参见唐迅:《陶行知现代教育思想命题初探》,载《教育研究》1999 年第 11 期。

目 录

第一章　登堂入室推开民法之门——总则编

第一节　民法的经典问题——民法思维

一、美好生活与民法的意义

【案例】　张公平①与梁一思通过网络聊天认识，互留地址和照片。三个月后双方决定在某酒店见面。梁一思为此到美容院进行了美容并按约定时间至该酒店。但梁一思从天亮等到天黑，也未见张公平的身影。梁一思恼怒，按照地址找到张公平，双方发生争执。梁一思诉至法院要求张公平赔偿其精神损失费一万元。

【问题】　本案如何处理？为什么？

(一) 民法的概念

根据我国《民法典》第 2 条的规定，从民法的调整对象和任务的角度给民法下了一个定义，即民法是调整平等主体的自然人、法人和非法人组织之间的人身关系和财产关系的法律规范的总称。我国民法既包括形式上的民法，即《中华人民共和国民法典》，也包括单行的民事法律和其他法律、法规中的民事法律规范。案例中，张公平与梁一思通过网络认识约会，这虽然是平等主体之间的关系，但这种关系既不具有人身关系的内容也不具有财产关系的内容，这属于受道德规范调整的关系，不是民法规范调整的关系。况且精神损害赔偿是建立在对人格权侵害的基础上的，而张公平的行为未侵害梁一思的人格权，因此梁一思提出的精神损害赔偿请求是不能成立的。

---

① 本书案例中的人名均为化名。

（二）民法的性质

民法的性质，是民法的基本属性和民法所体现的基本理念，是民法区别于其他法的重要标准。

1. 民法是调整社会主义市场经济关系的基本法

在我国社会主义法律体系中，对社会主义市场经济关系进行法律调整最基础、最重要的当属民法。恩格斯说："民法准则只是以法的形式表现了社会的经济生活条件。"市场经济的建立和完善离不开民法的支持。发展社会主义市场经济需要从法律上确认三个基本要素，即主体、主体的权利和交易规则。而民法正好具有与之相匹配的主体制度、财产权制度和法律行为制度、合同制度等，这些都是建立和发展社会主义市场经济所需要的最基本的制度。

2. 民法是市民社会的基本法，是私法

市民社会是与国家相分离的独立自主领域。民法调整市民社会关系，重在保护市民的私权，协调市民利益，以构建和谐的市民社会秩序。

《民法典》将个人视为具有理性的人，尊重其依法自主地在行为能力范围内为安排自己事务所形成的法律关系，赋予民事主体广泛的行为自由，并使当事人之间的合法约定能够具有优先于任意法适用的效力。[①]因此民法保护私人权益，规范平等主体之间关系，是典型的私法。"民法是私法的一部分，私法是整个法律制度中的一个组成部分。"[②]

3. 民法主要是实体法

按照法律规定的内容不同，可将法律分为实体法与程序法。而民法作为实体法，既是行为规范，又是裁判规则。民法作为行为规范确立交易规则，为交易当事人从事各种交易行为提供明确的行为规则。

民法为司法裁判提供了一套基本规范和术语，对法官行使的自由裁量权作出了必要的限制。就民事案件的司法裁判而言，法官所应依据的基本规则就是《民法典》。

二、民法的基本原则

【案例】 张公平与梁一思在同一酒店工作。两人相恋不久，梁一思发现张

---

① 参见王利明：《构建中国民法总则知识体系》，载《法制日报》2023年7月12日。
② 参见［德］卡尔·拉伦茨：《德国民法通论》（上册），王晓晔等译，法律出版社2003年版，第3页。

公平脾气暴躁,提出终止恋爱关系。张公平对此坚决反对,并提出结婚,梁一思不愿意。张公平扬言道:"你不和我结婚,我杀了你全家。"梁一思被迫与其结婚。

【问题】　张公平的行为违反了民法的什么基本原则?

民法基本原则,是指其效力贯穿民法制度始终,并指导民事立法、民事司法和民事活动的基本准则。民法基本原则不仅是民事立法、民事司法、民事活动的准则,而且是解释民事法律法规的依据,是补充法律漏洞、发展学说判例的基础。①对此,我国《民法典》规定了民事主体应当遵循的基本原则。

(一) 平等原则和自愿原则

平等原则是《民法典》第 4 条规定的一条基本原则,是指民事主体平等地享有法律人格,平等地享有权利和承担义务,其民事权益平等地受法律保护的基本原则。恩格斯曾明确指出:"平等是民法产生和发展的基础。"②民法上的平等原则,是宪法关于"公民在法律面前一律平等"在民法领域的具体体现。

自愿原则,又称意思自治原则,是《民法典》第 5 条规定的一条基本原则,是指民事主体在法律允许范围内按照自己的意思设立、变更、终止民事法律关系,并自主承担由此产生的法律后果。法律地位平等是自愿原则的前提,自愿原则是法律地位平等的体现。自愿原则体现了民法的基本精神,奠定了民法作为市民社会基本法的基本地位。③案例中张公平以胁迫的方式强迫梁一思与其结婚违反了民法的自愿原则,是对结婚自由的粗暴干涉。

(二) 公平原则和诚信原则

公平原则,是《民法典》第 6 条规定的一条基本原则,是指民事主体从事民事活动,应当公正、平允、合理确定各方的权利和义务。④公平原则要求在民事活动中要机会均等、互利互惠,兼顾双方利益,反对暴利、以强凌弱、乘人之危、巧取豪夺等不公平现象。

诚信原则,是《民法典》第 7 条规定的一项基本原则,是指民事主体在民事活动中应当讲究诚实、恪守信用,并依照善意的方式行使权利、履行义务。诚信原则对于当事人而言既是道德规范,也是法律准则,它引导民事主体正确行为。

---

①　参见梁慧星:《民法总论》,法律出版社 2011 年版,第 45 页。

②　参见中共中央马克思恩格斯列宁斯大林著作编译局:《马克思恩格斯选集》(第 3 卷),人民出版社 1995 年版,第 143 页。

③　参见杨立新:《中国民法总则研究》,中国人民大学出版社 2017 年版,第 154 页。

④　参见王利明:《民法总则研究》,中国人民大学出版社 2018 年版,第 113 页。

（三）守法和公序良俗原则

守法和公序良俗原则，是《民法典》第 8 条规定的一条基本原则，是指民事主体从事民事活动，不得违反法律，不得违背公共秩序与善良风俗。守法与公序良俗原则的要求如下：(1)民事主体从事民事活动不得违反法律。(2)民事主体从事民事活动不得违背公序良俗。实践中，违反公序良俗的情形主要包括：危害国家公序、危害家庭关系、违反两性道德、射幸行为、侵犯人格尊严、违反竞争秩序、违反消费者与劳动权利保护、暴利行为等。①

（四）绿色原则

绿色原则，是《民法典》第 9 条新规定的一条基本原则，是指民事主体从事民事活动，应当有利于节约资源、保护生态环境。现代民法对近代民法的一些基本原则进行了限制和修正，"从私的所有到私的所有的社会制约"，是现代民法从权利本位向社会本位过渡的表征之一。此种对所有权绝对的限制，通常是基于社会整体利益的考虑，如基于资源的有效利用、通过城市规划而对土地所有权的限制；基于环境保护、生态平衡的保护而对所有物使用的限制；基于资源的有效开发而对土地地下利用权的限制等。②

三、民事法律关系

【案例】 甲、乙、丙三村分别按 20％、30％、50％的比例共同投资兴建一座水库，储水量 10 万立方米，约定用水量按投资比例分配。某年夏天，丙村与丁村约定，7 月中旬丙村从自己的用水量中向丁村供应灌溉用水 1 万立方米，丁村支付价款 1 万元。供水时，水渠流经戊村，戊村将水全部截留，灌溉本村农田。丁村因未及时得到供水，致使秧苗损失。丁村以为丙村故意不给供水，遂派村民将水库堤坝挖一缺口以放水，堤坝因此受损，需花数万元方可修复。因缺口大水下泻，造成甲村鱼塘中鱼苗损失严重。

【问题】 本案主要涉及哪些民事法律关系？

（一）民事法律关系的概念

民事法律关系是由民法规范调整的、以权利义务为内容的社会关系。生活

---

① 参见梁慧星：《市场经济与公序良俗原则》，载梁慧星主编：《民商法论丛》（第 1 卷），法律出版社 1994 年版，第 57—58 页。

② 参见尹田：《民法典总则之理论与立法研究》，法律出版社 2010 年版，第 126 页。

事实层面的社会关系经由民法规范调整后,被赋予民事权利义务内容,就此转化为法律关系。案例中:(1)甲、乙、丙三村对水库形成共有关系(共同建水库)。(2)丙村与丁村形成供水合同关系(买卖水)。(3)戊村对丁村构成侵权关系(截留他人供水)。(4)丁村对甲、乙、丙三村构成侵权关系(挖坏堤坝)。(5)丁村对甲村构成侵权关系(鱼苗损失)。

(二)民事法律关系的主体和客体

民事法律关系的主体,是指民事法律关系中享受权利、承担义务的人。民法承认的民事法律关系的主体主要是自然人、法人和非法人组织。在某些情形下,国家可作为法人,参与民事法律关系,如发行国库券、国债等。其中所谓非法人组织,是指不具有法人资格,但是能够依法以自己的名义从事民事活动的组织。《民法典》在总结既有立法和司法实践经验的基础上,单设一章规定非法人组织,承认非法人组织的民事主体地位。非法人组织分为营利性和非营利性两种。例如,律师事务所在性质上应当属于非营利性的非法人组织,而个人独资企业、合伙企业在性质上则属于营利性的非法人组织。《民法典》第102条第2款规定:"非法人组织包括个人独资企业、合伙企业、不具有法人资格的专业服务机构等。"

民事法律关系的客体,即民事权利和民事义务的指向对象。依利益的表现形式,可分为物、行为、智力成果、人格利益、身份利益,它们分别是物权关系、债权关系、知识产权关系、人格权关系和身份权关系的客体。

物权关系的客体是物,例外情况下如权利质权中可以是权利;债的关系的客体则是债务人的特定行为,即给付,包括基于给付而产生的期待利益;知识产权关系的客体是无形财产,包括智力成果、商标等;人格权关系的客体是生命、健康、身体、名誉、隐私等人格利益;身份关系的客体是因亲属关系而享有的一定身份利益;继承关系的客体是遗产,其既包括物,也包括债权等财产权利。

(三)民事法律关系的内容

民事法律关系的内容是指民事法律关系的主体所享有的民事权利和承担的民事义务。

民事权利是民事主体依法享有并受法律保护的利益及进行一定行为自由的可能性。民事权利是一种受法律保护的利益,这种利益既可能是个人利益,也可能是社会利益和国家利益。从权利的社会起源看,实证权利的产生系基于公共权力对利益的强制保护。在此意义上,将权利的本质归结为法律所保护的利益,有其真知灼见。[1]

---

[1]　参见朱庆育:《民法总论》,北京大学出版社2016年版,第502页。

从行为的角度看,民事权利体现为权利人进行一定行为的自由界限。以民事权利的作用为标准将民事权利划分为支配权、请求权、形成权、抗辩权。

民事权利的救济。无救济则无权利,民法对民事权利的保护,主要体现在救济制度上,既赋予当事人救济权,许可当事人在某些场合依靠自身力量实施自力救济,更着重于为权利人提供公力救济,即民事权利的公力救济和自力救济。公力救济是通过行政、司法、仲裁等多种机关采用多种手段实现的。民事权利的自力救济是指民事权利受到侵害时,权利人在法律规定的限度内,自己采取必要的措施保护其权利,包括自卫行为和自助行为。前者如紧急避险和正当防卫等,后者包括自助行为和救助行为等。救助行为又称"见义勇为"行为,因救助造成受助人损害,救助人可免责。

民事义务是与民事权利相对应的概念,民事权利的内容是利益,民事义务的目的是为了确保权利人利益的实现。民事义务是指义务人为满足权利人的要求而为一定的行为或不为一定的行为的法律负担。[1]民事义务未履行,当事人可以直接向义务人请求履行,也可提起诉讼。民事权利体现为利益,民事义务则体现为不利益。对民事权利,当事人既可行使,也可抛弃;而对民事义务,因其有法律的强制力,义务人必须履行,如不履行,要承担由此而产生的民事责任。民事义务的类型如下:(1)按义务产生的原因可分为法定义务和约定义务。(2)在合同基本义务外,基于诚信原则产生的附随义务,这是依债的发展情形所发生的义务,如通知义务、协助义务、照顾义务等。

四、民法方法论

【案例】 梁一思在某医院产下一女婴梁小思后,在某月子中心坐月子。月子中心的经理张公平擅自拍摄梁小思的照片发布在该月子中心的网站上。梁一思告知月子中心其侵害了自己孩子的肖像权和隐私权,要求该中心将照片撤下。张公平认为一个刚出生的婴儿,没有肖像权和隐私权。梁一思坚持要求月子中心等将上传网上的照片撤下,否则,将采取法律手段维权。

【问题】 张公平的观点有法律依据吗?你支持梁一思的法律主张吗?

---

[1] 参见王利明:《民法总则研究》,中国人民大学出版社 2018 年版,第 462 页。

（一）思考法律问题的三段论

法学方法论必然以三段论为基础而展开,因为当事人法律主张必然要以法律和事实两项要素为基础,这两项要素是通过三段论发生联系和互动的。法律正是利用三段论这个基本的推理工具来确定法律和事实的。三段论是从两个前提推得出一个结论的演绎论证。在形式逻辑上,三段论的推论形式为:大前提是T,小前提是S,如果T有法律效果R,则当S与T相对应时,也能产生R的效果。用公式表示就是:

① T→R(具备T的要件时,即适用R之法律效果)

② S＝T(特定的案件事实S该当T的要件)

③ S→R(特定的案件事实S,适用R之法律效果)

三段论推理更为具体的描述为:

① $T=M_1+M_2+M_3→R$

② $S=M_1+M_2+M_3$

③ S→R

以上三段论,如果运用到具体案件中,就是:法律法规或司法解释关于某种法律事实的规定以及该规定所对应的效果是大前提,案件事实是小前提,如果案件事实经过推理确定符合法律法规或司法解释关于某种法律事实的,则同样产生法律法规或司法解释关于某种法律事实对应的效果。案例中女婴梁小思具有民事权利能力,依法享有肖像权和隐私权等民事权利。推理如下:

大前提(法律依据)T→R:

自然人从出生时起到死亡时止,具有民事权利能力,依法享有民事权利,承担民事义务。(《民法典》第13条)

自然人享有生命权、身体权、健康权、姓名权、肖像权、名誉权、荣誉权、隐私权、婚姻自主权等权利。(《民法典》第110条)

小前提(法律事实)S＝T:

女婴梁小思是自然人,刚出生。

法律结论S→R:

梁小思具有民事权利能力,依法享有肖像权和隐私权等民事权利。

(二) 寻找法律规范和解释

结构完整的法律规范(完全规范)以假言命题表述,分为构成要件和法律效果两部分,基本结构是"如果……那么"格式的所谓"条件程式",构成要件的内容包括规范对象与情景描述,法律效果则包括应然规制及被规制的行为模式。

寻找规范看起来是寻找某个适合于事实的规范,实则涉及全体法律制度。这就首先产生到哪里去找法源的问题。法源也可称作法的渊源或法的材料。2009 年最高人民法院《关于裁判文书引用法律、法规等规范性法律文件的规定》(法释〔2009〕14 号)也间接说明了法源顺序,其第 2 条规定:"并列引用多个规范性法律文件的,引用顺序如下:法律及法律解释、行政法规、地方性法规、自治条例或者单行条例、司法解释。同时引用两部以上法律的,应当先引用基本法律,后引用其他法律。"另外,据第 6 条,对于其他规范性文件,根据审理案件的需要,经审查认定为合法有效的,可以作为裁判说理的依据。如图 1-1 所示。

图 1-1　引用法律规范顺序图

(三) 确定法律事实

三段论中的小前提就是指用于三段论推理的法律事实。我国法律所确认的"以事实为根据、以法律为准绳"是法律适用的基本原则,其中的"以事实为根据"就是要求法律适用活动首先确定"事实"这一三段论推理的"小前提"。

方法论中的小前提具有如下特点:

第一,方法论中的小前提是依据证明规则确定的事实。作为小前提的法律事实是一种依据证明规则确定的事实。只有遵循证据规则固定的事实,或者说经过了举证、质证等过程的事实,才是法律上认可的事实,也才能作为裁判的依据。

第二,方法论中的小前提是具有法律意义的案件事实。法律事实的识别就是指将生活事实上升为法律事实,运用法律概念和术语对生活事实予以界定,使其成为具有法律意义的事项。

(四) 涵摄形成法律结论

【案例】　梁一思因腹痛到医院就诊,被诊断为急性阑尾炎,医生手术时误将其子宫摘除。梁一思至法院起诉,要求医院赔偿治疗费、误工费和精神损害抚慰金。法院审理期间,梁一思因术后感染医治无效死亡。

【问题】　梁一思继承人(父亲、丈夫、女儿)有权请求医院赔偿哪些费用?

在法律判断形成的思维方式上,涵摄意指直接把某个案事实置于法律的事实构成之下,然后推出结论。具体来说,涵摄要经历对法律的事实构成进行分解、对个案事实进行分解、将个案事实归入法律的事实构成三步。先将法律的事实构成分解成 M1、M2、M3、M4 若干要件,再将个案事实分解成 a、b、c、d 若干因素,若 a、b、c、d 可归入 M1、M2、M3、M4,便发生 R。

大前提——民法规范		
规范内容	构成要件(M):加害人基于过错实施加害行为,并因此侵害受害人生命权	
	法律效果(R):赔偿义务人应当对赔偿权利人承担相应的财产损害赔偿和精神损害赔偿	
要件特征	①	M1=加害人对损害后果的发生具有过错(故意或者过失)
	②	M2=加害人实施了作为或者不作为的加害行为
	③	M3=受害人的生命权遭受侵害
	④	M4=加害行为与生命权遭受侵害之间具有因果关系
法律效果	①	精神损害赔偿:依照《精神损害赔偿解释》的规定确定具体的赔偿数额
	②	财产损害赔偿:须赔偿死亡赔偿金、丧葬费、交通费、住宿费、误工损失等

小前提——案件事实		
判断过程	①	a=M1:医院的医生对损害后果具有过错
	②	b=M2:医生实施了作为的加害行为(误将子宫摘除、术后感染)
	③	c=M3:受害人梁一思死亡
	④	d=M4:加害行为与损害之间具有因果关系
中间结论	S=a+b+c+d=M1+M2+M3+M4:通过涵摄,上述特定案件事实该当于前述民法规范之构成要件一一对应,前述民法规范能够得到适用,发生前述民法规范所定的法律后果	
最终结论	S→R 医院(赔偿义务人)须对赔偿权利人(梁一思的父亲、丈夫、女儿)承担精神损害赔偿和财产损害赔偿	

第二节 自然人、法人与非法人组织——权利主体

一、民法的权利本位

【案例】 张公平、梁一思系同事关系,因工作上的琐事产生矛盾。某日,张公平在梁一思下班途中将梁一思殴打一顿,并将梁一思的汽车轮胎扎破。梁一思为避免矛盾扩大,没有追究此事。直到两年后,梁一思因无法忍受张公平平时的欺辱,向法院提起诉讼,要求张公平赔偿损失。张公平承认此事,但以诉讼时效已过为由拒绝赔偿。

【问题】 请分析张公平、梁一思的民事权利及其行使。

民法的本位即民法的基本目的、基本作用、基本任务。①《民法典》第3条规定,民事主体的人身权利、财产权利以及其他合法权益受法律保护,任何组织或者个人不得侵犯。

民法慈母般地守护着每个人的权益,民法以权利为本位,就是要确认和保障每个人的合法民事权利和利益。民法规范的制定和实施,本身就要求国家履行保护自由、保障平等、保持公正、保证法治的义务。爱国、敬业、诚信、友善作为个人的价值准则,则已内化于民法规范之中,民事主体的行为如不违背公序良俗、遵守约定、遵循诚信原则、不伤害他人,即在法律层面上符合爱国、敬业、诚信、友善的价值要求。②民法规范,以授权性规范为主,有别于行政法和刑法。民法是为保护权利体系而建造的法律大厦,权利就是大厦的根基。民事权利体系图如图1-2。

《民法典》专设"民事权利"一章,广泛确认自然人享有的各项人格权、物权、债权、知识产权、亲属权、继承权等权利,使其真正成为"民事权利的宣言书"。"民事权利"章的设置体现了《民法典》的中国特色、实践特色和时代特色,是《民法典》贯彻权利本位的典型例证。对权利本位的贯彻是《民法典》设置"民事权利"章最直接、最现实、最合理的基础。首先是人格权,如生命权、身体权、健康

---

① 参见梁慧星:《民法总论》,法律出版社2017年版,第40页。
② 参见李宇:《民法总则要义:规范释论与判解集注》,法律出版社2017年版,第15页。

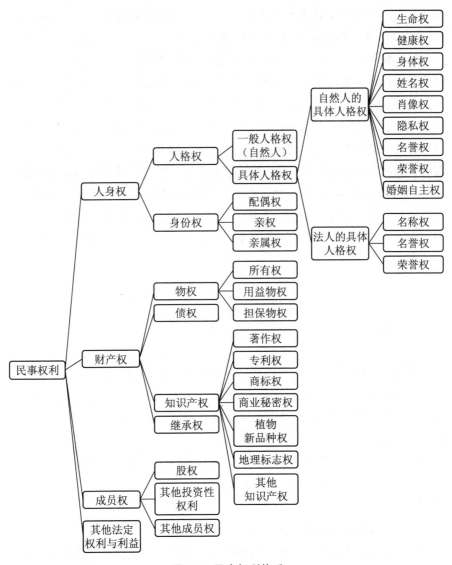

图 1-2 民事权利体系

权、名誉权、隐私权等。其次是身份权和财产权。这些权利是民法上最重要的民
事权利,由民法加以规定和保护。尤其是人格权,是人之享有其他权利(如其他
民事权利和政治权利)的前提和基础,没有人格权,甚至不能称之为人。①《民法
典》系统、全面地规定了民事主体所享有的各项人身、财产权益,体现了当代中国

---

① 参见陈华彬:《民法总则》,中国政法大学出版社 2017 年版,第 39 页。

的时代特征,回应了人民追求美好生活、实现人生尊严的现实需求。例如,《民法典》首次正式确认隐私权,有利于强化对隐私的保护。

从权利救济的角度来看,无救济则无权利,通过民法的方法提供司法救济,是确认权利的重要手段。《民法典》不仅对各项民事主体的各项权利实行平等的保护,而且通过民事责任制度维护个人的人格尊严、价值以及生活的安定;当自然人、法人所享有的各项民事权利受到侵害时,受害人均可借助法律责任制度法获得救济。案例中,梁一思对其人身利益享有人身权,对其汽车享有财产权(所有权),这两种权利属于支配权。张公平殴打梁一思并将梁一思的汽车轮胎扎破,侵犯了梁一思的人身权和财产权,梁一思享有请求权,即请求张公平赔偿损失的权利。梁一思向法院起诉,是梁一思采取公力救济的方式保护自身民事权利。在梁一思向法院起诉时,张公平认为诉讼时效已过而拒绝赔偿,这是行使抗辩权的行为。

二、自然人制度

【案例】 16周岁的张公平初中毕业后赋闲在家,偶尔靠打零工赚一些零花钱。某日张公平因需给网络游戏充值,趁家中无人,便将家中一台电视机以300元的低价卖给梁一思。几天后张公平父亲找到梁一思,要求返还上述电视机。梁一思拒绝。

【问题】 张公平是否具有民事权利能力? 张公平的民事行为能力应当如何认定? 张公平是否有权出卖家中的电视机?

(一) 民事权利能力的概念与特点

作为民事主体的自然人,是指与法人相对的依自然规律产生的具有生命的人类个体,包括试管婴儿等人工授精产生的具有生命的人类个体。自然人的民事权利能力是指自然人作为民事主体的资格,即依法享有民事权利,承担民事义务的资格。民事权利能力是自然人取得民事权利的前提。根据《民法典》的规定,自然人具有以下法律特征:

第一,自然人具有民事权利能力而成为民事主体。自然人具有民事权利能力是法律赋予的自然人作为民事主体的根本特征。自然人依法享有民事权利的同时,也依法承担民事义务,体现了自然人作为民事主体权利和义务的统一。

第二，自然人的民事权利能力一律平等。作为民事主体自然人的法律地位一律平等，不论其民族、性别、年龄、家庭背景、所受教育和文化程度、宗教信仰、财产等状况如何，都具有民事权利能力即作为民事主体的资格。自然人的民事权利能力与生俱存，不能剥夺，不能放弃，不能转让。

（二）民事权利能力的开始与终止

自然人的出生时间与死亡时间是自然人作为民事主体具有民事权利能力的起止时间，也就是自然人作为民事主体依法享有民事权利和承担民事义务的起止时间。

根据《民法典》第13条的规定，自然人的民事权利能力自出生时开始。依据《民法典》第15条的规定，自然人出生时间一般以出生证明记载的时间为准；如果没有出生证明，或者出生证明没有详细记载自然人出生时间的，则应以户籍登记或者其他有效身份登记记载的时间（如个人居民身份证件记载的时间）为准。

根据《民法典》第13条的规定，自然人的权利能力因死亡而终止。也就是说，死亡之后，自然人不能再作为民事主体享有民事权利、承担民事义务。根据《民法典》第15条的规定，自然死亡的时间一般应以死亡证明书上记载的时间为准；如果没有死亡证明，则以户籍登记或者其他有效身份登记记载的时间为自然人的生理死亡时间。因自然人从出生时起至死亡，具有民事权利能力，因此张公平具有民事权利能力。

（三）民事行为能力的概念和意义

自然人的民事行为能力，是指自然人能够以自己的行为行使民事权利和设定民事义务，并且能够对于自己的行为承担民事责任。在民法中，行为能力越是欠缺，行为的自由度就越是受到限制，管制色彩亦越是浓厚。完全行为能力则意味着具有完全的理性，具有独立承担自己一切行为后果的能力。[①]

民法之所以要设立民事行为能力制度，其根本原因是为了保护无民事行为能力人和限制民事行为能力人的利益。民事行为能力其实就是民事主体独立地进行民事活动的能力，行为人欠缺民事行为能力，就意味着他不具备独立从事民事活动的能力，如果贸然从事民事活动，该行为人在交易中就非常容易受到损害。所以，法律限制这部分人独立从事交易活动，从而保护这些不具有民事行为能力或者民事行为能力受限制的人的利益。

---

① 参见朱庆育：《民法总论》，北京大学出版社2016年版，第380页。

（四）民事行为能力的划分

根据《民法典》的规定,自然人的民事行为能力分为以下类型。

1. 完全民事行为能力

所谓完全民事行为能力,是指自然人能以其自己的行为独立享有民事权利、承担民事义务的资格。《民法典》第 17 条规定:"十八周岁以上的自然人为成年人。不满十八周岁的自然人为未成年人。"《民法典》第 18 条第 1 款规定:"成年人为完全民事行为能力人,可以独立实施民事法律行为。"《民法典》第 18 条第 2 款规定:"十六周岁以上的未成年人,以自己的劳动收入为主要生活来源的,视为完全民事行为能力人。"

2. 限制民事行为能力人

限制民事行为能力,是指自然人在一定范围内具有民事行为能力。根据《民法典》的规定,限制民事行为能力人有两种:一是八周岁以上的未成年人。《民法典》第 19 条规定:"八周岁以上的未成年人为限制民事行为能力人,实施民事法律行为由其法定代理人代理或者经其法定代理人同意、追认;但是,可以独立实施纯获利益的民事法律行为或者与其年龄、智力相适应的民事法律行为。"二是不能完全辨认自己行为的成年人。对此,《民法典》第 22 条规定:"不能完全辨认自己行为的成年人为限制民事行为能力人,实施民事法律行为由其法定代理人代理或者经其法定代理人同意、追认;但是,可以独立实施纯获利益的民事法律行为或者与其智力、精神健康状况相适应的民事法律行为。"如一个 13 周岁的初中生购买笔记本、乘坐公交等与其学习生活密切相关的活动,其能够独立实施,无需其法定代理人代理。案例中,张公平为 16 周岁的未成年人,虽然偶尔打零工挣点零花钱,但没有达到以自己的劳动收入为主要生活来源的程度,因此张公平不能视为完全民事行为能力人,仍然属于限制民事行为能力人。张公平低价出卖电视机的行为,与其年龄、智力不相适应,因此张公平不能独立实施这一买卖行为。

3. 无民事行为能力

所谓无民事行为能力,是指自然人无独立从事民事活动的资格。在我国,无民事行为能力人包括以下两类:一是不满八周岁的未成年人。对此,《民法典》第 20 条规定:"不满八周岁的未成年人为无民事行为能力人,由其法定代理人代理实施民事法律行为。"二是不能辨认自己行为的人。《民法典》第 21 条第 1 款规定:"不能辨认自己行为的成年人为无民事行为能力人,由其法定代理人代理实施民事法律行为。"依据该条规定,如果成年人因为智力、精神状况等原因而无法辨认自己的行为,则应当属于无民事行为能力人。《民法典》第 21 条第 2 款规定:"八周岁以上的未成年人不能辨认自己行为的,适用前款规定。"年满八周岁的未成年人属于限制民事行为能力人,但如果其不能辨认自己的行为,则也应当属于无民事行为能力人。

三、法人制度

【案例】 张公平、董敏法、梁一思各出资 40 万元设立佳豪贸易公司,从事太阳能热水器销售业务。由于市场不景气,佳豪贸易公司欠下明发公司 80 万元的债务,而公司的实有资产只有 40 万元。明发公司要求佳豪贸易公司、张公平、董敏法、梁一思共同偿还 80 万元的债务。

【问题】 佳豪贸易公司能否取得法人资格? 佳豪贸易公司欠下的 80 万元债务应当如何清偿?

(一) 法人的概念和特征

法人是民事主体类型之一,与自然人相对,是由法律创设的权利主体,以从事交易及相关活动。自然人与法人统称为法律上的"人"。对于自然人而言,法人永远只是一个工具性的概念。法人的这一特点,显然与自然人之"自在的目的性"特质有着天壤之别。①《民法典》第 57 条规定,法人是具有民事权利能力和民事行为能力,依法独立享有民事权利和承担民事义务的组织。

法人具有以下法律特征:

1. 法人是具有独立人格和以自己的名义进行民事活动的社会组织体

法律禁止出资人、设立人与法人的人格混同。对此,《民法典》第 83 条第 2 款明确规定,营利法人的出资人不得滥用法人独立地位和出资人有限责任损害法人的债权人利益;滥用法人独立地位和出资人有限责任,逃避债务,严重损害法人债权人的利益的,应当对法人债务承担连带责任。

2. 法人有独立的法人财产,享有法人财产权

法人依法设立后,设立人的出资作为法人财产与设立人的财产相分离,法人享有包括财产所有权、支配权、占有权、使用收益权以及处分权在内的法人

---

① 参见朱庆育:《民法总论》,北京大学出版社 2016 年版,第 418 页。

财产权。

3. 法人以其全部财产独立承担民事责任

对于法人来讲,其全部财产不足以清偿其全部债务即资不抵债时,其只能依法重整或者宣告破产,其债权人也无权要求出资人承担清偿责任。案例中,佳豪贸易公司是法人,作为法人的佳豪贸易公司相对于其出资人具有独立的法人财产权,明发公司无权要求张公平、董敏法、梁一思对该债务承担清偿责任,只能要求佳豪贸易公司清偿。

(二) 法人的条件

根据《民法典》第58条第2款规定,成立法人应当具备以下条件:

1. 法人应当有自己的名称

法人名称是法人标示和代表自身的符号,是与其他法人相区别的基本标志。法人名称的构成具有法定性且其为法人所专有,未经法人同意或者依法转让,他人无权擅自使用法人名称,依法进行登记的法人名称受法律保护。

2. 法人应当具备相应的组织机构

其组织机构一般包括权力机构、执行机构和监督机构。其中,权力机构是由全体组成成员构成的成员大会,依法行使法人的决策权。法人的执行机构,对法人全体成员大会负责并依法行使法人的经营执行权。监督机构,主要行使对法人财务的检查权和对法人的法定代表人、高级管理人员执行法人职务的行为进行监督。

3. 法人应当有自己的住所

《民法典》第63条规定,法人以其主要办事机构所在地为住所。依法需要办理法人登记的,应当将主要办事机构所在地登记为住所。

4. 法人应当有自己的财产或者经费

法人应当具备必要的财产和经费,这既是法人开展符合其设立目的活动的物质基础,也是法人进行民事活动的信用与责任基础。案例中,佳豪贸易公司符合法人成立的条件,经登记后能够取得法人资格。

(三) 法人的分类

《民法典》基于法人的设立目的及其是否向出资人、设立人分配所得利润进行划分,法人分为营利法人和非营利法人。《民法典》第76条规定,以取得利润并分配给股东等出资人为目的成立的法人,为营利法人。营利法人包括有限责任公司、股份有限公司和其他企业法人等。案例中,佳豪贸易公司是张公平、董敏法、梁一思三人共同投资设立的以营利为目的的社会组织,因此佳豪贸易公司属于营利法人。

《民法典》第 87 条规定,为公益目的或者其他非营利目的成立,不向出资人、设立人或者会员分配所取得利润的法人,为非营利法人。非营利法人包括事业单位、社会团体、基金会、社会服务机构等。

根据《民法典》第 96 条的规定,特别法人是营利法人和非营利法人之外的一种法人,具有民事权利能力和民事行为能力,依法享有民事权利和承担民事义务的社会组织。它包括机关法人、农村集体经济组织法人、城镇农村的合作经济组织法人、基层群众性自治组织法人。

四、非法人组织

【案例】　2000 年 3 月 17 日,张公平、梁一思等六人发起设立了海安公司,注册资本为 108 万元,但上述注册资本全部系借用资金,在公司注册完毕的次日即被归还。2000 年 3 月 31 日,海安公司又和另一公司共同出资成立了南通公司,注册资本为 51 万元,海安公司出资 50 万元,但海安公司仍是以借款 50 万元出资,在用于南通公司验资后即将 50 万元抽出归还。后因南通公司无力偿还到期债务,其债权人董敏法等人遂将张公平、梁一思等海安公司的六股东告上法庭,要求承担偿还责任。

【问题】　张公平、梁一思等六股东需要承担偿还责任吗?

(一) 非法人组织的概念和特征

非法人组织,是指不具有法人资格,但是能够依法以自己的名义从事民事活动的组织,亦称非法人团体。根据《民法典》的规定,非法人组织具有以下特征:

1. 非法人组织必须依法设立

《民法典》第 103 条规定:"非法人组织应当依照法律的规定登记。设立非法人组织,法律、行政法规规定须经有关机关批准的,依照其规定。"只有依法设立,非法人组织才具有民事权利能力和民事行为能力。

2. 非法人组织能够以自己的名义从事民事活动

非法人组织没有法人资格,不能独立承担民事责任,是介于自然人和法人之间的一种社会组织。但该类组织具有民事权利能力和民事行为能力,能够以自己的名义从事民事活动。①

3. 有一定的组织机构

为了使非法人组织能够以自己的名义对外从事相应的民事活动,非法人组织必须拥有符合法律规定的名称、固定的从事生产经营等业务活动的场所,以及相应的组织管理机构和负责人。

4. 不具有独立承担民事责任的能力

《民法典》第104条规定:"非法人组织的财产不足以清偿债务的,其出资人或者设立人承担无限责任。"据此,当非法人组织在对外进行经营民事活动需要承担民事责任时,如其自身所拥有的财产或经费能够清偿债务,则由其自身承担;如其自身所拥有的财产或经费不足以承担责任,则由其出资人或设立人承担连带责任。

(二) 非法人组织的分类

《民法典》第102条第2款规定:"非法人组织包括个人独资企业、合伙企业、不具有法人资格的专业服务机构等。"因此,非法人组织包括如下几种类型。

1. 个人独资企业

根据《个人独资企业法》第2条的规定,个人独资企业是指"在中国境内设立,由一个自然人投资,财产为投资人个人所有,投资人以其个人财产对企业债务承担无限责任的经营实体。"

2. 合伙企业

根据《合伙企业法》第2条的规定,合伙企业是指"自然人、法人和其他组织依照本法在中国境内设立的普通合伙企业和有限合伙企业"。普通合伙企业由普通合伙人组成,合伙人对合伙企业的债务承担无限连带责任。有限合伙企业由普通合伙人和有限合伙人组成,普通合伙人对合伙企业债务承担无限连带责任,有限合伙人以其认缴的出资额为限对合伙企业债务承担责任。案例中,海安公司和南通公司的出资均系虚假,其实有资本均未达到法定最低限额,②故上述两公司均不具有法人资格,出资人之间应认定为合伙关系。经法院判决,张公平、梁一思等六股东对南通公司债务承担连带清偿责任。

3. 不具有法人资格的专业服务机构

不具有法人资格的专业服务机构,主要是指律师事务所、会计师事务所等。

---

① 参见黄薇主编:《中华人民共和国民法典总则编释义》,法律出版社2020年版,第265页。

② 根据《公司法》的最新修改规定,公司出资实行认缴制,取消了最低注册资本制度。

这类事业服务机构通常采用合伙制,其不具有法人资格,所从事的活动是由具备专业知识和专门技能的工作人员为客户提供服务。

4. 其他非法人组织

如依法登记领取我国营业执照的中外合作经营企业、外资企业以及经依法登记领取营业执照的乡镇企业,街道企业,符合民法典总则编关于非法人组织条件的要求的企业。

(三) 非法人组织的解散与清算

《民法典》第 106 条规定:"有下列情形之一的,非法人组织解散:(一)章程规定的存续期间届满或者章程规定的其他解散事由出现;(二)出资人或者设立人决定解散;(三)法律规定的其他情形。"除前两种情形的任意解散事由外,还存在强制解散事由,即非法人组织基于法律规定而被迫解散。

《民法典》第 107 条规定:"非法人组织解散的,应当依法进行清算。"清算期间,非法人组织仍具有民事主体资格,其权利能力被限定在清算范围内,其民事主体资格自办理注销登记之日起消灭。非法人组织一旦解散,必须进行清算。

第三节　民事法律行为和代理——权利变动

一、民事法律行为的成立和生效

【案例】　张公平,男,13 岁,某中学初一学生。2023 年 1 月,张公平未经其父母同意,用其压岁钱从某电子商场购买了一台价值 6 000 元的笔记本电脑。张公平父母多次找到该电子商场,要求退货,遭到拒绝。

【问题】　此买卖是否有效?

(一) 民事法律行为的成立

民事法律行为的成立是指当事人就民事法律关系的产生、变更和消灭作出了一定的意思表示,或意思表示一致。①

《民法典》第 134 条规定:"民事法律行为可以基于双方或者多方的意思表示一致成立,也可以基于单方的意思表示成立。法人、非法人组织依照法律或者章

---

① 参见王利明:《民法总则研究》,中国人民大学出版社 2018 年版,第 368 页。

程规定的议事方式和表决程序作出决议的,该决议行为成立。"民事法律行为的成立要件有一般成立要件和特别成立要件。一般成立要件是指所有民事法律行为所应具备的共同条件,具体包括当事人、意思表示和标的须确定并且可能。特别成立要件是指民事法律行为成立所应具备的特别条件,如定金合同、保管合同、借用合同、自然人之间的借款合同自标的物交付时成立。

民事法律行为的成立和生效是两个不同的概念,相互之间既有联系又有区别。在绝大多数情况下民事法律行为一旦依法成立,便会产生效力,因此,《民法典》第136条规定:"民事法律行为自成立时生效。"但在某些情况下,法律行为成立并不一定产生一定的法律效力。要产生法律效力,则必须符合法定的生效要件。

(二) 民事法律行为的生效

根据《民法典》第143条的规定,具备下列条件的民事法律行为有效:

1. 行为人具有相应的民事行为能力

(1) 自然人的民事行为能力。一是完全民事行为能力人可以独立实施所有民事法律行为。二是限制民事行为能力人可以进行与其年龄和智力状况相适应的民事活动,其他民事活动由其法定代理人代理实施。案例中,由于张公平只有13岁,属于限制民事行为能力人,购买电脑这样的大件物品的行为超过了他的民事活动范围。由于未经其父母同意,因此张公平父母可以向法院起诉,要求确认电脑买卖合同无效,退还电脑购买款。三是无民事行为能力人的民事活动由法定代理人代理实施,本人不得实施。

(2) 法人的民事行为能力。法人组织的民事行为能力是由法人核准登记的经营范围决定的,法人组织超越其经工商登记核准的营业范围实施民事行为,即不具备民事行为能力。由于法人是一种社会组织,组织本身不可能实施民事行为,因此法人的民事行为能力是通过法人的法定代表人或其代理人的行为实现的。

2. 意思表示真实

意思表示是民事法律行为的核心要素。意思表示真实是指行为人的内心意思与其外部表示的意思一致。意思表示真实包括两个方面:自愿和真实。自愿即意思表示出于行为人的自由意志,而非他人强制或干涉的结果。真实即行为人的内心意思与外在表示相符合。如因虚假表示、认识错误、误传、误解、受欺诈或受胁迫、显失公平、隐藏行为等,表示意思与效果不一致时,则民事法律行为会发生撤销、变更或无效等后果。

3. 不违反法律、行政法规的强制性规定和公序良俗

民事法律行为之所以产生法律效力，就在于当事人意思表示符合法律的规定。不合法的民事法律行为不能受到法律的保护，自然也不能产生当事人所预期的法律后果。

关于民事法律行为的合法性，要把握以下几点：一是不违反法律、行政法规的强制性规定。强制性规定是指当事人必须遵守的法律规定，不得通过协商加以改变的规定。这里的"法律"是指全国人大及其常委会制定并颁布的法律；"行政法规"是指国务院制定并颁布的规章、命令、条例等行政规范。二是不违反公序良俗。公序良俗是指民事主体的行为应当遵守公共秩序，符合善良风俗，不得违反国家的公共秩序和社会的一般道德。

二、无效、效力待定和可撤销的民事法律行为

【案例】　张公平装扮成农民模样，在菜场旁摆放廉价购得的玉枕，冒充新出土文物。董敏法曾以 10 000 元的价格从张公平处买过玉枕，发现被骗后找张公平理论，两人正在争论中，魏荃泽过来询问。董敏法为了要回被骗款项，有意让魏荃泽也上当，未等张公平开口便对魏荃泽说："我之前从他这买了一个玉枕，转手就赚了，这个你不要我就要了。"魏荃泽信以为真，以 10 000 元的价格买下了玉枕。

【问题】　魏荃泽是否可以主张撤销其购买行为？

（一）无效民事法律行为

无效的民事法律行为，指因欠缺民事法律行为的有效条件，不发生当事人预期法律后果的民事法律行为。《民法典》第 155 条规定："无效的或者被撤销的民事法律行为自始没有法律约束力。"

根据《民法典》的规定，以下五种民事行为都属无效民事法律行为：一是无民事行为能力人实施的民事法律行为，《民法典》第 144 条规定："无民事行为能力人实施的民事法律行为无效。"二是虚假行为，《民法典》第 146 条第 1 款规定："行为人与相对人以虚假的意思表示实施的民事法律行为无效。"三是违反法律、行政法规的强制性规定的民事法律行为。四是违背公序良俗的民事法律行为。五是恶意串通，损害他人合法权益的民事法律行为。

（二）效力待定的民事法律行为

效力待定的民事法律行为,是指民事法律行为虽然已经成立,但其有效还是无效尚不能确定,还待其后一定事实的发生来确定其效力的民事行为。效力待定民事行为的效力处于悬而未决的不确定状态之中,既可能成为有效民事法律行为,也可能成为无效民事法律行为,取决于享有追认权的第三人的意思表示。

效力待定的民事法律行为包括:(1)限制民事行为能力人依法不能独立实施的民事行为。根据《民法典》第145条的规定,限制民事行为能力人所从事的民事法律行为,必须经过法定代理人的同意或者追认后才有效。但是有两类行为无须经法定代理人同意或者追认即有效。一是纯获利益的民事法律行为;二是与其年龄、智力、精神健康状况相适应的民事法律行为。因此限制民事行为能力人实施的超越其年龄、智力、精神健康状况的民事法律行为为效力待定的行为。(2)无权代理行为。《民法典》第171条规定:"行为人没有代理权、超越代理权或者代理权终止后,仍然实施代理行为,未经被代理人追认的,对被代理人不发生效力。"所以无权代理行为也是效力待定的民事法律行为。

（三）可撤销的民事法律行为

可撤销的民事法律行为是指民事行为虽已成立并生效,但因意思表示存在瑕疵,法律赋予特定一方当事人行使撤销权,使已经生效的民事法律行为自始无效。

可撤销的民事法律行为包括以下类型:

1. 重大误解

《民法典》第147条规定:"基于重大误解实施的民事法律行为,行为人有权请求人民法院或者仲裁机构予以撤销。"基于重大误解实施的民事法律行为,是指行为人对自己所要实施的民事法律行为有关的重大事项发出错误的意思表示,该错误的意思表示被相对人受领并因此给错误方当事人造成损失的行为。如把18K金当成足金,把价格1 000元标成100元等。

2. 欺诈

欺诈有两种情况:第一,相对人欺诈。《民法典》第148条规定:"一方以欺诈手段,使对方在违背真实意思的情况下实施的民事法律行为,受欺诈方有权请求人民法院或者仲裁机构予以撤销。"第二,第三人欺诈。第三人欺诈,是指民事法律行为当事人之外的第三人故意告知民事法律行为的一方当事人虚假情况,或者故意隐瞒真实情况,诱使民事法律行为的该方当事人作出错误意思表示。案例中,魏荃泽可以向张公平主张撤销其购买行为。这种情况是典型的第三人欺诈,虽然是董敏法欺诈,但由于张公平作为买卖相对人是明知欺诈的,所以魏荃泽仍然可向张公平主张撤销该买卖合同。

3. 胁迫

胁迫是指以给公民及其亲友的生命健康、荣誉、名誉、财产等造成损害,或者以给法人的荣誉、名誉、财产等造成损害为要挟,迫使对方作出违背真实意思表示的行为。《民法典》第150条规定:"一方或者第三人以胁迫手段,使对方在违背真实意思的情况下实施的民事法律行为,受胁迫方有权请求人民法院或者仲裁机构予以撤销。"

4. 显失公平

显失公平是指一方当事人利用优势或者对方没有经验,致使双方的权利义务明显违反公平原则的行为。显失公平的民事法律行为的显著特点就是双方当事人的权利与义务严重失衡。《民法典》第151条规定:"一方利用对方处于危困状态、缺乏判断能力等情形,致使民事法律行为成立时显失公平的,受损害方有权请求人民法院或者仲裁机构予以撤销。"

三、代理及其种类

【案例】　张公平春节期间出国旅游,同事董敏法听说后委托张公平代买一种该国产的名贵药材。董敏法的儿子听说此事后坚决反对,让其父亲不要购买。张公平旅游回来后将所买的价值9 000元的药材送至董敏法家中,董敏法声称儿子不同意购买,所以药材也就不要了,让张公平自己处理。张公平非常生气,认为这药材董敏法应该买下。

【问题】　张公平购买名贵药材的法律后果到底应由谁来承担?

(一)代理的概念与特征

代理是指代理人在代理权限内以被代理人的名义与第三人实施的民事行为,其法律效力直接归属于被代理人。《民法典》第162条规定:"代理人在代理权限内,以被代理人名义实施的民事法律行为,对被代理人发生效力。"由此得出代理具有如下特征:

(1)代理人必须以被代理人的名义实施民事法律行为。这意味着相对人知道代理人是代替被代理人实施民事法律行为的。

（2）代理人必须在代理权限内实施民事法律行为。代理人超越代理权限实施民事法律行为的，除民法特别规定外，须经被代理人追认才能对被代理人产生效力，否则由代理人自己承担。

（3）代理行为的法律后果直接归属于被代理人。代理人只要有代理权且没有超越授权范围，其代理行为形成的法律效力，自然直接归属于被代理人。*案例中，张公平购买名贵药材是受董敏法的委托才进行的，其行为属于代理。因此张公平购买名贵药材的法律后果应由董敏法承担。*

（4）代理人所代理的行为必须是民事法律行为。代理行为必须是法律行为，只有设立、变更或终止被代理人与第三人之间的民事法律关系的行为，才是民法上的代理行为。如代理签订购房合同。

（二）代理的种类

代理种类繁多，按照不同的标准划分为不同的类型。《民法典》依据代理权产生的原因的不同，将代理分为委托代理和法定代理。

1. 委托代理

委托代理是指基于被代理人的委托授权所发生的代理。因委托代理中，被代理人是以意思表示的方法将代理权授予代理人的，故又称意定代理。在委托代理中，代理权的产生基于两个行为：一是委托授权书；二是委托授权行为。

根据民法规定，在法律、行政法规没有特别规定或者当事人没有约定的情况下，委托代理授权既可以用书面形式，也可以用口头形式或者其他形式。如果法律、行政法规规定采取书面形式或者被代理人与代理人约定采取书面形式的，应当采取书面形式。《民法典》第 165 条规定："委托代理授权采用书面形式的，授权委托书应当载明代理人的姓名或者名称、代理事项、权限和期间，并由被代理人签名或者盖章。"

委托代理还包括职务代理。《民法典》第 170 条第 1 款规定："执行法人或者非法人组织工作任务的人员，就其职权范围内的事项，以法人或者非法人组织的名义实施民事法律行为，对法人或者非法人组织发生效力。"根据规定，职务代理的构成必须满足以下三点：一是被代理人必须是法人或非法人组织；二是代理人必须是执行法人或非法人组织工作任务的人员；三是代理事项必须是职权范围内的事项。

2. 法定代理

法定代理是基于法律的直接规定而产生的代理。《民法典》第 163 条第 2 款规定:"法定代理人依照法律的规定行使代理权。"据此规定,法定代理人的代理权来自法律的直接规定,不需要被代理人的授权,不以被代理人的个人意思为转移。

法定代理主要包括以下几种情况:一是监护人依法成为被监护人的法定代理人。二是失踪人的财产代管人可依法代理失踪人实施民事法律行为。三是根据有关法律规定,在特定条件下,工会、妇联等群众团体有权代理职工、妇女参加某些民事活动或民事诉讼。四是基于紧急状态法律特别授权的代理人。在某种紧急的特殊情况下,船长、承运人、保管人依据法律规定的紧急代理权,可以作为货主的代理人。这种代理权因法律规定而产生,也属于广义上的法定代理。①

四、无权代理和表见代理

【案例】　甲公司曾委托张公平负责购买几种原材料,后甲公司撤销了对张公平的授权委托,但未收回张公平手中数份盖有甲公司公章及合同专用章的空白合同书。两个月后,张公平凭这几份空白合同书以甲公司名义与不知情的丙、丁、戊公司分别签订了原材料购销合同。丙、丁、戊公司将原材料运至甲公司,甲公司拒收。

【问题】　甲公司有权拒收吗?

(一) 无权代理的概念和类型

所谓无权代理是指不具有代理权而以被代理人的名义所实施的民事行为。《民法典》第171条规定:"行为人没有代理权、超越代理权或者代理权终止后,仍然实施代理行为,未经被代理人追认的,对被代理人不发生效力。"在民法理论中,无权代理有广义的无权代理和狭义的无权代理之分,广义的无权代理包括狭义的无权代理和表见代理,而狭义的无权代理不包括表见代理。

狭义的无权代理包括三种类型:

1. 没有代理权的无权代理

这是指行为人既没有经他人委托授权,又没有法律上的根据,也没有人民法

---

① 参见梁慧星:《民法总论》,法律出版社2011年版,第224页。

院或者主管机关的指定,而以被代理人的名义实施的民事法律行为。比如行为人私刻印章、伪造合同等,就是典型的无权代理。

2. 超越代理权的无权代理

这是指行为人和被代理人之间有代理关系的存在,但行为人所实施的行为超越了代理权限范围而无效。如甲委托乙购买大豆 10 万公斤,乙购买大豆 20 万公斤就属于超越代理权的无权代理。

3. 代理权终止后的无权代理

这是指行为人原先有代理权,但因代理期限届满、代理事务完成或者被代理人解除代理权后,仍以被代理人的名义进行的代理活动。

(二) 无权代理的法律后果

1. 被代理人的追认权和拒绝权

根据《民法典》第 171 条第 1 款的规定,行为人没有代理权、超越代理权或者代理权终止后,仍然实施代理行为,未经被代理人追认的,对被代理人不发生效力。一旦被代理人作出追认,即直接对被代理人发生法律效力。被代理人也可以拒绝追认,则该代理行为对被代理人不发生效力。

2. 相对人的催告权和撤销权

根据《民法典》第 171 条第 2 款的规定,相对人可以催告被代理人自收到通知之日起 30 日内予以追认。被代理人未作表示的,视为拒绝追认。行为人实施的行为被追认前,善意相对人有撤销的权利。撤销应当以通知的方式作出。催告权,是指相对人催促被代理人自收到通知之日起 1 个月内作出追认或拒绝的意思表示。撤销权,是指善意的相对人在被代理人未承认无权代理行为之前,可撤销其与无权代理人实施的法律行为。①

3. 行为人的责任

根据《民法典》第 171 条第 3 款的规定,行为人实施的行为未被追认的,善意相对人有权请求行为人履行债务或者就其受到的损害请求行为人赔偿。但是,赔偿的范围不得超过被代理人追认时相对人所能获得的利益。据此,行为人要对相对人进行损害赔偿。但是相对人知道或者应当知道行为人无权代理的,相对人和行为人按照各自的过错承担责任。

(三) 表见代理的概念和构成要件

表见代理是无权代理的一种,指行为人虽无代理权,但由于具有外表授权的

---

① 参见王利明:《民法总则研究》,中国人民大学出版社 2018 年版,第 477 页。

特征,相对人有理由相信行为人有代理权。除一般要件外,表见代理还需要具备特别法律要件。

1. 行为人没有代理权

行为人没有代理权是指行为人客观上不存在有效的代理权,既没有法定代理权,也没有委托代理权。行为人自始没有代理权,或者超越代理权,或者代理权终止后仍以被代理人名义实施民事法律行为。

2. 行为人虽没有代理权,但行为人在客观上有使相对人相信行为人有代理权的理由

如被代理人以书面或口头形式直接或间接地向相对人表示某行为人为自己的代理人,而事实上并未授权,相对人信赖被代理人的表示而与某行为人进行交易。

3. 相对人主观上为善意

相对人不知道或也不应当知道行为人是无代理权的,这是表见代理成立的主观要件,即相对人是善意的。

(四) 表见代理的法律后果

《民法典》第172条规定:"行为人没有代理权、超越代理权或者代理权终止后,仍然实施代理行为,相对人有理由相信行为人有代理权的,代理行为有效。"因此行为人表见代理虽然是无权代理,但其法律效果却相当于有权代理。被代理人不得以无权代理为由进行抗辩,也不得以表见代理具有故意或过失为理由而拒绝承担表见代理的后果,也不得以没有过失作为抗辩,主张代理行为无效。案例中张公平的行为属于表见代理。张公平为无权代理人,但由于张公平持有盖有甲公司公章及合同专用章的空白合同书,因此,丙、丁、戊公司有理由相信张公平有代理权,而且这三家公司主观上是善意的,因此甲公司无权拒收原材料。

第四节　诉讼时效和民事责任——权利保护

一、诉讼时效

【案例】　张公平在2013年1月20日借给董敏法17万元,约定当年年底前清还。2015年8月10日,张公平因涉嫌非法吸收公众存款罪被判处有期徒刑3年,2018年11月9日刑满释放,当日他找到董敏法要求其还款,董敏法称该笔

借款已经过了诉讼时效,自己不用还了。2019 年 1 月 24 日张公平提起诉讼。

【问题】 该案怎么处理?

(一) 诉讼时效的概念和特征

所谓诉讼时效,是指权利人在法定期间内不行使权利即导致义务人有权提出拒绝履行的抗辩权的法律制度。①这里的法定期间指的是诉讼时效期间。

《民法典》第 188 条规定:"向人民法院请求保护民事权利的诉讼时效期间为三年。法律另有规定的,依照其规定。"我国诉讼时效期间为 3 年,在此期间内,权利人向人民法院提起诉讼主张权利,会受到法院的支持保护。《民法典》第 192 条规定:"诉讼时效期间届满的,义务人可以提出不履行义务的抗辩。"一旦过了这一期间,即使权利人向人民法院提起诉讼,诉请保护自己的权利,义务人亦可提出拒绝履行的抗辩,对抗权利人的请求。权利人的权利不再受到法律的保护。

诉讼时效具有以下特征:

1. 诉讼时效具有法定性

诉讼时效由法律明确规定,与当事人的意思无关。不管当事人知不知道,愿意不愿意,一旦诉讼时效期间届满,就会发生法律规定的后果。

2. 诉讼时效具有强制性

这里的强制性是指当事人无法通过约定去改变诉讼时效的法律规定。诉讼时效的各项具体内容均由法律规定,即使当时人事先进行了变更诉讼时效内容的约定,这种约定也是无效的。

(二) 诉讼时效期间的分类、起算、中止、中断和届满

1. 诉讼时效期间的分类

诉讼时效期间是指向人民法院请求保护民事权利的法定期间。诉讼时效期间分为普通诉讼时效期间和最长诉讼时效期间。普通诉讼时效期间为 3 年。《民法典》第 188 条第 2 款规定"……自权利受到损害之日起超过二十年的,人民法院不予保护,有特殊情况的,人民法院可以根据权利人的申请决定延长"。根据此规定,最长诉讼时效期间为 20 年。

2. 诉讼时效期间的起算

诉讼时效期间的起算,是指诉讼时效期间从何时开始计算。权利人只有知

---

① 参见王利明:《民法总则研究》,中国人民大学出版社 2018 年版,第 789 页。

道了诉讼时效期间从何时开始,才能知道诉讼时效期间到何时结束,这直接关系到权利人的民事权利是否能得到法律的保护。根据《民法典》第188条第2款的规定,诉讼时效期间自权利人知道或者应当知道权利受到损害以及义务人之日起计算。权利人权利受损时,应当积极地行动去保护自己的权利,这是诉讼时效制度设计的初衷,督促权利人积极地行使自己的权利。

3. 诉讼时效的中止

诉讼时效的中止是指在诉讼时效期间进行中,因发生一定的法定事由使权利人不能行使请求权,从而暂时停止计算诉讼时效期间。[1]根据《民法典》第194条的规定,诉讼时效的中止必须符合两个条件:一是时间条件。导致不能行使请求权的障碍必须发生在诉讼时效期间的最后六个月内,才能产生诉讼时效中止的效果。二是原因条件。导致不能行使请求权的障碍是由法律明确规定的,具体包括:(1)不可抗力;(2)无民事行为能力人或者限制民事行为能力人没有法定代理人,或者法定代理人死亡、丧失民事行为能力、丧失代理权;(3)继承开始后未确定继承人或者遗产管理人;(4)权利人被义务人或者其他人控制;(5)其他导致权利人不能行使请求权的障碍。案例中,根据当时的《民法总则》的规定,张公平对董敏法的债权请求权应于2016年年底诉讼时效期间届满。但2015年8月10日张公平人身自由受到了限制,使得张公平无法行使自己的请求权,诉讼时效中止。2018年11月9日,张公平刑满释放,诉讼时效中止的原因消灭,此时诉讼时效期间继续计算6个月即至2019年5月9日届满。因此,张公平于2019年1月24日向人民法院提起诉讼,并未超过诉讼时效期间。

4. 诉讼时效的中断

诉讼时效的中断,指在诉讼时效进行中,因法定事由的发生致使已经进行的诉讼时效期间全部归于无效,诉讼时效期间重新计算。[2]根据《民法典》第195条的规定,导致诉讼时效中断的法定情形包括:(1)权利人向义务人提出履行请求;(2)义务人同意履行义务;(3)权利人提起诉讼或者申请仲裁;(4)与提起诉讼或者申请仲裁具有同等效力的其他情形。诉讼时效中断的效力是诉讼时效重新开始计算。根据《民法典》第195条的规定,诉讼时效中断,从中断、有关程序终结时起,诉讼时效期间重新计算。

---

① 参见王利明:《民法总则研究》,中国人民大学出版社2018年版,第794页。

② 参见魏振瀛主编:《民法》,北京大学出版社2010年版,第200页。

5. 诉讼时效的届满

根据《民法典》第 192 条规定："诉讼时效期间届满的,义务人可以提出不履行义务的抗辩。诉讼时效期间届满后,义务人同意履行的,不得以诉讼时效期间届满为由抗辩;义务人已自愿履行的,不得请求返还。"诉讼时效期间届满,抗辩权产生,义务人可以行使抗辩权,拒绝权利人的履行请求。义务人也可以放弃抗辩权,主动履行义务。但抗辩权一旦放弃就消灭了,义务人不能反悔。

二、除斥期间

【案例】 张公平和董敏法订立买卖合同,双方约定:张公平将某绘画大师的名画以 300 万元的价格卖给董敏法。合同签订后,董敏法付款,张公平将画交付给董敏法。后董敏法将画送去鉴定,结果发现该画并非真迹。董敏法立刻找到张公平交涉,要求退款还画,解除合同。但张公平一直找各种理由搪塞董敏法。和张公平交涉了一年多时间,问题还是没有解决,董敏法一纸诉状向法庭起诉,要求撤销这份买卖合同。

【问题】 法院能否支持董敏法的诉讼请求?

(一) 除斥期间的概念和特点

除斥期间是指法律规定或当事人依法约定的对于某种权利的所预定的存续期间。[1]《民法典》第 199 条规定:"法律规定或者当事人约定的撤销权、解除权等权利的存续期间,除法律另有规定外,自权利人知道或者应当知道权利产生之日起计算,不适用有关诉讼时效中止、中断和延长的规定。存续期间届满,撤销权、解除权等权利消灭。"该条规定的就是除斥期间制度。除斥期间具有如下特点:

1. 权利存续期间

在该权利期间内,该权利才能存在。超过该权利的除斥期间,则该权利消灭。

2. 可以由法律规定或者当事人约定

法定的除斥期间情形,如《民法典》第 152 条关于当事人撤销权期间的规定。约

---

① 参见最高人民法院民法典贯彻实施工作领导小组主编:《中华人民共和国民法典总则编理解与适用》(上),人民法院出版社 2020 年版,第 1004 页。

定的除斥期间情形,如《民法典》第564条的规定,当事人可以约定解除权的期限。

3. 自权利人知道或者应当知道权利产生之日起计算

依据《民法典》第152条的规定,可撤销民事法律行为中的撤销权期限为当事人知道或应当知道撤销事由之日起1年。

4. 不发生中止、中断和延长

由于形成权的行使仅依一方当事人的意思就可以使法律关系产生、变更、消灭,如果允许除斥期间中断、中止、延长,可能会使法律关系长期处于不确定状态,从而难以实现除斥期间法律制度的目的。①

(二)除斥期间与诉讼时效

除斥期间和诉讼时效都是时效制度的一种,因时间的经过而影响权利的存续,产生相应的法律效果。但两者也有不同,主要区别在于:

1. 适用对象不同

除斥期间适用于形成权;诉讼时效适用于请求权。

2. 起算方法不同

除斥期间从权利人知道或应当知道权利成立之时起算;诉讼时效从权利人知道或应当知道权利受损以及义务人之日起算。

3. 产生原因不同

除斥期间既可由法律规定产生,也可由当事人约定产生;诉讼时效期间由法律规定产生,当事人不得约定。

4. 法律效力不同

除斥期间届满消灭了权利本身;诉讼时效期间届满权利并不消灭,而是产生了义务人的抗辩权。

5. 期间性质不同

除斥期间是不变期间,没有中止、中断、延长的规定;诉讼时效期间是可变期间,可因法定事由中止、中断,特殊情况下法院可以延长。

案例中,张公平的行为可认定为欺诈。因欺诈而订立的合同,受损害方享有撤销权,有权在知道撤销事由之日起一年内请求人民法院撤销合同。所以董敏法拥有合同的撤销权。但是撤销权的除斥期间是一年,董敏法因为和张公平交涉,错过了这个时间,其撤销权因除斥期间届满而消灭了,法院不会支持他撤销合同的诉讼请求。虽然合同不能撤销,但张公平的违约行为给董敏法带来了损

---

① 参见《民法学》编写组:《民法学》,高等教育出版社2019年版,第107页。

失,董敏法可以向人民法院请求张公平赔偿损失,此时适用诉讼时效。诉讼时效期间为3年,董敏法与张公平交涉一年多时间,诉讼时效期间并未届满,仍然可以请求人民法院保护。所以在法庭上,董敏法撤销合同的诉讼请求虽不能得到支持,但请求张公平赔偿损失的诉讼请求会得到支持。

三、民事责任的概念和类型

【案例】 某日,张公平在马路上骑自行车时,因手机有电话打入,就边单手骑车边接电话,忽然无法控制,自行车快速冲向人行道,将正站在那里和人说话的董敏法撞倒。董敏法猝不及防,摔得很重,后经医院诊断,左臂骨折。为了治疗,董敏法前后共花了医疗费5 000元。事后,董敏法找到张公平,要求其承担侵权责任。

【问题】 张公平的行为是否侵权? 董敏法的损失应如何承担?

民事责任是指由于违反民事义务所应承担的责任。①《民法典》第176条规定:"民事主体依照法律规定或者按照当事人约定,履行民事义务,承担民事责任。"根据不同的分类标准,民事责任可以作如下分类:

(一) 违约责任和侵权责任

根据民事责任发生根据的不同,民事责任划分为违约责任和侵权责任,这是民事责任最重要的分类。

违约责任是指合同当事人违反合同义务依法应当承担的责任。合同是当事人之间达成的协议,合同中确定的权利义务受到法律的保护,违反合同约定的义务,当然要承担起法律后果。当事人不履行合同义务或者履行合同义务不符合约定的,应当承担违约责任。侵权责任是指行为人侵犯他人民事权益,依法应当承担的责任。和违约责任不同,侵权责任违反的义务来源是法律的直接规定。民法赋予民事主体权利与义务,以保障主体的民事权益得以实现,违反法定义务、侵犯他人民事权利造成损害,应承担法律后果。

(二) 过错责任、无过错责任和公平责任

根据责任的构成是否以当事人的过错为要件,民事责任划分为过错责任、无

---

① 参见黄薇主编:《中华人民共和国民法典总则编释义》,法律出版社2020年版,第703页。

过错责任和公平责任。

过错责任是指行为人因主观上有过错而造成他人受损,应当承担的民事责任。所谓主观过错是指行为人对自己行为及行为后果持有的心理态度,包括故意和过失两种状态。过错责任的承担,要求侵权人有主观过错,无过错则无责任。案例中,张公平的行为构成侵权。张公平在骑车时有注意安全的义务,边骑车边打电话,导致自行车失控撞伤董敏法,他的行为有主观上的过错。因此张公平构成侵权,应承担董敏法的所有损失。

无过错责任是只要行为人客观上造成他人受损,不论其主观上是否有过错,都应当承担的民事责任。在无过错责任中,行为人的主观过错,不再成为承担责任的前提,最大程度上实现对权利人的保护。但无过错责任在加害人没有主观过错的情况下要求其承担责任,对加害人难免有失公平,因此其适用范围需要由法律明确规定。目前主要是违约责任和特殊侵权责任,不要求行为人的主观过错,为无过错责任。

公平责任是指在当事人对造成损害的行为主观上都没有过错,又不属于法律规定无过错责任的情况下,由人民法院根据实际情况,依据公平原则将损失在当事人之间进行合理分配而承担的责任。

(三) 无限责任和有限责任

根据承担民事责任的财产范围,将民事责任划分为无限责任和有限责任。这是对财产责任的再次分类。

无限责任是指责任人以自己全部财产来承担的民事责任。如合伙人对合伙企业债务负担无限责任。有限责任是指责任人仅以特定范围内的财产来承担的民事责任。如公司股东仅以其出资为限对公司债务承担有限责任。

(四) 按份责任和连带责任

在多数人共同分担民事责任时,根据责任人之间责任的关联度,将其分为连带责任和按份责任。

连带责任是指按照法定或约定,各责任人连带的向权利人承担的民事责任。所谓的连带是指各责任人对外不分彼此的份额,都有义务根据权利人的请求承担责任,不能以超出自己应承担的份额为由而拒绝。当然连带责任人内部若约定了份额,实际承担的责任超出自己份额的连带责任人,可以向其他连带责任人追偿。按份责任是指各责任人按照法定或约定的份额向权利人承担的民事责任。按份责任的各责任人彼此无连带,各自独立承担责任。

四、民事责任的免责事由

【案例】 某出口公司为出口一批物资,与某港口公司签订港口作业合同,该出口公司按照合同约定支付了港口费用,并陆续将物资运送到港口,港口公司将物资分两个场地进行存放,以备装船。不料第二天突遇风暴天气,存放在港口的物资被海水浸泡,部分毁损。该出口公司提起诉讼,要求港口公司赔偿其损失700多万元。

【问题】 该港口是否应该承担赔偿责任?

通常情况下,当事人损害他人民事权益,应该承担相应的民事责任。但具备免责事由的,行为人可以不承担民事责任或者仅承担适当的补偿责任。我国《民法典》第180条至第184条明确规定我国民事责任的免责事由。

(一) 不可抗力

所谓不可抗力是指不能预见、不能避免且不能克服的客观情况。《民法典》第180条规定:"因不可抗力不能履行民事义务的,不承担民事责任。法律另有规定的,依照其规定。"这是不可抗力作为民事责任免责事由的一般适用规则。案例中,突发的风暴天气,气象部门事先都无任何预见,对于港口公司来说,更不可能预见。部分物资被海水浸泡是由自然风力引起的,对此无法避免。所以本案的事故为不可抗力引起,港口公司不承担责任。

(二) 正当防卫

所谓正当防卫是指为了使国家、公共利益、本人或者他人的人身、财产和其他权利免受正在进行的不法侵害,而对不法侵害人采取的制止不法侵害的行为。面对正在发生当中的不法侵害,正当防卫是行为人采取的一种自卫行为。表面看起来,正当防卫对不法侵害人造成了损害,但造成这种损害是为了制止不法侵害,保护合法权益,具有正当性和合法性。因此正当防卫是法律规定的免责事由。《民法典》第181条规定:"因正当防卫造成损害的,不承担民事责任。正当防卫超过必要的限度,造成不应有的损害的,正当防卫人应当承担适当的民事责任。"

(三) 紧急避险

所谓紧急避险是指为了使国家、公共利益、本人或者他人的人身、财产和其他权利免受正在发生的危险,不得已采取的损害较小利益保护较大利益的行为。

依据《民法典》第182条的规定,因紧急避险造成损害的,由引起险情发生的人承担民事责任。紧急避险中的受损者也是无辜的,由受损者来承担避险行为带来的损失,显然是不公平的。因此由引起险情发生的人来承担损害赔偿的民事责任。危险由自然原因引起的,紧急避险人不承担民事责任,可以给予适当补偿。紧急避险采取措施不当或者超过必要的限度,造成不应有的损害的,紧急避险人应当承担适当的民事责任。

（四）自愿救助行为

依据《民法典》第184条的规定,自愿实施紧急救助行为造成受助人损害的,救助人不承担民事责任。同时第183条规定,因保护他人民事权益使自己受到损害的,由侵权人承担民事责任,受益人可以给予适当补偿。没有侵权人、侵权人逃逸或者无力承担民事责任,受害人请求补偿的,受益人应当给予适当补偿。

第二章 物质财富的归属、利用与担保——物权编

第一节 物质财富世界与民法相遇——美好生活与物权

一、物权概述

【案例】 20世纪50年代末,张公平上辈的一幢别墅被地方政府不适当没收。此后50多年,该房一直被当作公房出租给其他居民。2015年,该房经落实政策退还给张公平并办理了产权过户手续。但是别墅里的部分房间一直由梁一思租住占用。虽然租赁合同已过期,但梁一思拒绝向张公平腾退房屋。张公平只好诉诸法律。

【问题】 法院该如何裁决?

(一) 物权的概念和特征

人们要过上美好生活,首先希望自己能过上富裕的物质生活。"仓廪实而知礼节,衣食足而知荣辱。"这意味着物质上的富足,是美好生活的一种重要前提,而物质上的富足离不开物权制度的保护。

我国《民法典》第114条第2款规定:"物权是权利人依法对特定的物享有直接支配和排他的权利,包括所有权、用益物权和担保物权。"物权具有如下特征:

1. 物权主体方面的对世性

物权的权利主体是特定的,而义务主体是权利人以外的任何人。对世权是指除权利人以外,任何不特定的人都负有不得侵犯的义务。

2. 物权内容方面的支配性

所谓支配权,是指权利人无需请求他人为一定行为,就能够依自己的意思自

主地实现权利的内容。例如汽车所有人出租自己的汽车。

3. 物权客体方面的特定性

在物权支配范围内的物,是具体而特定的物,总能与其他物区别开来。最高额抵押权、动产浮动抵押权有些例外,设定在不特定的物上,但物权实现时则必须特定。

4. 物权实现方式上的绝对性

当物权正常行使时,物权人可以向任何人主张权利,物权人实现其物权内容也不需义务人的介入,物权的义务人只需承担不侵害物权人行使权利的消极义务。

5. 物权效力方面的排他性

首先,对于他人非法妨碍,物权具有直接排除的效力。其次,一物之上不能同时设定两个或两个以上效力相等互不相容的物权。物权设定要遵守一物一权的原则。

(二) 物权与债权的关系

民法中最基本的财产权分为物权和债权。物权是市场交易的前提,债权是权利主体自由交易的权利,于是产生了相应的物权制度与债权制度。其区别如下:

1. 权利性质和义务主体不同

物权人无须借助他人的行为并通过对标的物的直接支配实现自己的利益。物权是直接支配物的权利,债权是要求或请求某人为一定行为的权利(请求权)。[1]物权的义务主体是不特定的,其他任何人都负有不得非法干涉和侵害权利人所享有的物权的义务。债权的权利主体是特定的,义务主体也是特定的,具有相对性。

2. 权利客体不同

物权的客体由其性质所决定,原则上只能是独立物、特定物和有体物。债权的客体为给付,即债务人的特定行为。

3. 权利效力不同

首先,物权具有排他力,债权不具有排他力。其次,物权相对于债权具有优先力,而债权具有平等性,不同的债权人应当平等地受到清偿。最后,物权具有追及力,而债权只有在特定当事人之间发生效力,对标的物并没有追及力。

---

[1]　参见[日]近江幸治:《民法讲义Ⅱ物权法》,王茵译,北京大学出版社 2006 年版,第 12 页。

4. 权利的设定和公示方法不同

物权的设定、种类和内容须由法律明确规定;债权的设立采用合同自由原则。物权是通过占有和登记进行公开;而债权往往只在特定当事人之间形成,第三人无需知情。

5. 权利的存在期限和保护方法不同

物权中所有权为无期限的权利,债权为有期限的权利。对物权的保护,主要是排除妨害、消除危险、返还原物等,赔偿损失是补充方法;而保护债权主要通过履行法定或约定义务、赔偿损失等方式实现。

案例中,该别墅已由政府向张公平移交并办理了产权变动登记手续之后,张公平就取得了该别墅的所有权。所有权是一种完全的物权,是支配权、绝对权、对世权。根据《民法典》的规定,张公平对别墅的所有权应当得到尊重和保护,而梁一思从来就不是该别墅的所有权人。虽然梁一思曾经租赁过该别墅,但现在租赁合同已过期,在未与别墅的新产权所有权人张公平签订租赁协议的情况下,其直接占用该别墅,构成恶意占有。

二、物权制度与平等保护原则

【案例】 商鞅在《商君书》中说:"一兔走,百人逐之,非以兔为可分以为百,由名之未定也。夫卖兔者满市,而盗不敢取,由名分已定也。故名分未定,尧、舜、禹、汤且皆如鹜焉而逐之;名分已定,贪盗不取。"因为兔子还没有确定权利的归属,众人就要追逐在野外奔跑的野兔,追逐不是为了对野兔分而得之,而是因为无主的野兔给众人提供了争得所有权的激励。被捕获的野兔,权利归属已定,可以在市场出售,他人也不能随意盗取。

【问题】 对于兔子,人们为何要界定其所有权?

(一) 物权制度的功能

1. 有助于定分止争

《民法典》物权编的首要功能在于确定物的归属,从而平息归属冲突与纷争,实现稳定的财产支配秩序。《民法典》物权编这一基本功能的发挥,是由以下几个方面所决定的:首先,这是物质财富的有限性和人的欲望无限性的矛盾所决定的。物质财富的有限,就需要定分止争的规范存在,以使个人享有赖以生存的物质财富,并避免互相争抢,进而促进物的有效利用。案例中,野兔之类的东西在所有权未明确的情况下,即使是尧、舜等圣人,也会去追逐它,只有界定好所有权,即使是盗贼也不敢随意掠取,这样就避免了大量的纠纷发生。其次,这是由财产的分配制度所决定的。我国经济体制是公有制为主体多种所有制成分并存,同样需要《民法典》承认和保护合法的私有财产,注重于保护稳定的财产支配秩序,实现经济生活的安全。

2. 有利于物尽其用

《民法典》物权编不仅仅在于界定物的所有权,更在于它通过用益物权、担保物权的创设,鼓励人们通过利用物、担保物来增加流通创造财富,以达到物尽其用的目的。可以说,物权制度包含着人类对财产进行支配的根本规则。[①]一方面,用益物权制度使用益物权人可以对他人所有的物享有使用、收益的权利,充分实现物的使用价值。另一方面担保物权制度,通过规范担保,促进资金融通、确保债权的实现,充分实现物的交换价值。

3. 维护私人物权的需要

首先,物权制度确立了对公有和私有物权平等保护的基本原则,使私人物权得到充分尊重与保护,激发了市场主体创造物质财富的巨大动力。其次,物权制度将对私人物权保护的宪法规定通过具体的制度加以落实,真正起到保护私人物权的作用。

4. 建立与完善社会主义市场经济及其法治体系的需要

物权制度确立的物权类型、物权的取得、消灭以及救济的方式,为市场提供了公正交易和自由竞争的前提和基础。物权制度使物权得到了充分的保护,"有恒产者方有恒心",这种引导机制可以激发人们的进取心和创造力。

（二）平等保护原则

平等保护原则,是指物权主体的法律地位平等,平等地享有权利,在法律救济时受到法律平等的保护。《民法典》第207条规定:"国家、集体、私人的物权和其他权利人的物权受法律平等保护,任何组织或者个人不得侵犯。"

平等保护原则包括三个方面的内容:一是法律地位平等,是指所有的物权主体在民事活动中没有高低、贵贱、大小之分,任何一方都不得享有特权,凌驾于另一方之上。二是适用法律的平等,任何物权主体在取得、设定和移转物权时,在民事活动中都应当遵循共同的规则,当然法律有特别规定的情况为例外。物权

---

① 参见[德]鲍尔、施蒂尔纳:《德国物权法》(上),张双根译,法律出版社2004年版,第3页。

主体平等地适用物权制度规定的权利保护和责任形式。三是保护的平等性,即在物权受到侵害之后,各个物权主体都应当受到平等保护。①

三、物的分类和一物一权原则

【案例】 张公平将自家的黄牛卖给梁一思,梁一思付款后将牛牵回家,几天后发现黄牛已经怀孕1个月。张公平得知此事后,立刻来到梁一思家,以黄牛在卖出之前已经怀孕为由要求梁一思等小牛犊出生后归还小牛犊。梁一思不同意。双方诉至法院。

【问题】 法院会如何处理?

(一) 不动产与动产

依自然性质或者移动后是否损害其经济价值为标准,可以将物分为不动产和动产。

1. 不动产

不动产包括土地以及房屋、林木等地上定着物。其属性表现在空间上有固定位置,因自然性质不能移动或者移动后会损害其经济价值。不动产包括:

(1) 土地。土地包括耕地、建设用地、宅基地、管线用地等,不包括森林、山岭、草原、荒地、滩涂。

(2) 土地之外的森林、山岭、草原、荒地、滩涂等自然资源。这些自然资源是与土地并列的不动产。

(3) 定着物。定着物是指依附于土地不能移动,有独立经济价值的物。具体包括:建筑物;构筑物;林木与其他出产物。

2. 动产

动产是指能在空间上移动而不会损害其经济价值的物,不动产以外的物都是动产。动产既包括能够以自己的力量进行移动的物,如家禽等;也包括完全借助于外力进行移动的物,例如手机等。此外,货币、有价证券等也为“特殊动产”。

(二) 主物与从物

以用途上的相互联系为标准,物划分为主物与从物。主物是在两种以上组

---

① 参见王利明:《物权法研究》(上卷),法律出版社2013年版,第143—144页。

合物中起主要作用的物;辅助主物的使用而起次要作用的物为从物。

区分主物与从物的意义在于,除当事人另有约定外,主物的处分及于从物,也即"从物随主物"。这样有利于维护物在经济上的利用价值,某物既然时常辅助另一个物发挥效用,若把此类二物分别归属于二人,势必减少其效用,对社会经济不利。[①]

《民法典》第320条规定:"主物转让的,从物随主物转让,但是当事人另有约定的除外。"据此,主物受让人对于从物的取得应符合以下条件:(1)主物受让人与主物的所有人达成主物所有权转让合同。(2)订立主物让与合同中并未对从物的让与问题进行特别约定。既未曾约定从物随主物一并转让,也未曾约定从物不随主物一并转让。

(三)原物和孳息

原物和孳息是以两物之间存在相生关系而划分的。原物是指依照自然属性或者法律规定能够产生新物的物,如母鸡等。孳息是由原物所产生的新物,如鸡蛋等。原物与孳息必须是相互独立之物,如果杀鸡取得那个卵,就不是原物和孳息的关系。孳息有天然孳息和法定孳息。

天然孳息是物基于自然规律的出产物,且天然孳息与原物在物理上是彼此分离并成为独立物的。如母鸡与其下的蛋是原物与孳息的关系。天然孳息,由所有权人取得;既有所有权人又有用益物权人的,由用益物权人取得。当事人另有约定的,按照其约定。在我国有天然孳息收取权的人包括:所有权人、提存关系中的债权人、抵押权人、质权人和留置权人。

法定孳息是原物依法律行为或者法律规定产生的物。例如房屋出租产生的租金等。法定孳息,当事人有约定的,按照约定取得;没有约定或者约定不明确的,按照交易习惯取得。

案例中,出生后的小牛犊归梁一思所有。母牛所生的小牛,在法律上的概念为孳息。根据《民法典》第630条的规定,标的物在交付之前产生的孳息,归出卖人所有;交付之后产生的孳息,归买受人所有。本案中的小牛犊是交付后产生的孳息,根据动产的交付原则,小牛犊的所有权随母牛一并转移给了梁一思,梁一思无需归还小牛犊。

(四)一物一权主义

一物一权原则是指一个独立物只能存在一个所有权或用益物权,不得存在

---

① 参见王泽鉴:《民法物权》,北京大学出版社2009年版,第42页。

两个以上性质和内容不相容的所有权或用益物权。不过,数个地役权可以并存于同一宗土地之上。①一物一权原则具体包含以下内容:

首先,一个独立物对应一个所有权。一物一权目的是产权明晰、定分止争。假如一物对应多个所有权,则会发生公共牧场的悲剧,容易发生产权纷争。其次,物的一部分不能成立单个所有权。一物的某一部分如尚未与该物完全分离,则不能成为单独所有权的客体。如汽车上的轮胎,只能是汽车的一部分。最后,一物之上可以并存不矛盾的数个物权。可以同时并存的物权包括:一是所有权与其他物权可以并存,如集体土地所有权和宅基地使用权的并存。二是数个担保物权、用益物权与担保物权可同时并存,但用益物权不能并存。如一套房屋上可以设定数个抵押权,这里面包括所有权和数个抵押权。

四、物权的效力

【案例】 张公平有一祖传玉器,他与梁一思签订了玉器买卖合同,约好 10 天后交货付款。第二天,董敏法提出以更高的价格购买该玉器,张公平随即与其签订了合同,董敏法支付了 90% 的价款,约好 3 天后交货。第三天,张公平又与魏荃泽订立合同,将玉器卖给魏荃泽,并当场交付,但魏荃泽只支付了 20% 的价款。现梁一思、董敏法均要求张公平履行合同,诉至法院。

【问题】 法院会如何处理?

物权的效力是指物权所特有的功能和作用。对于物权究竟具有何种效力,理论上形成不同的学说。但通常认为,物权具有"排他效力""优先效力"和"追及效力"。

(一) 物权的排他效力

排他效力是指同一物上不得同时成立两个以上内容互不相容的物权,权利人对他人干涉享有排斥的权利。物权的排他效力是为了保证实现物权直接支配性的消极功能,主要表现在:首先,同一物上不得同时成立两个以上内容互不相容的物权。其次,物权的权利人对他人干涉享有排斥的权利。

---

① 参见崔建远:《物权法》,中国人民大学出版社 2017 年版,第 28 页。

（二）物权的优先效力

物权的优先效力是指同一标的物上有数个利益相互冲突的权利并存时,具有较强效力的权利排斥或先于较弱权利的实现。它包括两种情况:

1. 物权优先于债权的效力

无论物权成立先后,物权都优先于债权。物权优先于债权的一般规则如下:一是所有权对一般债权具有优先性。这主要针对一物数卖的情况。二是用益物权优先于一般债权。三是担保物权的优先受偿权。在同一标的物上同时存在担保物权和债权,担保物权的效力优先。案例中,张公平将玉器分别与梁一思、董敏法、魏荃泽立买卖合同,其在签订合同时对玉器均是有权处分,三份合同均是有效合同。因张公平与梁一思、董敏法所订合同为合同债权,根据物权具有优先于债权的效力,张公平已经将玉器交付给了魏荃泽,魏荃泽就取得了该玉器的所有权。张公平与梁一思、董敏法的合同已经陷入履行不能,梁一思、董敏法已经不能要求张公平实际履行,只能对张公平主张其他请求如违约责任等。

物权优先于债权的例外的情形主要包括:一是"买卖不破租赁"。二是"为债权的债权",如清算所产生的破产费用有优先性,它具有优先于原来的债权以及为这些债权进行担保的效力。①三是基于社会公益或政策的原因,法律规定某些物权不能享有优先次序。四是进行预告登记的债权,依法登记之日起九十日内优先于物权。

2. 物权相互之间的优先效力

相互冲突的物权,依其成立先后决定先后效力。物权的对内效力遵循两个基本规则:一是登记时间在先,权利在先的排队规则。二是先成立的物权排斥抵制后成立的物权。先物权的实现可导致后物权的消灭或自然排除后物权,即后成立的物权不得妨碍先成立的物权。

但物权对内效力也存在例外情形。例外情形是指依照法律规定,后成立的物权具有优先于先成立的物权的效力,主要包括:一是后成立的定限物权在其范围内优先于所有权。如留置权优先于所有权。二是基于公益或社会政策的理由,发生在后的某些物权有优先于发生在前的某些物权的效力。三是法律规定了特殊的顺位时,依规定的次序决定各物权的效力。如《民法典》第456条规定,同一动产上已经设立抵押权或者质权,该动产又被留置的,留置权人优先受偿。

---

① 参见孙宪忠:《中国物权法总论》,法律出版社 2003 年版,第 50 页。

（三）物权的追及效力

物权的追及效力，指物权成立后，其标的物不论辗转至何人之手，物权权利人均可追及标的物之所在，而主张权利。①追及效力是物权的支配权和绝对权的体现，当权利人丧失占有时，权利人可以追及物之所在，从而恢复对物的直接支配利益。善意取得是例外情形，为保护交易安全起见，善意取得阻断了物权的追及力。

有了追及权效力后，真正物权人的权利便可因此而获得充分保障。例如，抵押人将抵押物转让给第三人，而债务人届期又未清偿其债务时，抵押物所有权此时虽已移转于第三人，抵押权人可追及该不动产，申请法院拍卖抵押物。②

第二节 对物的全面支配——所有权和区分所有权

一、所有权的概念和种类

【案例】 张公平因购买货车跑运输向梁一思借款，并请邻居董敏法担保。三人签订了一份借款合同，约定张公平如果不能偿还借款，梁一思有权将董敏法承包的4 000平方米的大棚土地收归己有。不久张公平车祸身亡。梁一思要求董敏法还款无果，将董敏法告上法庭，主张大棚土地归自己所有。

【问题】 该案如何处理？

所有权，是指权利人对自己的不动产或者动产，依法享有占有、使用、收益和处分的权利。这表明所有权的权利主体是所有权人，所有权的客体是自己的动产与不动产，所有权是以法律规定为前提的，所有权是对物最终支配的权利。所有权的种类包括：

（一）国家所有权

国家所有权是指国家对国有财产的占有、使用、收益和处分的权利，它是全民所有制在法律上的表现。③它具有如下特点：

（1）中华人民共和国是国家所有权唯一的和统一的主体。中央主管部门和

---

① 参见梁慧星、陈华彬：《物权法》，法律出版社2016年版，第50页。
② 参见王泽鉴：《民法物权》，北京大学出版社2009年版，第48页。
③ 参见佟柔主编：《中国民法》，法律出版社1994年版，第249页。

地方政府代表国家管理隶属于它的财产，但不能说它们也分享国家所有权。①

（2）国家所有权的客体十分广泛，既包括土地及其他自然资源的所有权，也包括各类动产和不动产。并且对于关系到国计民生的重要财产如矿藏、海域等财产专属于国家，任何组织和个人不能取得其所有权。

（3）国家依其征税权强制性地征收而取得税收的所有权，可以依据法律凭借其公权力通过征收、没收等方式强制性地将非公有财产收归国有。

（二）集体所有权

集体所有权是指集体组织以及集体组织全体成员对集体财产享有的占有、使用、收益和处分的权利，它是劳动群众集体所有制在法律上的表现。②它具有如下特点：

（1）集体所有权的主体，首先是劳动群众集体（组织），包括农村劳动群众集体和城镇劳动群众集体。③其次包括集体组织的全体成员。

（2）集体所有权的客体是指属于集体所有的不动产和动产。农村和城市郊区的土地，除由法律规定属于国家所有的以外，属于农民集体所有；宅基地和自留山、自留地，也属于农民集体所有。

（3）集体所有权的行使必须依法实行民主管理，对于一些重大的事务必须由集体的成员依法民主作出决定。但是根据生产和经营活动的需要，某个集体组织也可以将其所有权的权能转移给个人行使。④

案例中，农村土地归集体所有，分配给村民的土地，村民只有使用权，没有所有权，不准买卖、抵押和擅自转让。董敏法以自己承包的土地抵押或者还债的，属于无效行为，梁一思不能将董敏法的土地收归己有，也不能将土地拍卖用于还债。当然梁一思可另行起诉向董敏法主张债权。

（三）私人所有权

所谓私人所有权，是指个人依法对其所有的动产或者不动产享有的权利，以及私人投资者投资到各类企业中所依法享有的出资人的权益。⑤它具有如下特点：

---

① 参见马俊驹、余延满：《民法原论》，法律出版社2010年版，第320页。
② 参见王利明：《物权法研究》（上卷），中国人民大学出版社2016年版，第509页。
③ 随着改革的深化，城镇劳动群众集体企业逐渐被改制为有限责任公司、股份公司以及合伙企业等形式。这些组织所享有的所有权已经不是集体所有权了。
④ 参见王利明：《物权法研究》（上卷），中国人民大学出版社2016年版，第511页。
⑤ 参见王利明：《物权法研究》（上卷），中国人民大学出版社2016年版，第524页。

（1）私人所有权的主体不限于自然人，还包括个体工商户、个人合伙中的合伙人、个人独资企业的投资者等。

（2）私人所有权的客体为合法的收入、房屋、生活用品、生产工具、原材料等不动产和动产。

（3）私人所有权的内容包括私人对其动产与不动产所享有的占有、使用、收益和处分的权利。相对于国有财产的交易会有更多的行政法规制，私人对其财产在合法的范围内可以随意地处理。

（四）法人所有权

法人所有权是指法人作为权利主体对其财产享有占有、使用、收益和处分的权利。根据《民法典》的规定，法人所有权包括：一是营利法人对其不动产和动产依照法律、行政法规以及章程享有占有、使用、收益和处分的权利。营利法人指以取得利润并分配给股东等出资人为目的成立的法人，包括有限责任公司、股份有限公司和其他企业法人等。二是营利法人以外的法人，对其不动产和动产的权利，适用有关法律、行政法规以及章程的规定。营利法人以外的法人，包括非营利法人（事业单位法人、社会团体法人和捐助法人）和特别法人（机关法人、农村集体经济组织法人、城镇农村的合作经济组织法人、基层群众性自治组织法人）。

二、所有权取得的特别规定

【案例】 张公平在盖房挖地基时，发现一个瓦罐，内有 200 个银元及一块绸布，上面写着："为防日寇搜查，特埋此，董浩，1938 年 12 月 1 日。"董浩是董敏法的爷爷，在 1938 年 12 月 13 日被日军杀害，董敏法是其爷爷的唯一继承人。董敏法向张公平索要银元被拒，诉至法院。

【问题】 该案如何处理？

（一）善意取得

善意取得是指对他人财产的无权处分人，将该财产转让给第三人并完成交付或移转登记，受让人在取得该财产时，善意并支付了合理的对价，即依法取得该财产的所有权的制度。根据《民法典》第 311 条第 1 款的规定，无处分权人将不动产或者动产转让给受让人的，所有权人有权追回；除法律另有规定外，符合

下列情形的,受让人取得该不动产或者动产的所有权:

1. 受让人受让财产时主观上是善意的

善意,是指受让人受让不动产或者动产时,不知道转让人无处分权,且无重大过失的。真实权利人主张受让人不构成善意的,应当承担举证证明责任。

2. 受让人取得财产须支付了合理的对价

受让人取得动产或不动产应为有偿,且支付了合理的价格。所谓"合理的价格",应当根据转让标的物的性质、数量以及付款方式等具体情况,参考转让时交易地市场价格以及交易习惯等因素综合认定。

3. 转让的财产已完成物权变动的公示

善意取得的成立需要完成公示过程,转让的不动产或者动产依照法律规定应当登记的已经登记,不需要登记的已经交付给受让人。

(二) 遗失物的拾得和埋藏物、隐藏物的发现

1. 拾得遗失物

遗失物,是指所有权人不慎丢失的动产。拾得遗失物,是指发现别人的遗失物而加以占有的法律事实。我国《民法典》第318条规定了遗失物自发布招领公告之日起一年内无人认领的,归国家所有。因此,可以认为拾得遗失物是一种特殊的所有权取得方式。拾得遗失物在拾得人与遗失人之间产生的权利义务表现如下:拾得人的权利包括必要费用偿还请求权、悬赏广告承诺的报酬请求权和留置权。拾得人的义务有返还拾得物的义务、通知义务、送交义务和妥善保管义务。

2. 拾得漂流物、发现埋藏物或者隐藏物

漂流物是指漂流在水上的遗失物。拾得漂流物适用关于拾得遗失物的有关规定。

埋藏物是指埋藏于地表之下发现时所有人不明的物。隐藏物是指隐藏于他物之中的物品。发现是一种事实行为,发现埋藏物、隐藏物,重在发现而不在于取得其占有。根据《民法典》第319条的规定,如果发现的埋藏、隐藏之物的所有权人明确,参照拾得遗失物的规定。案例中,银元是董敏法的祖父埋藏,属于董敏法祖父的遗产,董敏法是其祖父唯一继承人,依法享有继承权,能够通过继承得到这些银元的所有权,张公平应当将银元归还给权利人董敏法。

(三) 孳息

根据《民法典》第321条的规定,天然孳息,由所有权人取得;既有所有权人又有用益物权人的,由用益物权人取得。当事人另有约定的,按照其约定。法定

孳息,当事人有约定的,按照约定取得;没有约定或者约定不明确的,按照交易习
惯取得。

(四)添附

添附是指劳动与他人物的结合,不同所有权人的动产或不动产被结合、混合
在一起,成为一个新物。添附包括加工、附合和混合三种形式。其中,附合、混合
为不同所有人间物与物的结合,加工为劳力与他人的所有物的结合。①根据《民
法典》第 322 条的规定,因加工、附合、混合而产生的物的归属,有约定的,按照约
定;没有约定或者约定不明确的,依照法律规定;法律没有规定的,按照充分发挥
物的效用以及保护无过错当事人的原则确定。因一方当事人的过错或者确定物
的归属造成另一方当事人损害的,应当给予赔偿或者补偿。

三、建筑物区分所有权的概念和特征

【案例】 张公平在某小区购买了一套商品房,因该房屋在二楼,为了安全起
见,张公平决定加装防盗栏。但物业公司规定不准加装防盗栏,理由是侵犯其他
业主权益。后来,张公平将防盗栏改为内置安装。物业公司仍然要求其拆除。

【问题】 张公平安装内置防盗栏是否侵犯其他业主的权益?

业主的建筑物区分所有权是民法上一项重要的不动产所有权,是生活在城
市中的大部分人都面临的问题。依照《民法典》第 271 条的规定,业主的建筑物
区分所有权是指业主对建筑物内的住宅、经营性用房等专有部分享有所有权,对
专有部分以外的共有部分享有共有和共同管理的权利。建筑物区分所有权与其
他所有权相比,具有以下特征:

(1)建筑物区分所有权的客体具有整体性。建筑物区分所有权的客体主要
是建筑物,但又不限于建筑物。建筑物区分所有权的客体之所以具有整体性,是
因为整栋建筑物及至整个小区不是由一个人所有,而是由不同的人所有。

(2)建筑物区分所有权的内容具有多样性。《民法典》第 271 条规定:"业主
对建筑物内的住宅、经营性用房等专有部分享有所有权,对专有部分以外的共有
部分享有共有和共同管理的权利。"即建筑物区分所有权包括三个部分:专有权、

---

① 参见梁慧星、陈华彬:《物权法》,法律出版社 2016 年版,第 203 页。

共有权和共同管理权(成员权)。案例中,业主对专有部分可以转让、出租、出借等,也可以按自己的意愿对其内部进行装修等。张公平为保证其自身安全,安装内置防盗栏是行使专有物权的一种形式,并没有改变房屋主体结构,也没有侵犯其他业主权益。故物业公司无权要求其拆除。

(3) 建筑物区分所有权的本身具有统一性。建筑物区分所有权的专有权、共有权和共同管理权是一个统一的权利。专有权、共有权和共同管理权是这个统一权利的组成部分,离开了建筑物区分所有权,这些权利都不会独立存在。同时专有权、共有权和共同管理权必须结为一体,不可分离,失去其中任何一个,建筑物区分所有权便解体。

(4) 建筑物区分所有权中的专有权具有主导性。在建筑物区分所有权中,专有权具有主导性。这是由于业主取得专有权时,就同时取得了共有权和共同管理权;专有权标的物的大小决定了共有权和共同管理权的应有份额;在建筑物区分所有权的不动产登记上,只登记业主的专有权,共有权和共同管理权不需单独登记。①

四、专有权、共有权和共同管理权

【案例】　阳光物业公司为某小区的物业服务公司,服务期间至 2022 年 12 月 30 日止。阳光物业公司在服务期间内收到设置在小区电梯里的广告费共计 160 万余元。小区业主委员会认为,阳光物业公司在没有经过业主同意的情况下,将广告费私自使用。业委会在多次催要无果的情况下,请求法院判令阳光物业公司退还全部广告费。阳光物业公司主张该公共区域广告费已用来补充业主物业费收入严重不足的部分,不应返还。

【问题】　阳光物业公司是否应向业主委员会返还其收取的公共区域广告费用?

(一) 专有权

所谓专有部分所有权,简称专有权,是指区分所有人对其建筑物内的住宅、经营性用房等专有部分所享有的单独所有权。②专有权是建筑物区分所有权的

---

① 参见房绍坤:《民法》,中国人民大学出版社 2017 年版,第 199 页。

② 参见王利明:《物权法研究》(上卷),中国人民大学出版社 2016 年版,第 558 页。

核心部分。专有部分的具体范围,依据《民法典》的规定,主要包括:一是建筑物内业主享有所有权的住宅、经营性用房。二是建筑区划内业主享有所有权的规划停车位。三是建筑物内业主享有所有权的整栋建筑物、露台等。

根据《民法典》第 272 条的规定,业主在行使专有权时,有以下权利和义务:

(1)业主的权利包括所有权的一切权能,因而业主对其专有的标的物具有完整的占有、使用、收益、处分的权能。业主对建筑物内属于自己所有的住宅、经营性用房等专有部分可以直接占有、使用,实现居住的目的;可以依法出租自己所有的住宅获取收益;也可以将自己的住宅出售给其他人,从而获得收益。

(2)业主的义务包括:一是不得危及建筑物的安全,比如业主在对专有部分装修时,不得拆除房屋内的承重墙,不得危及整个建筑物的安全。二是不得损害其他业主的合法权益。三是不得未按专有部分的本来用途与使用目的使用专有部分,如将住宅改变为经营性用房。

(二) 共有权

共有权是指业主依照法律或管理规约的规定或业主大会的决定,对区分所有建筑物内的住房或经营性用房的专有部分以外的共用部分所享有的占有、使用和收益的权利。[①]共有权与专有权构成建筑物区分所有权的两个灵魂。共有部分的范围主要包括以下几个方面:一是建筑区划内的道路、绿地。二是占用业主共有的道路或者其他场地用于停放汽车的车位。三是建筑物的基本构造部分、不属于专有也不属于其他主体所有的场所和设施等。四是建筑物及其附属设施的维修资金。五是共有部分所产生的收入。

根据《民法典》第 273 条的规定,业主在行使共有权时,有以下权利义务:

(1)业主对于共有部分所享有的权利包括以下几个方面:一是使用权,业主享有利用共有部分获取其使用价值满足自己居住所需的权利。二是收益权,业主有权依照其持有份额取得共有部分产生的收益。收益包括天然孳息和法定孳息。案例中,住宅专有部分以外的比如楼道、电梯内等公共区域,属于业主的共有部分。利用业主共有的公共区域设立广告所取得的收益,依法属于全体业主共有。业主委员会要求阳光物业公司返还其收取的公共区域广告费用,理由正当,应予以支持。三是修缮改良权,业主基于居住或其他用途的需要,有权对共有部分进行单纯的修缮改良。四是物权请求权,当建筑物区分所有权的共有部分遭受侵害时,业主有权要求加害人停止侵害、返还原物、恢复原状、赔偿损失。

---

① 参见梁慧星、陈华彬:《物权法》,法律出版社 2016 年版,第 159 页。

（2）业主对共有部分所承担的义务，业主不得以放弃权利为由不履行义务。业主对建筑物及其附属设施的费用分摊等事项，有约定的，按照约定；没有约定或者约定不明确的，按照业主专有部分面积所占比例确定。

（三）共同管理权

共同管理权是指业主基于专有部分的所有权从而依法享有的对业主的共同财产和共同事务进行管理的权利。①我国《民法典》第271条规定业主对专有部分以外的共有部分享有共同管理的权利。

业主作为共同管理权人在行使管理权过程中有以下权利和义务：

（1）共同管理权人的权利：一是表决权，《民法典》第278条规定了应由业主共同决定的事项，这些事项的决定方式就是行使表决权。二是参与制定和修改管理规约权。三是选举权和被选举权，业主有参加业主委员会或者选举、更换业主委员会成员的选举和被选举权。四是选聘和解聘物业服务企业或者其他管理人的权利。五是维修资金的筹集和使用权。六是对建筑物及其附属设施的改建或重建权。七是改变共有部分的用途或者利用共有部分从事经营活动的权利。八是监督权。九是其他重大事项的决定权。

（2）共同管理权人的义务：一是遵守业主大会决议的义务。二是遵守管理规约的义务。

第三节　对他人所有的物享有占有、使用和收益——用益物权

一、用益物权概念及类型

【案例】　1999年第二轮土地承包时，董敏法与其所在村的村民委员会签订了土地承包经营合同，双方约定村西头某处面积为8亩的土地归董敏法承包，承包期为30年，董敏法交纳了土地承包费。2012年该村召开集体经济组织成员的村民会议，决定对承包土地进行调整，将董敏法的土地交由张公平承包经营，董敏法不同意这一决定，认为该决定侵害了其承包经营权，起诉至法院要求撤销该决定。

【问题】　村民委员会有权将这8亩土地交由张公平承包经营吗？

---

① 参见王利明：《物权法研究》（上卷），中国人民大学出版社2016年版，第598页。

（一）用益物权的概念和特征

用益物权是指权利人对他人所有的不动产或者动产,依法享有占有、使用和收益的权利。这里的"他人"既包括所有权人,也包括使用权人。用益物权制度与所有权制度、担保物权制度共同构成物权制度的完整体系。与所有权不同,用益物权有如下特征:

（1）用益物权是一种他物权。用益物权是权利人对他人所有不动产或者动产享有占有、使用和收益的权利,是在他人所有之物上设立的权利。

（2）用益物权是一种定限物权。首先用益物权的权利人不具备对他人之物的处分权,只有占有、使用和收益的权利。其次同一物上既有所有权,又有用益物权时,用益物权限制所有权的效力。最后用益物权存续期限届满时,用益物权就归于消灭。

（3）用益物权是一种独立物权。一旦用益物权依法设立,就依法对他人的标的物行使占有、使用和收益的权利,其他人不得干涉用益物权人行使权利。土地承包经营权是一项独立的用益物权。案例中,董敏法依法与村民委员会签订了土地承包经营合同,就享有作为用益物权的承包经营权。而村民委员会解除董敏法的承包经营权,是对董敏法合法权益的侵犯。并且依据《农村土地承包法》的规定,承包期内发包方不得调整土地,仅在自然灾害严重毁损承包地等特殊情况下才能予以调整,在本案例中不存在调整理由。因此村民委员会不能将土地交由张公平承包经营。

（4）用益物权是一种以使用和收益为目的的物权。设置用益物权的目的在于实施调剂"所有"与"利用"的机能,实现物尽其用。

（5）用益物权的客体主要是不动产。因不动产具有价值较高、固定、不可替代的特点,他人不容易通过取得所有权的方式而以所有者的身份使用,只有通过设立用益物权才能使他人获得占有、使用、收益的目的。

（二）《民法典》规定的用益物权类型

根据不同的标准,用益物权可以分成不同的类型。其中依据规定用益物权的法律不同,可将其分为民法上的用益物权与特别法上的用益物权。

根据《民法典》的规定,我国民法规定的用益物权基本类型包括土地承包经营权、建设用地使用权、宅基地使用权、居住权和地役权。民法上的用益物权具有以下共同点:一是,民法上的用益物权是比较纯粹的私权利即民事权利,其产生大多是依据法律行为。二是,通过漫长的社会实践,民法上的用益物权的内容具有很强的稳定性。

（三）特别法上规定的用益物权类型

《民法典》不仅规定了典型的用益物权，也规定了准用益物权。所谓准用益物权是指自然人、法人或其他组织依法享有的对特定空间内的自然资源进行开发和利用的权利。①《民法典》第 328 条和第 329 条规定了准用益物权的类型包括海域使用权、探矿权、采矿权、取水权、养殖权和捕捞权等。对于这些权利，《民法典》物权编只是作了原则性的规定，具体内容由《海域使用管理法》《矿产资源法》《水法》《渔业法》等特别法来规定，因此这些用益物权又被称为特别法上的用益物权。

二、土地承包经营权和宅基地使用权

【案例】　村民张公平与村民委员会签订了一份书面形式的土地承包经营合同，承包经营本村 8 亩耕地，但是并未进行登记。

【问题】　张公平的土地承包经营权是否成立？如果土地承包合同签订 5 年后，张公平自愿将承包地交回，交回后，张公平是否有权要求再承包土地？

（一）土地承包经营权的含义与特征

土地承包经营权是指土地承包经营权人对集体所有或者国家所有由集体使用的土地，依法以承包经营的方式，享有从事种植业、林业、畜牧业等农业生产的权利。土地承包经营权的特征如下：

（1）土地承包经营权的主体是一切农业经营者。这包括本集体经济组织成员，也包括本集体经济组织以外的单位和个人。如对不宜采取家庭承包方式的"四荒"地可承包给本集体经济组织以外的单位或者个人。

（2）土地承包经营权的客体是农村土地。农村土地既包括农民集体所有的土地，也包括国家所有由农民集体使用的土地。既包括直接用于农业生产的土地，也包括养殖水面等，还包括其他农业用地，如"四荒"用地。

（3）土地承包经营权的目的是从事农业生产。如从事种植业、林业、畜牧业等。

（4）土地承包经营权的期限较长。如耕地的承包期为三十年。

---

① 参见龙翼飞：《物权法原理与案例教程》，中国人民大学出版社 2008 年版，第 233 页。

（二）土地承包经营权的取得、流转与消灭

1. 土地承包经营权的取得

取得方式有以下三种：一是基于土地承包经营合同取得。通过土地承包经营权合同取得土地承包经营权，是土地承包经营权取得的最主要方式。案例中，张公平的土地承包经营权成立。因为我国的土地承包经营权自土地承包经营合同生效时设立，不具有一般物权的登记性质。政府对土地承包经营权的登记行为仅仅是一种确认行为。二是通过招标、拍卖、公开协商等方式取得。三是基于法律行为以外的原因而取得，主要指继承。

2. 土地承包经营权的流转

土地承包经营权流转，是指通过承包取得的土地承包经营权可以依法采取转包、出租、互换、转让或者其他方式流转。流转的方式包括：一是通过家庭承包取得农村土地承包经营权的流转，如出租（转包）、互换、转让和入股或者其他方式。二是通过招标、拍卖、公开协商等方式取得土地承包经营权的流转。

3. 土地承包经营权的消灭

土地承包经营权可因下列原因而归于消灭：期限届满、承包地调整、提前收回、自愿交回、承包地被征收、承包地灭失和承包人死亡无继承人或继承人放弃继承。案例中，张公平自愿将承包地交回，其土地承包经营权消灭，在承包期内不得再要求承包土地。

（三）宅基地使用权的含义与特征

宅基地使用权是指宅基地使用权人依法对集体所有的土地享有占有和使用的权利，有权依法利用该土地建造住宅及其附属设施。宅基地使用权的特征如下：第一，宅基地使用权的主体必须是该农村集体经济组织成员，不包括城镇居民。第二，宅基地使用权的客体限于集体用地，不包括国有土地。第三，宅基地使用权的目的只能用于村民建造、保有住宅及其附属设施。第四，宅基地使用权是一种带有福利和社会保障性质的权利，农民通过审批可以取得宅基地使用权，并且无须支付任何费用。第五，在我国现行法律规定中，宅基地使用人可以长期、永久地使用宅基地。

（四）宅基地使用权的取得、流转和消灭

1. 宅基地使用权的取得

宅基地使用权的取得主要是通过申请并获得批准的形式取得。农村村民一户只能拥有一处宅基地。宅基地使用权的取得首先是村民向集体土地所有权人和所属村民委员会提出书面申请，当村民委员会批准同意后，经乡镇政府审核再

报县级政府批准,方可取得集体土地建设用地使用证。

2. 宅基地使用权的流转

所谓宅基地使用权的流转,是指宅基地使用权人依法将宅基地使用权转让给他人。①我国严格限制宅基地使用权的流转,但有条件地允许宅基地使用权转让不为法律所禁止。流转需要同时具备以下条件:一是转让人拥有两处以上的宅基地。二是转让的双方必须为同一集体经济组织内部的成员。三是受让人必须没有住房和宅基地,且符合宅基地使用权分配条件。四是转让行为征得集体经济组织同意。五是宅基地使用权不能单独转让,必须与住宅一起转让。

3. 宅基地使用权的消灭

一般来说,宅基地使用权由于以下原因而消灭:一是因宅基地的灭失而消灭。宅基地因自然灾害等原因灭失的,宅基地使用权消灭。二是因宅基地被征收而消灭。三是因宅基地的调整而消灭。四是因宅基地使用人抛弃权利而消灭。五是因无人继承而消灭。

三、建设用地使用权

【案例】　阳光公司与某市土地局签订土地使用权出让合同,约定阳光公司以出让方式取得该市近郊的一宗土地用于修建住宅楼。阳光公司取得土地使用权后,建设资金出现了困难,为筹措建设资金,阳光公司准备直接以该土地使用权作抵押向银行借款。

【问题】　阳光公司是否有权直接以该土地使用权作抵押?

(一)建设用地使用权的概念与特征

建设用地使用权是指建设用地使用权人依法利用国家所有的土地建造建筑物、构筑物及其附属设施,并享有占有、使用和收益的权利。这里的建设用地包括住宅用地、公共设施用地、工矿用地、交通水利设施用地、旅游用地、军事设施用地等。建筑物主要是指住宅、写字楼、厂房等;构筑物主要是指不具有居住或者生产经营功能的人工建造物,比如道路、桥梁、隧道、水池、水塔、纪念碑等;附

---

① 参见王利明:《物权法研究》(下卷),中国人民大学出版社 2016 年版,第 956 页。

属设施主要是指附属于建筑物、构筑物的一些设施。①建设用地使用权的特征如下：

（1）建设用地使用权的主体身份不受限制。只要依法经过批准取得建设用地使用权的单位和个人，都可以成为建设用地使用权人。

（2）建设用地使用权的客体为国有土地，集体所有的土地作为建设用地的，应当依照土地管理的法律规定办理。

（3）建设用地使用权的目的是以开发利用、生产经营和社会公益事业为目的。

（二）建设用地使用权的取得

建设用地使用权的取得方式有两种：出让或者划拨。

1. 出让

通过出让方式设定建设用地使用权，指通过订立有偿的建设用地使用权合同，将国家或集体经济组织所有的土地在一定年限内设定给土地使用人使用的行为。②建设用地使用权的出让有招标、拍卖、协议等方式。

2. 划拨

根据《城市房地产管理法》的规定，建设用地使用权的划拨是指县级以上人民政府依法批准，在土地使用者缴纳补偿、安置等费用后将该幅土地交付其使用，或者将土地使用权无偿交付给土地使用者使用的行为。划拨是一种行政行为，是国家以行政命令的方式授予申请者建设用地使用权；划拨具有公益目的性，只适用于公益事业或国家重点工程项目；划拨具有无期限性；划拨具有无偿性。

（三）建设用地使用权的效力

建设用地使用权人主要享有以下权利：占有、使用建设用地的权利；处分建设用地使用权；取得建筑物、构筑物及其附属设施的所有权；取得地上建筑物或其他工作物的补偿。案例中，根据相关法律规定，阳光公司可以直接以土地使用权作抵押向银行借款。这是建设用地使用权人享有的转让、互换、出资、赠与或者抵押的权利。

建设用地使用权人的义务包括：支付建设用地使用权费用的义务；合理使用

---

① 参见全国人大常委会法制工作委员会民法室编：《中华人民共和国物权法条文说明、立法理由及相关规定》，北京大学出版社 2017 年版，第 289 页。

② 参见王利明：《物权法研究》（下卷），中国人民大学出版社 2016 年版，第 867 页。

土地的义务和返还土地的义务。

（四）建设用地使用权的消灭

一般来说,建设用地使用权消灭的原因,主要有以下几种:一是建设用地使用权届满未续期。住宅建设用地使用权期间届满的,自动续期;非住宅建设用地使用权期间届满时,建设用地使用权人没有提出续期申请或者申请续期未获批准的,那么建设用地使用权归于消灭。二是建设用地使用权提前收回,如为公共利益需要使用土地的。三是当建设用地使用权的建设用地因为地震、洪水等自然灾害原因灭失时,建设用地使用权归于消灭。

四、居住权和地役权

【案例】　张公平、梁一思于 2015 年再婚,婚后两人无子女。2021 年,张公平病重,临终前立下遗嘱,其房产归其与前妻所生的儿子张小平所有。但同时,遗嘱中约定了其房屋的第一层由梁一思居住至梁一思改嫁之日止,若梁一思不改嫁,可居住到生命最后一息。2022 年张小平以自己是房屋所有权人为由,要求梁一思搬离房屋,梁一思拒绝。张小平诉至法院。

【问题】　本案应如何处理?

（一）居住权

1. 居住权的概念和特征

根据《民法典》第 366 条的规定,所谓居住权,是指居住权人有权按照合同约定,对他人的住宅享有占有、使用的用益物权,从而满足其生活居住的需要。其特征如下:一是居住权的主体为特定的自然人。居住权人的主体和房屋所有权人之间往往具有一定的人身关系,居住权具有扶危解困的救助性质。因此主体只能是特定的自然人。二是客体为他人的住宅。三是具有无偿性。因为居住权是为特定的自然人而设立的权利,是一种恩惠行为。四是具有长期性。除当事人另有约定外,居住权一般具有为长期性、终身性。五是居住权具有不可转让性。

2. 居住权的取得

关于居住权的取得方式,有如下几种情形:一是依据合同的约定取得。例如男女离婚时,在离婚协议中约定女方可以对房屋的一部分享有居住权。二是依照遗嘱、遗赠取得。三是依照法律的规定直接取得居住权。案例中,依照《民法典》的规定,梁一思基于张公平的遗嘱取得居住权,这是受法律保障的,这种情形是设立居住权的较为普遍的情形。张小平无权要求其继母搬离房屋。

3. 居住权的流转

《民法典》第369条规定:"居住权不得转让、继承。设立居住权的住宅不得出租,但是当事人另有约定的除外。"依照这一规定,居住权的流转受到严格限制。但当事人另有约定的除外,例如居住权人生活陷于窘境,通过对房屋的流转可以维持基本的生活,则当事人可以约定居住权人对房屋享有收益的权利。

4. 居住权的消灭

有下列情形之一者,居住权归于消灭:一是居住权人死亡的。二是居住权期限届满的。三是居住权人放弃居住权的。四是房屋灭失的。

5. 居住权的效力

居住权的效力是指居住权人所享有的权利和所负担的义务。居住权人的权利包括对房屋的使用权、对房屋进行修缮和维护的权利以及排除侵害的权利。居住权人的义务包括合理使用房屋的义务和支付必要费用的义务。

(二) 地役权

1. 地役权的含义和特征

根据《民法典》第372条的规定,地役权是指在他人的不动产之上设立的供自己的不动产便利使用,以提高自己的不动产效益的他物权。[1]其中他人的不动产为供役地,自己的不动产为需役地。为他人提供便利的不动产是供役地,需要利用他人不动产提供便利的不动产是需役地。地役权的特征如下:一是地役权的客体是他人的土地、建筑物等不动产。二是设立地役权的目的是为自己的不动产的使用提供便利,从而增加自己不动产的利用价值。三是指地役权不得与需役地相分离而单独转让,也不得单独成为其他权利的标的。四是地役权与需役地和供役地之间存在着不可分割的关系,不会因为需役地或供役地的权利分割而消灭。[2]

2. 地役权的取得

地役权的取得通常是以合同方式进行,但也有的是通过遗嘱取得、时效取得或者继受取得。设立地役权,当事人应当采用书面形式订立地役权合同。地役

---

[1] 参见杨立新:《中国物权法研究》,中国人民大学出版社 2018 年版,第 516 页。

[2] 参见张秀全、李忠原:《物权法》,高等教育出版社 2010 年版,第 181 页。

权自地役权合同生效时设立。地役权登记并非强制性登记,即地役权的设立采取登记对抗主义。

3.地役权的流转

地役权作为一种用益物权,是可以流转的。这种流转主要包括地役权的转让和抵押两种方式。但地役权具有从属性的特征,使得地役权不得单独转让或抵押。依据《民法典》第380条的规定,地役权不得单独转让。土地承包经营权、建设用地使用权等转让的,地役权一并转让,但是合同另有约定的除外。

4.地役权的消灭

地役权作为物权的一种,物权消灭的原因如土地灭失、征收、抛弃等,会导致地役权的消灭。此外,《民法典》还规定了地役权消灭的一种特殊原因,即在下面两种情形下,供役地权利人有权解除地役权合同,地役权消灭。一是违反法律规定或者合同约定,滥用地役权。二是有偿利用供役地,约定的付款期限届满后在合理期限内经两次催告未支付费用。

5.地役权的效力

地役权的效力包括地役权人、供役地权人的权利和义务。地役权人的权利包括:对供役地的使用权、为附属行为的权利和所有权上的物上请求权。地役权人的义务包括:合理使用供役地的义务、支付费用的义务和恢复原状的义务。

供役地权人的权利包括:支付费用请求权以及变更供役地场所和方法的请求权。供役地权人的义务包括:提供便利的义务和分担附属设施费用的义务。

第四节　以担保债权实现的限制物权——担保物权

一、担保物权

【案例】　张公平因业务发展的需要向董敏法借款20万元,并以价值50万元的轿车为董敏法设立了质权,双方签订了质权合同。张公平将轿车交付给董敏法10天后,因保管不便,董敏法将该轿车送还给了张公平。随后张公平又向梁一思借款30万元,又将这辆轿车抵押给了梁一思,双方签订了抵押合同,但未办理登记。后因轿车出现故障,张公平将轿车送至魏荃泽处进行修理,因张公平不支付修理费,魏荃泽将轿车留置。

【问题】　董敏法对轿车的质权、梁一思对轿车的抵押权、魏荃泽对轿车的留置权能否成立？他们能否对轿车行使权利，使自己的债务得到清偿？

（一）担保物权的概念和特征

根据《民法典》第386条的规定，担保物权是指担保物权人在债务人不履行到期债务或者发生当事人约定的实现担保物权的情形时，依法享有的就担保财产优先受偿的权利。担保物权具有如下特征：

（1）担保物权以担保主债权的实现为目的，具有从属性。担保物权以主债权的有效存在为前提，并随着主债权的变动而变动，主债权移转，担保物权随之移转，主债权消灭，担保物权也相应消灭。

（2）担保物权的内容是利用物的交换价值优先受偿。担保物权是在担保人之物上设立的，其内容不是为了取得担保财产的使用、收益的权利，而是为了支配担保物的交换价值，从而担保主债权的实现。

（3）担保物权的客体可以是财产或财产权利。担保物权以担保财产的交换价值作为主债权担保的基础，这里的担保财产一般来说是具有交换价值的一定的财产，也可以是具有交换价值的财产权利。

（4）担保物权具有物上代位性。担保物权的物上代位性是指因担保物毁损、灭失，而获得金钱或其他财物作为担保物的替代物时，担保物权人可就替代物行使权利，称为担保物权的物上代位性。代位物主要包括保险金、赔偿金和补偿金等。

（二）担保物权的分类

1. 根据担保物权发生的原因

担保物权分为法定担保物权和意定担保物权。法定担保物权是指根据法律的直接规定而发生的担保物权。如《民法典》规定的留置权。意定担保物权是指基于当事人设定担保物权的合意而设立的担保物权。如抵押权。案例中，留置权属于法定担保，直接根据法律的规定而成立，不需要魏荃泽和张公平达成关于轿车留置的协议，在张公平不支付修理费时，魏荃泽就依法取得轿车的留置权。因此魏荃泽可以对轿车行使权利，优先清偿自己的债权。而董敏法的质权、梁一思的抵押权都属于意定担保，都是通过与张公平签订担保合同的方式成立。

2. 根据担保财产是否转移占有

担保物权分为占有担保物权和非占有担保物权。占有担保物权是指需要将担保财产移转给债权人占有的担保物权，如质权、留置权。非占有担保物权是指不需要将担保财产移转给债权人占有的担保物权，如抵押权。案例中，魏荃泽的留置权属于占有担保物权。董敏法的质权也属于占有担保物权,董敏法与张公平签订了质权合同,转移了轿车占有,质权成立。但后董敏法将轿车返还给了张公平,丧失了对轿车的占有,而质权以占有为成立和存续的条件,董敏法的质权消灭。因此董敏法无法得到优先清偿。梁一思的抵押权属于非占有担保物权,抵押合同成立,抵押权设定生效,但不能对抗占有轿车的留置权,只能在留置权优先受偿后,就轿车剩余财产价值得到优先清偿。

3. 根据担保物权的主要效力的不同

担保物权分为留置性担保物权和优先清偿性担保物权。留置性担保物权是指以留置担保财产迫使债务人清偿债务作为主要效力的担保物权,如留置权。优先清偿性担保物权是指以支配担保财产的交换价值确保债务优先清偿为其主要效力的担保物权,如抵押权。

4. 根据担保财产的种类的不同

担保物权分为不动产担保物权、动产担保物权和权利担保物权。不动产担保物权是指以不动产作为担保财产而成立的担保物权,如不动产抵押权。动产担保物权是指以动产作为担保财产而成立的担保物权,如动产质权。权利担保物权是指以权利作为担保财产而成立的担保物权,如权利质权。

5. 根据担保物权是否在民法中有明文规定

担保物权分为典型担保物权和非典型担保物权。典型担保物权是指民法中明文规定的担保物权,如抵押权、质权和留置。非典型担保物权是指法律中没有明文规定,但在实际生活和交易中发展和运用的担保物权。如让与担保等形式,在交易实践中产生,被法官通过判例确认后逐步确立起担保物权的地位。

二、抵押权

【案例】 张公平通过出让方式取得了某块土地的建设用地使用权。为了借款,张公平将建设用地使用权抵押给董敏法,双方签订了抵押合同,并且办理了抵押登记,但土地上原有的一栋房屋并没有一并设立抵押。借款到期后,张公平没能清偿借款。

【问题】 董敏法能否取得建设用地使用权和土地上原有这栋房屋的抵押权?

(一) 抵押权的概念和特征

根据《民法典》第 394 条的规定,抵押权是指为担保债务的履行,债务人或者第三人不转移财产的占有,将该财产抵押给债权人的,债务人不履行到期债务或者发生当事人约定的实现抵押权的情形,债权人有权就该财产优先受偿的权利。其中债务人或者第三人为抵押人,债权人为抵押权人,提供担保的财产为抵押财产。抵押权是典型的担保物权,是近现代以来各国民法发展中最重要的担保物权,素有"担保之王"的美称。其特征如下:

(1) 抵押权是一种担保物权。抵押权人通过支配提供担保的特定财产的交换价值,达到担保债权清偿的目的,是一种担保物权。

(2) 抵押权是在债务人或第三人提供的财产上设定的担保物权。担保财产提供者可以是债务人自己或债务人以外的第三人。提供的财产可以是不动产、动产,也可以是权利。

(3) 抵押权是不转移抵押财产占有的担保物权。抵押权的设立与存续不需要转移占有抵押财产,这是抵押权与质权的重要区别。

(4) 抵押权是就抵押财产的变价优先受偿的担保物权。抵押权作为担保物权的效力主要体现在变价和优先受偿上。

(二) 抵押权的设定

抵押权是意定抵押权,应根据当事人的合意设立。

1. 抵押合同

《民法典》第 400 条规定:"设立抵押权,当事人应当采取书面形式订立抵押合同。"抵押合同为要式合同,必须采用书面形式订立。抵押合同一般应包括下列条款:被担保债权的种类和数额;债务人履行债务的期限;抵押财产的名称、数量等情况;担保的范围。

2. 可抵押财产范围

我国抵押财产的范围是由法律明确规定的。《民法典》第 395 条规定:"债务人或者第三人有权处分的下列财产可以抵押:(一)建筑物和其他土地附着物;(二)建设用地使用权;(三)海域使用权;(四)生产设备、原材料、半成品、产品;(五)正在建造的建筑物、船舶、航空器;(六)交通运输工具;(七)法律、行政法规未禁止抵押的其他财产。"案例中,张公平是建设用地使用权人,他和董敏法签订了书面的抵押协议,并且办理了抵押权登记,因此,董敏法取得了建设用地使用权的抵押权。张公平虽没有将土地上原有的一栋房屋一并抵押,但依据法律的规定,未抵押的地上建筑物应视为一并抵押。因此董敏法也取得了这栋房屋的抵押权。

3. 禁止抵押的财产范围

根据《民法典》第 399 条规定："下列财产不得抵押：（一）土地所有权；（二）宅基地、自留地、自留山等集体所有土地的使用权，但法律规定可以抵押的除外；（三）学校、幼儿园、医院机构等以公益为目的成立的非营利性法人的教育设施、医疗卫生设施和其他公益设施；（四）所有权、使用权不明或者有争议的财产；（五）依法被查封、扣押、监管的财产；（六）法律、行政法规规定不得抵押的其他财产。"

4. 抵押登记

抵押登记，是指由主管机关依法在登记簿上就抵押财产上的抵押权状态予以记载。

对于不动产抵押权实行登记生效主义。《民法典》第 402 条规定，以建筑物和其他土地附着物、建设用地使用权、海域使用权以及正在建造的建筑物、船舶、航空器抵押的，应当办理抵押登记。

对于动产抵押权实行登记对抗主义。《民法典》第 403 条规定，当事人以动产抵押的，抵押权自抵押合同生效时成立。抵押合同没有办理登记的，不影响合同的效力，不得对抗善意第三人。

（三）抵押权的实现

依据《民法典》第 410 条的规定，债务人不履行到期债务或者发生当事人约定的实现抵押权的情形，抵押权人可以与抵押人协议以抵押财产折价或者以拍卖、变卖该抵押财产所得的价款优先受偿。即抵押权实现的方式有三种：折价方式、拍卖方式和变卖方式。

（四）抵押权的消灭

抵押权作为一种担保物权，可因物权的一般消灭原因而消灭。除此之外，还存在特殊的消灭原因。一是主债权消灭。如果主债权因清偿、抵消、免除等原因消灭时，抵押权应当随之消灭。二是抵押财产灭失。抵押权因抵押财产灭失而消灭。但如果抵押财产灭失获得补偿金、赔偿金或保险金的，抵押权人可对这些替代物行使抵押权，体现了抵押权的物上代位性。三是抵押权实行。抵押权人对于抵押财产已经实行抵押权，无论其债权是否全部清偿，抵押权都归于消灭。

三、质权

【案例】 张公平和梁一思夫妻俩有一辆进口轿车登记于张公平名下,双方正处于离婚阶段。某日梁一思向董敏法借款 5 万元并以轿车作抵押,且将轿车钥匙、行驶证、产权证及身份证复印件、结婚证复印件交给董敏法。第二天,董敏法前往张公平家时未见到梁一思,便将轿车开走。张公平发现汽车不见,要求董敏法返还轿车,遭到拒绝。

【问题】 张公平有权要求董敏法返还轿车吗?

(一) 质权的概念和特征

质权是指为担保债务的履行,债务人或者第三人将其动产或权利交给债权人占有,债务人不履行到期债务或者发生当事人约定的实现质权的情形时,债权人有就该动产或权利的变价优先受偿的权利。债务人或者第三人为出质人,债权人为质权人,交付的动产或权利为质押财产。其特征如下:

(1) 质权是一种担保物权。质权在质押财产之上设立,质权人以质押财产的交换价值优先受偿,担保债权的实现,是一种担保物权。

(2) 质押财产包括动产和权利,由此形成动产质权和权利质权。

(3) 质权以质权人占有质押财产或出质登记为设立条件。质权以质押财产移转占有或办理登记为设立条件。

(二) 动产质权

动产质权是指为担保债务的履行,债务人或者第三人将其动产出质给债权人占有,债务人不履行到期债务或者发生当事人约定的实现质权的情形,债权人有权就该动产优先受偿的权利。

1. 动产质权的设定

动产质权的设定,当事人应当采取书面形式订立质权合同。质权合同一般包括下列条款:被担保债权的种类和数额;债务人履行债务的期限;质押财产的名称、数量等情况;担保的范围;质押财产交付的时间、方式。动产质权是在动产上设立的,但不是所有的动产都能成为动产质权标的物。法律、行政法规禁止转让的动产不得出质。质权合同订立后,出质人将质押财产交付给质权人占有时,质权才在法律上设立生效。案例中,轿车作为动产,动产质权只有在质权人切实占有质物时才设立。本案中的标的物为汽车,出质人梁一思仅将汽车钥匙交付于质权人董敏法,汽车钥匙只是汽车的从物,汽车本身仍然在梁一思的管理控制之下,质权并未设立,因此董敏法并未取得汽车的占有,其擅自占有轿车的行为侵害了张公平对车辆的所有权,张公平有权要求董敏法返还轿车。

2. 动产质权的效力

质权人的权利包括:占有质押动产的权利、收取质押动产孳息的权利、优先受偿权、质权保全权、转质权和质权处分权。质权人的义务包括:妥善保管质押财产的义务、不得擅自使用、处分质押财产的义务和返还质押财产的义务。

出质人的权利包括:孳息收取权、质押财产处分权、保全质押财产的权利、请求及时行使质权的权利和追偿权。

(三) 权利质权

权利质权是指为担保债务的履行,债务人或者第三人将其有权处分的权利出质给债权人,债务人不履行到期债务或者发生当事人约定的实现质权的情形时,债权人有权就该权利优先受偿的权利。权利质权是质权的特殊形态,具有如下特征:一是权利质权的客体是权利。权利质权的权利必须可转让,且具有财产价值。二是权利质权以交付权利凭证或登记为设立条件。根据《民法典》第440条的规定,我国权利质权的种类有:

1. 票据质权

票据质权是指为担保主债权的实现,在票据即汇票、支票、本票、债券、存款单、仓单、提单所表示的权利上设立的质权。票据质权自权利凭证交付质权人时设立;没有权利凭证的,质权自办理出质登记时设立。

2. 基金份额、股权质权

基金份额、股权质权是指为担保主债权的实现,在基金份额、股权所表示的财产权利上设立的质权。基金份额、股权质权在办理出质登记时设立。基金份额、股权出质后,不得转让,但是出质人与质权人协商同意的除外。

3. 知识产权质权

知识产权质权是指为担保主债权的实现,以注册商标专用权、专利权、著作权等知识产权中的财产权设立的质权。知识产权质权自办理出质登记时设立。知识产权中的财产权出质后,出质人不得转让或者许可他人使用,但是出质人与质权人协商同意的除外。

4. 应收账款质权

应收账款质权是指为担保主债权的实现,在应收账款所表示的现有或预期债权上设立的质权。以应收账款出质的,质权自办理出质登记时设立。应收账款出质后,不得转让,但是出质人与质权人协商同意的除外。

5. 其他权利质权

除上述财产权之外,法律、行政法规规定的可以出质的其他财产权利,也可以设立权利质权。

四、留置权

【案例】 张公平携带一部单反相机到某维修部找魏荃泽修理,并约好4天后交费取货。4天后,张公平来取相机,魏荃泽让他交修理费1 000元,张公平认为收费过高,双方无法达成一致。魏荃泽扣留了相机。

【问题】 请问魏荃泽应如何收回修理费?

(一)留置权的取得条件

留置权是指债务人不履行到期债务时,债权人可以留置已经合法占有的债务人的动产,并有就该动产优先受偿的权利。留置他人财产的债权人是留置权人,占有的动产为留置财产。留置权是法定担保物权,当事人不能通过约定来设定留置权。留置权能否产生,只能依据是否符合法律规定的条件来判断。只有符合法律规定的留置权取得条件,当事人才能取得留置权。留置权的取得条件如下:

(1)留置权主体是债权人。只有债权人才能依法留置债务人的财产,享有留置权,在债务人无法清偿债务时,实现留置权。

(2)债权人合法占有债务人的动产。债权人合法占有债务人的动产是其享有留置权的前提。

(3)债权的发生与留置的动产属于同一法律关系。这主要包括三种情形:一是债权是因留置动产本身而生。二是债权与留置动产的返还义务基于同一合同关系而生。三是债权与留置动产的返还义务基于同一事实关系而生。

(4)债务人逾期不履行债务。债权已届清偿期,而债务人逾期未履行,是债权人留置债务人动产的条件。

(5)留置不得违反法律规定或当事人的明确约定。《民法典》第449条规定:"法律规定或者当事人约定不得留置的动产,不得留置。"

（二）留置权的实现和消灭

留置权的实现是指留置权人依法将所留置的财产变价，从获得的价款中优先受偿，使被担保的主债权得到实现。《民法典》第 453 条规定："留置权人与债务人应当约定留置财产后的债务履行期限；没有约定或者约定不明确的，留置权人应当给债务人六十日以上履行债务的期限，但是鲜活易腐等不易保管的动产除外。债务人逾期未履行的，留置权人可以与债务人协议以留置财产折价，也可以就拍卖、变卖留置财产所得的价款优先受偿。留置财产折价或者变卖的，应当参照市场价格。"案例中，魏荃泽可以对相机行使留置权。魏荃泽可以留置相机，但扣留相机后，应先与张公平协商确定支付修理费的时间期限。若无法协商确定，魏荃泽可在六十日之后，行使留置权将相机变价，然后就所得价款，优先清偿修理费用，并将剩余的价款返还给张公平。

留置权是一种担保物权，因主债权的消灭，担保物权的实现等原因消灭。除此之外，留置权还有以下特殊的消灭原因。一是留置权人丧失对留置财产的占有。二是债务人另行提供担保。三是债权清偿期延缓。

（三）留置权的效力

留置权人的权利包括：留置所占有的动产的权利、留置财产所生孳息的收取权、留置财产保管上的必要使用权、必要费用的求偿权和优先受偿权。

留置权人的义务包括：对留置财产的妥善保管义务、不得擅自使用和利用留置财产的义务以及返还留置财产的义务。

第三章　市场交易的法律形式——合同编

第一节　合同订立的事实和法律效果评价——合同的成立、效力

一、合同的成立

【案例】　某建筑公司因施工急需 200 吨水泥。该公司向 A 水泥厂发函称："如贵厂有水泥现货,请求接到信 5 天内发货 200 吨,货到付款,吨价不超过 1 700 元。"该建筑公司在接到 A 水泥厂的回函后,再次发函称愿以吨价 1 600 元接货。A 水泥厂收到该函后即发货 200 吨至该建筑公司。

【问题】　某建筑公司与 A 水泥厂之间的合同是否成立?

合同是民事主体之间设立、变更、终止民事法律关系的协议。合同的成立是指合同当事人对合同的主要条款达成合意。合同的成立须具备以下要件:

(1) 存在两个或两个以上的合同当事人。合同是双方或多方当事人形成合意的产物,只要一方当事人无法形成合意,也就不能成立合同。

(2) 合同的订立必须经过要约和承诺两个阶段。《民法典》第 471 条规定:"当事人订立合同,可以采取要约、承诺方式或者其他方式。"要约和承诺是合同订立的形式,也是合同成立必须经过的两个阶段。只有经过要约和承诺两个阶段才可能达成合意,合同才能成立。案例中,A 水泥厂在第 2 次接函后并未对吨价提出反对,而是以实际行动去履行,表明其默认接受建筑公司的要约,则该承诺视为有效。因此可以认定在双方当事人之间存在生效的合同关系。

(3) 对主要条款达成合意。合同成立的根本标志在于,合同当事人就合同

的主要条款达成合意。其他次要条款或者非必要条款未达成一致,不影响合同的成立。

二、要约

【案例】　某建筑公司因施工急需 200 吨水泥,便向 A 水泥厂发传真要求以每吨 1700 元的价格购买 200 吨水泥,并要求在 5 日内送货上门。传真发出后该建筑公司收到 B 水泥厂的广告,其价格比 A 水泥厂的价格低且能马上送货上门。于是建筑公司立即要求 B 水泥厂送货上门。这时该建筑公司立即联系 A 水泥厂要求退货,因电话没有打通便派专人去 A 水泥厂联系退货事宜。建筑公司派出的人刚走,A 水泥厂就发来传真,称同意接收建筑公司的要求。建筑公司的人到达后,A 水泥厂表示不能退货。3 天后,A 水泥厂的货送至建筑公司遭到拒绝。A 水泥厂诉至法院。

【问题】　该案如何处理?

(一)要约的概念和构成要件

要约,在现实生活中被称为发盘、发价、报价、出价等,它是一方当事人以缔结合同为目的,向对方提出合同条件,希望对方接受的意思表示。[①]根据《民法典》第 472 条的规定,要约应当符合下列要件:

(1)内容具体确定。具体是指要约的内容必须包含使合同成立的主要条款。如果不包含这些条款,受要约人很难作出承诺或者即使作出承诺也因缺少主要条款,合同无法成立。确定是指要约的内容必须明确,不能含糊不清,否则受要约人不能理解要约人的正确意思无法作出承诺。

(2)表明经受要约人承诺,要约人即受该意思表示约束。要约应当表明,一旦要约经受要约人承诺,要约人即受到要约的约束。约束表现在要约被承诺后合同即告成立,要约人要受合同效力的约束。

(二)要约的生效、撤回、撤销、失效

1. 要约的生效

要约何时生效,我国采用到达主义。依照《民法典》第 137 条的规定,要约生

---

① 参见李少伟主编:《民法学教程》,法律出版社 2021 年版,第 493 页。

效的时间如下:一是以对话方式作出的要约,相对人知道其内容时生效。二是以非对话方式作出的要约,到达相对人时生效。三是以非对话方式作出的采用数据电文形式的要约的生效时间。相对人指定特定系统接收数据电文的,数据电文进入该系统时生效;相对人未指定特定系统接收数据电文的,自相对人知道或应当知道数据电文进入该系统时生效。

2. 要约的撤回

要约的撤回,是指要约生效之前,要约人作出取消要约的意思表示。因要约是在生效之前撤回的,撤回要约不会影响受要约人的利益。依据《民法典》第141条的规定,要约人撤回要约的通知应当在要约到达受要约人之前或者同时到达受要约人。

3. 要约的撤销

要约的撤销,是指要约人在要约生效之后、受要约人作出承诺之前,将该要约取消从而使要约失去效力。尽管要约人可以撤销其要约,但下面两种情形下,要约不得撤销:一是要约人以确定承诺期限或者其他形式明示要约不可撤销。二是受要约人有理由认为要约是不可撤销的,并已经为履行合同做了合理准备工作。

4. 要约的失效

要约的失效,是指要约丧失了法律拘束力,即不再对要约人和受要约人产生拘束力。受要约人不再享有经由承诺订立合同的地位。①依据《民法典》第478条的规定,要约失效的原因如下:要约被拒绝;要约被依法撤销;承诺期限届满,受要约人未作出承诺;受要约人对要约的内容作出实质性变更。

案例中,建筑公司与 A 水泥厂的传真符合要约的构成要件,A 水泥厂发回的传真属于承诺。建筑公司对要约的撤销不符合"撤销要约的通知应当在受要约人发出承诺通知之前到达要约人"的条件,因此建筑公司不能撤销该要约,应当承担违约责任。

三、承诺

【案例】 某建筑公司向 A 水泥厂发出要约,表明"以每吨 1 700 元的价格购买 200 吨水泥,订立合同后两个月发货,请电复"。A 水泥厂收到要约后立即电

---

① 参见黄薇主编:《中华人民共和国民法典合同编释义》,法律出版社 2020 年版,第 922 页。

复:"接受贵方要约,在订立合同后立即发货。"但建筑公司未作任何答复。

【问题】　A水泥厂的承诺是否有效?

(一) 承诺的概念和构成要件

承诺,是指受要约人同意接受要约的全部条件以缔结合同的意思表示。[①]承诺必须符合一定的构成要件,才能产生合同成立的法律效力。

(1) 承诺须由受要约人作出。因为要约一般是向特定的人发出的,受要约人是要约人选定的,因此只有受要约人才能作出承诺。受要约人之外的第三人没有承诺的资格。

(2) 承诺须向要约人作出。承诺是对要约的回应,只有向受要约人作出才能在要约人和受要约人之间成立合同的效果。

(3) 承诺的内容须与要约的内容一致。承诺是受要约人根据要约的内容与要约人订立合同的意思表示,故承诺的内容应当要与要约的内容保持一致。要约人对要约的内容作出实质性变更的,为新要约。案例中,A水泥厂在接到要约后"立即发货"的回复已经对建筑公司的要约"两个月后发货"进行了根本性的修改,因此不符合承诺的构成要件,属于新要约。而建筑公司未作出回复,视为合同未成立。

(4) 承诺须在要约确定的期限内到达要约人。受要约人必须在要约规定的期限内作出承诺,而且必须在规定期限内到达要约人,这样的承诺才能产生法律上的效力。

(二) 承诺的方式、期限、生效、撤回和迟延

1. 承诺的方式

承诺的方式,是指承诺人将承诺的意思表示送达要约人的具体形式。根据《民法典》第480条的规定,承诺的方式如下:

第一,承诺原则上应当以通知的方式作出。"通知的方式"是典型的明示方式,包括语言、信件、数据电文等,这类承诺的方式具有内容明确性的特点,不易产生纠纷。

第二,根据交易习惯或者要约表明可以通过行为作出。"通过行为作出承诺"属于默示的方式,包括预付价款、装运货物等。

---

① 参见中共中央宣传部宣传教育局、全国人大常委会法制工作委员会民法室、司法部普法与依法治理局编:《中华人民共和国民法典合同编学习读本》(上),中国民主法制出版社2021年版,第40页。

2. 承诺的期限和生效

（1）承诺的期限

承诺的期限是受要约人享有承诺权利的期限。根据《民法典》第481条和第482条的规定，承诺的期限确定方式如下：

第一，承诺应当在要约确定的期限内到达要约人。

第二，要约没有确定承诺期限时承诺期限的确定。一是要约以对话方式作出的，应当即时作出承诺；二是要约以非对话方式作出的，承诺应当在合理期限内到达。

第三，以信件或者电报等作出要约时承诺期限的确定。要约以信件或者电报作出的，承诺期限自信件载明的日期或者电报交发之日开始计算。信件未载明日期的，自投寄该信件的邮戳日期开始计算。要约以电话、传真、电子邮件等快速通讯方式作出的，承诺期限自要约到达受要约人时开始计算。

（2）承诺的生效

根据《民法典》第484条的规定，首先，以通知方式作出的承诺，生效有两种情况：一是以对话方式作出的承诺，要约人知道承诺内容时生效。二是以非对话方式作出的承诺，在到达要约人时生效。其次，无须通知方式作出的承诺，即根据交易习惯或者要约的要求作出承诺的行为时生效。

3. 承诺的撤回和迟延

所谓承诺撤回，是指受要约人在发出承诺通知以后，在承诺正式生效之前撤回其承诺。①承诺可以撤回。承诺的撤回适用《民法典》第141条的规定，即撤回承诺的通知应当在承诺通知到达要约人之前或者同时到达要约人。

承诺应当在承诺期限内作出并到达要约人才有法律效力。承诺迟延是指受要约人没有在承诺期限内作出承诺，这包括两种情况：

（1）逾期承诺。逾期承诺是指受要约人超过承诺期限发出承诺，或者在承诺期限内向要约人发出的、按照通常情形不能及时到达要约人的承诺。除要约人及时通知受要约人该承诺有效的以外，逾期承诺为新要约。

（2）迟到承诺。迟到承诺是指受要约人在承诺期限内发出承诺，按照通常情形能够及时到达要约人，但是因其他原因致使承诺到达要约人时超过承诺期限的承诺。除要约人及时通知受要约人因承诺超过期限不接受该承诺外，迟到承诺有效，合同成立。

---

① 参见王利明、杨立新等：《民法学》，法律出版社2020年版，第602页。

四、合同的效力

【案例】 张公平和张公正为兄弟关系,父母早亡,两人均未结婚也无其他兄弟姐妹。张公平因出国工作委托张公正照看房屋。而张公正因生意失败竟以自己名义将该房屋出售给董敏法并签订了房屋买卖合同,约定 3 月 13 日办理过户手续。3 月 1 日,张公平回国得知此事并未反对,但因车祸突然去世。3 月 8 日,董敏法因购买了其他便宜的房屋便不想履行与张公正的买卖合同,提出该房屋不属于张公正所有,故买卖合同无效。双方发生争议。

【问题】 该案如何处理?

(一) 有效合同

合同的效力,是指依法成立的合同在当事人之间产生的法律拘束力。[①]根据《民法典》第 502 条的规定,依法成立的合同,自成立时生效,但是法律另有规定或者当事人另有约定的除外。即已经成立的合同,要产生法律效力,必须具备生效要件。依据《民法典》第 143 条的规定,合同的生效要件包括:(1)行为人具有相应的民事行为能力;(2)意思表示真实;(3)不违反法律、行政法规的强制性规定,不违背公序良俗。

(二) 无效合同

无效合同是指合同虽然已经成立,但欠缺一定的生效要件而无法律效力的合同。无效合同自始没有法律约束力。无效合同的情形包括:(1)无民事行为能力人订立的合同;(2)虚假意思表示订立的合同;(3)违反法律、行政法规的强制性规定订立的合同;(4)当事人恶意串通、损害他人合法权益订立的合同。

(三) 可撤销合同

可撤销合同,指当事人在订立合同时,因意思表示不真实,法律允许撤销权人通过行使撤销权而使已经生效的合同归于无效。[②]可撤销合同自始没有法律约束力。可撤销合同的情形包括:(1)因重大误解订立的合同;(2)因受欺诈订立的合同;(3)因受胁迫订立的合同;(4)显失公平的合同。

---

① 参见王利明、杨立新等:《民法学》,法律出版社 2020 年版,第 643 页。

② 参见王利明、杨立新等:《民法学》,法律出版社 2020 年版,第 655 页。

（四）效力待定的合同

效力待定的合同，是指合同成立之后，是否已经发生效力不能确定，有待于其他行为或事实使之确定的合同。①效力待定的合同包括以下情形：（1）限制民事行为能力人依法不能独立订立的合同；（2）无权代理人订立的合同。限制民事行为能力人的法定代理人和无权代理人的被代理人追认合同，则合同确定有效；若不追认则合同确定无效。案例中，张公正以自己的名义与董敏法签订的合同为效力待定的合同。张公平得知此事并未反对，后因车祸去世，张公正因继承取得了该房屋的所有权，因此该合同为有效合同，董敏法应当根据双方的约定支付房款。

第二节　合同关系实现、保护、变化和消亡的各环节
——合同的履行、保全、变更与终止

一、合同的履行

【案例】　某学校与某服装厂签订定作 800 套学生服的合同。双方约定开学前 7 日钱货两清。服装厂如期完成定作任务后，学校以资金困难为由，请求服装厂先提供服装，待开学向学生收取服装费后再结清酬金。双方发生纠纷，诉至法院。

【问题】　本案如何处理？

（一）合同履行的概念和原则

合同履行是合同债务人全面地、适当地完成其合同义务，以确保债权人的合同债权得到完全实现。②根据《民法典》第 509 条的规定，合同的履行应当遵循以下原则：

1. 全面履行原则

合同当事人必须根据合同约定的内容，完整地、正确地履行合同的义务。

2. 诚信履行原则

当事人应当基于诚实信用原则的要求，根据合同的性质、目的和交易习惯履

---

① 参见王利明：《合同法通则》，北京大学出版社 2022 年版，第 220 页。
② 参见杨立新主编：《中华人民共和国民法典释义与案例评注·合同编》，中国法制出版社 2020 年版，第 155 页。

行通知、协助、保密等义务。

3. 绿色履行原则

当事人在履行合同过程中，应当避免浪费资源、污染环境和破坏生态。

（二）合同条款约定不明确的履行

在合同履行中，当事人对质量、价款或者报酬、履行地点等内容有明确约定，应当按照约定履行。如果没有约定或者约定不明确的，当事人可以订立协议补充；不能达成补充协议的，按照合同相关条款或者交易习惯确定。如果当事人按照以上方法仍不能确定的，《民法典》第 511 条规定了具体的对合同漏洞依法继续确定的方法，包括质量、价款或者报酬、履行地点、履行期限、履行方式和履行费用。

（三）涉他合同的履行

涉他合同的履行分为向第三人履行的合同和由第三人履行的合同。

1. 向第三人履行的合同

当事人约定由债务人向第三人履行债务，债务人未向第三人履行债务或者履行债务不符合约定的，应当向债权人承担违约责任。法律规定或者当事人约定第三人可以直接请求债务人向其履行债务，第三人未在合理期限内明确拒绝，债务人未向第三人履行债务或者履行债务不符合约定的，第三人可以请求债务人承担违约责任；债务人对债权人的抗辩，可以向第三人主张。

2. 由第三人履行的合同

当事人约定由第三人向债权人履行债务，第三人不履行债务或者履行债务不符合约定的，债务人应当向债权人承担违约责任。

（四）双务合同履行中的抗辩权

双务合同履行中的抗辩权，是在符合法定条件下，当事人一方对抗对方当事人的履行请求权，暂时拒绝履行自己债务的权利。[①]根据双务合同中当事人履行合同的先后顺序，分为同时履行抗辩权、后履行抗辩权和不安抗辩权。

1. 同时履行抗辩权

同时履行抗辩权，是指双方合同的当事人一方在他方未为对待履行以前，有权拒绝自己的履行。[②]根据《民法典》第 525 条的规定，当事人互负债务，没有先后履行顺序的，应当同时履行。一方在对方履行之前有权拒绝其履行请求。一方在对方履行债务不符合约定时，有权拒绝其相应的履行请求。案例中，由于学

---

① 参见韩世远：《合同法总论》，法律出版社 2018 年版，第 379 页。

② 参见王利明：《合同法通则》，北京大学出版社 2022 年版，第 274 页。

校与服装厂互负债务且没有先后履行顺序。如果学校不能支付服装费用,根据同时履行抗辩权制度,服装厂可以拒绝向学校交付服装。

2. 后履行抗辩权

后履行抗辩权,是指当事人互负债务,有先后履行顺序,应当先履行债务一方未履行的,后履行一方有权拒绝其履行请求。先履行一方履行债务不符合约定的,后履行一方有权拒绝其相应的履行请求。

3. 不安抗辩权

不安抗辩权,是指在双务合同成立后,应当先履行的一方有确切证据证明对方在履行期限到来后,将不能或不会履行债务,则在对方没有履行或提供担保以前,有权暂时中止履行合同。《民法典》第 527 条规定了后履行的当事人丧失或可能丧失债务履行能力的情形,包括经营状况严重恶化;转移财产、抽逃资金,以逃避债务;丧失商业信誉和有丧失或者可能丧失履行债务能力的其他情形。

二、合同的保全

【案例】 张公平因生意需要向梁一思借款 50 万元,双方签订了借款合同。后张公平因生意失败,无力偿还债务。梁一思提出以张公平一套价值 50 万元的房产抵债。张公平称该房产已于前几日赠送给了自己的叔叔,现在无力偿债。双方发生纠纷,诉至法院。

【问题】 本案如何处理?

(一) 合同保全概述

合同保全,是指法律为防止债务人的财产本不应减少却被不当地减少或本应增加却不当地未增加而给债权人的债权带来损害,允许债权人行使撤销权或代位权,以保护其债权。[①]合同的实现依赖于合同的履行,而当债务人无力履行债务时,由债务人的担保人代替债务人履行债务,从而保障债权人利益的实现,这是合同保全的意义所在。合同的保全包括代位权和撤销权两种制度。

(二) 债权人代位权

根据《民法典》第 535 条的规定,债权人代位权是指因债务人怠于行使其到

---

① 参见王利明:《合同法通则》,北京大学出版社 2022 年版,第 340 页。

期债权,影响债权人的到期债权实现的,债权人可以向人民法院请求以自己的名义代位行使债务人债权的权利。

债权人代位权的行使必须符合下列条件:(1)债权人对债务人的债权合法;(2)债务人怠于行使其债权或者与该债权有关的从权利;(3)影响债权人到期债权的实现;(4)债务人的权利不是专属于债务人自身的权利。

债权人代位权的效力如下:(1)对债权人的效力。债权人可以获得来自相对人的直接清偿。(2)对债务人的效力。债权人接受相对人履行义务后,债权人与债务人、债务人与相对人之间相应的权利义务终止。(3)对相对人的效力。相对人一方面作为被告参与代位权诉讼,可主张对债务人的抗辩权;另一方面代位权成立后,相对人应直接向债权人履行。

(三) 债权人撤销权

根据《民法典》第538条的规定,债权人撤销权,是指债权人依法享有的为保全其债权,对债务人放弃其债权、放弃债权担保、无偿转让财产等方式无偿处分财产权益,或者恶意延长其到期债权的行为,请求法院予以撤销的权利。

债权人撤销权的行使应严格遵守法律的要求。首先,债权人行使撤销权必须向人民法院提出请求。其次,债权人行使撤销权的范围以债权人的债权为限。再次,债权人行使撤销权的必要费用,由债务人负担。最后,撤销权自债权人知道或者应当知道撤销事由之日起一年内行使。自债务人的行为发生之日起五年内没有行使撤销权的,该撤销权消灭。

债权人撤销权的效力如下:(1)对债权人的效力。因行使撤销权后取得的财产归债务人所有,属于全体债权人的共同担保,行使撤销权的债权人没有优先受偿权。(2)对债务人的效力。当债务人的不当行为被撤销后,该行为自始没有法律约束力。(3)对相对人的效力。债务人的不当处分财产行为被撤销后,相对人负有返还财产的义务,不能返还的,应折价赔偿。案例中,张公平在明知自己有借款债务的情况下将房产无偿赠与他人,减少自己的责任财产。梁一思作为债权人,可以行使债权人撤销权,撤销张公平与其叔叔之间的无偿赠与,从而恢复张公平的责任财产,保护自己的合同权益。

三、合同的变更和转让

【案例】 张公平欠梁一思50万元,梁一思欠董敏法50万元。某日梁一思与董敏法达成协议,由张公平向董敏法清偿50万元。

【问题】 梁一思与董敏法能否达成这样的协议?

(一) 合同变更的概念

合同的变更有广义和狭义之分。广义的合同变更包括合同主体的变更和合同内容的变更。

合同内容的变更乃是狭义的合同变更,也是通常意义上所说的合同变更。合同变更是指在合同成立后,尚未履行或尚未完全履行前,合同当事人协商一致就合同内容进行修改或补充。合同变更首先应存在已成立的有效合同关系,其次应对合同的内容进行了变更,最后当事人之间必须达成一致。

合同变更不具有溯及力,对合同已经履行的部分不产生效力,合同变更后,当事人应按照变更后的合同内容履行。合同变更不影响当事人要求赔偿的权利。

(二) 合同债权的转让

合同债权的转让,是指合同债权人通过协议将其债权全部或部分地转让给第三人的行为。[①]合同债权的转让须具有以下条件:(1)须存在合法有效的债权,且该债权具有可转让性。合法有效的债权是债权转让的前提。并非所有债权都可以转让,《民法典》第545条对不可转让的合同债权作了明确规定,包括根据债权性质不得转让、按照当事人约定不得转让和依照法律规定不得转让。(2)转让双方须达成合法的协议。合法是指合同转让的内容和形式均须符合法律规定。案例中,根据《民法典》的规定,梁一思与董敏法可以达成这样的协议。协议中梁一思与董敏法约定由张公平向董敏法清偿债务,这是合同债权的转让,梁一思将自己对张公平的合同债权转让给了第三人董敏法,他们之间的协议是债权转让合同。

合同债权转让的效力分为对内和对外效力两个方面。对内效力包括:(1)债权及其非人身从权利由让与人转让给受让人。(2)让与人对其让与的债权负瑕疵担保义务。(3)让与人承担因债权转让增加的履行费用。对外效力包括:(1)债务人应向受让人履行债务。(2)债务人对让与人的抗辩,可以向受让人主张。(3)债务人可以向受让人主张抵销权。当有下列两种情形之一时,债务人对受让人主张抵销:一是债务人接到债权转让通知时,债务人对让与人享有债权,

---

① 参见王利明:《合同法通则》,北京大学出版社2022年版,第365页。

且债务人的债权先于转让的债权到期或者同时到期。二是债务人的债权与转让的债权是基于同一合同产生。

（三）合同债务的移转

合同债务的移转，是指不改变债的内容，债务人将债务全部或者部分地转移给第三人。[1]根据合同债务全部或部分转移给第三人后，原合同债务人是否免责，将合同债务转移分为免责的合同债务移转和并存的合同债务移转。

免责的合同债务移转是指债务人将债务的全部或者部分转给第三人，原债务人不再承担相应债务。免责的合同债务移转需要经债权人同意，如果债权人经债务人或者第三人催告未作表示的，视为不同意。

并存的合同债务移转是指第三人与债务人约定加入债务，或者第三人向债权人表示愿意加入债务，原债务人并没有脱离债的关系，其将与第三人共同向债权人承担债务。[2]第三人加入债的方式有两种：一是与债务人约定加入债务并通知债权人。二是向债权人表示愿意加入债务。只要债权人未在合理期限内明确拒绝的，则并存的合同债务移转成立。并存的合同债务移转效力如下：新债务人负有清偿债务和从债务的义务。新债务人可以主张原债务人对债权人的抗辩。新债务人不得主张原债务人对债权人的抵销权。

（四）合同权利和义务的概括移转

合同权利和义务的概括移转是指当事人一方经对方同意，可以将自己在合同中的权利和义务一并转让给第三人，由第三人全部承受这些权利义务。合同权利和义务的概括移转适用债权转让和债务转移的有关规定。

四、合同的终止

【案例】　某商场和某服装厂签订一份供货合同，约定11月1日前服装厂向商场供给一批羽绒服。由于原料紧缺，服装厂未能在11月1日按时给商场供货。11月2日商场通知服装厂解除合同，经服装厂恳求，商场同意服装厂最迟11月20日送货上门。11月20日服装厂仍未将货送到。11月21日商场书面通

---

[1]　参见中共中央宣传部宣传教育局、全国人大常委会法制工作委员会民法室、司法部普法与依法治理局编：《中华人民共和国民法典合同编学习读本》（上），中国民主法制出版社2021年版，第204页。

[2]　参见王利明：《合同法通则》，北京大学出版社2022年版，第381页。

知服装厂解除合同,服装厂书面拒绝解除合同,并于 11 月 25 日将羽绒服送至商场。双方发生争议。

【问题】 该案应如何处理?

(一) 合同终止

合同终止是指因一定法律事实的出现,合同当事人之间的合同权利义务关系客观上不复存在,债权债务关系归于消灭。[①]《民法典》第 557 条规定:"有下列情形之一的,债权债务终止:(一)债务已经履行;(二)债务相互抵销;(三)债务人依法将标的物提存;(四)债权人免除债务;(五)债权债务同归于一人;(六)法律规定或者当事人约定终止的其他情形。"合同解除的,该合同的权利义务关系终止。

(二) 清偿

清偿是指按合同的约定实现债权目的的行为,清偿是最常见的合同终止的方式。清偿抵充是指对同一债权人负担数宗债务的债务人,其给付的种类相同,所提出的给付不足以清偿全部债务时,决定清偿抵充何种债务的债法制度。[②]清偿抵充具有三种形式:约定抵充、指定抵充和法定抵充。清偿抵充的顺序是有约定从约定,无约定从指定,无指定从法定。

(三) 合同的解除

合同的解除是指合同成立后尚未完全履行前,当事人一方或当事人双方意思表示使合同终止的法律行为。合同的解除有协议解除、约定解除和法定解除三种类型。合同解除的效力如下:(1)合同不再履行。(2)合同解除具有溯及力。(3)合同解除不影响损害赔偿。(4)合同解除不影响担保责任。案例中,服装厂迟延履行,商场为其利益考虑,给其 20 天的延展期限,但服装厂仍未履行,这符合法定解除的条件,商场有权解除合同。

(四) 抵销

抵销,是指当事人双方互负债务,各以其债权充抵债务的履行,双方各自的债权和对应债务在对等额内消灭。[③]合同抵销分为法定抵销和合意抵销。法定

[①] 参见郭艺蓓:《合同与生活》,上海人民出版社 2022 年版,第 126 页。

[②] 参见杨立新主编《中华人民共和国民法典条文精释与实案全析》(中),中国人民大学出版社 2020 年版,第 150 页。

[③] 参见中共中央宣传部宣传教育局、全国人大常委会法制工作委员会民法室、司法部普法与依法治理局编:《中华人民共和国民法典合同编学习读本》(上),中国民主法制出版社 2021 年版,第 245 页。

抵销,是指在符合法律规定的条件下,一方作出抵销的意思表示而使双方的债权债务发生消灭的一种抵销方式。①合意抵销是指合同当事人协商一致对互负债务进行抵销。

(五) 提存

所谓提存,是指由于债权人的原因,债务人无法向债权人清偿到期债务,将合同标的物交付给特定的提存部门,从而完成债务的清偿,使合同债务归于消灭。②提存的原因如下:(1)债权人无正当理由拒绝受领;(2)债权人下落不明;(3)债权人死亡未确定继承人、遗产管理人,或者丧失民事行为能力未确定监护人;(4)法律规定的其他情形。

(六) 免除

免除是债权人免除债务人全部或部分债务,使合同关系全部或部分地消灭。如果免除全部债务,则合同关系完全消灭;如果是免除部分债务,则合同关系部分消灭。

第三节　违反合同义务的责任预防和承担——合同担保和违约责任

一、合同担保

【案例】　A公司因为业务需要向某银行贷款100万元。银行要求A公司提供担保。A公司找到B公司要求为其贷款担保,B公司在担保合同中写明:A公司在贷款期满不能履行债务时,由B公司承担保证责任。贷款到期后A公司无力偿还。银行诉至法院要求A公司偿还所欠贷款本息及滞期罚金,B公司承担保证责任。

【问题】　B公司应如何承担保证责任?

(一) 合同担保概述

合同担保是依照法律规定或者当事人约定而设立的,促使合同债权人履行合同债务,确保合同债权实现的法律措施。③合同担保具有从属性,它的存在必

---

①　参见王利明:《合同法通则》,北京大学出版社2022年版,第405页。

②　参见崔建远:《合同法》,法律出版社2021年版,第198页。

③　参见郭艺蓓:《合同与生活》,上海人民出版社2022年版,第144页。

须以一定的合同关系的存在为前提。合同担保具有补充性,即合同债权人所有的担保权或者担保利益对于其债权的实现有补充意义。合同担保具有相对独立性,这是由于担保合同能够相对独立于被担保的合同债权而发生或者存在。合同担保包括人的担保、物的担保和金钱的担保。

(二) 保证合同

1. 保证合同的概念

保证合同是为了保障债权的实现,保证人和债权人约定,当债务人不履行到期债务或者发生当事人约定的情形时,保证人履行债务或者承担责任的合同。保证合同属于人的担保的范畴,是单务合同、无偿合同、从合同。

2. 保证人

保证合同的当事人是保证人和债权人。保证人是主合同债权人、债务人以外的第三人。保证人必须具备民事行为能力和相应的财产能力。《民法典》第683条规定,机关法人、以公益为目的的非营利法人、非法人组织不得成为保证人。

3. 保证方式

根据《民法典》第686条的规定,保证的方式包括一般保证和连带责任保证。

一般保证是指当事人在保证合同中约定,债务人不能履行债务时,由保证人承担保证责任。保证人享有先诉抗辩权,即保证人在主合同纠纷未经审判或者仲裁,并就债务人财产依法强制执行仍不能履行债务前,有权拒绝向债权人承担保证责任。案例中,A、B两公司在担保合同中约定A公司在贷款期满不能履行债务时,由B公司承担保证责任,这符合一般保证的法律规定。因此B公司应承担一般保证责任,向该银行清偿贷款及罚金。

连带责任保证是指当事人在保证合同中约定保证人和债务人对债务承担连带责任,即债务人不履行到期债务或者发生当事人约定的情形时,债权人可以请求债务人履行债务,也可以请求保证人在其保证范围内承担保证责任。

4. 保证的效力

第一,债权人的权利。债权人对保证人享有请求承担保证责任的权利。

第二,保证人的权利。首先,保证人具有抗辩权。保证人可以主张债务人对债权人的抗辩。即使债务人放弃抗辩,保证人仍有权向债权人主张抗辩。其次,保证人具有追偿权。保证人承担保证责任后,享有向债务人追偿的权利。最后,保证人具有拒绝履行权。债务人对债权人享有抵销权或者撤销权的,保证人可以在相应范围内拒绝承担保证责任。

二、违约行为

【案例】　某商场和某服装厂签订一份供货合同,约定11月1日前该服装厂向商场提供一批羽绒服,商场向服装厂交付定金4万元。因气象部门预测当年冬季将持续低温,该服装厂的羽绒服被其他商场订购一空且价格上涨不少。9月8日,服装厂发函声称因供货能力有限,无法履约,要求取消合同。商场多次与其协商未果,于9月20日诉至法院要求解除合同、服装厂双倍返还定金并赔偿其利润损失。服装厂称合同未到履行期,拒绝承担违约责任。

【问题】　该案如何处理?

违约行为是指当事人一方不履行合同义务或者履行合同义务不符合约定的行为。根据《民法典》的规定,违约行为分预期违约和实际违约。

(一) 预期违约

预期违约是指在合同履行期限届满前,当事人一方明确表示或者以自己的行为表明不履行合同。预期违约包括明示预期违约和默示预期违约。明示预期违约是在合同履行期限届满前,一方当事人无正当理由,明确地向对方表示其在履行期限届满后将不履行合同。默示预期违约是指在合同履行期限届满前,一方当事人以自己的行为表明其在履行期限届满后将不履行合同。

预期违约的救济方式,非违约方在履行期限届满前,可以解除合同并要求违约当事人承担违约责任,也可以在履行期限届满后,要求违约当事人继续履行或承担实际违约责任。案例中,服装厂在合同履行期限届至前致函商场要求取消合同是以明示的方式表示将不履行合同,这属于明示预期违约。商场可以在合同履行期限届满前将服装厂诉至法院。最终,法院判决解除双方签订的合同,服装厂双倍返还定金并赔偿其经济损失。

(二) 实际违约

实际违约是指合同履行期限届满后,当事人不履行合同义务或履行合同义务不符合约定。实际违约分为不履行和不适当履行。

不履行是指合同履行期限届至,当事人没有履行合同义务。不履行是包括履行不能和拒绝履行。履行不能是由于债务人没有履行能力或者法律禁止债务的履行。拒绝履行是指债务人能够履行但无正当理由而拒绝履行合同义务。

不适当履行是指合同当事人一方履行合同义务不符合合同约定。不适当履行包括迟延履行和瑕疵履行。迟延履行指合同当事人能够履行合同但在履行期限届满前没有履行,违反了合同履行期限的规定。瑕疵履行指合同当事人虽在合同期限内履行了合同,但其履行的内容存在瑕疵。如履行数量、质量、地点等不符合约定。

三、违约责任的主要形式

【案例】 某商场和某服装厂签订一份供货合同,约定 11 月 1 日前该服装厂向商场提供一批羽绒服,商场向服装厂交付定金 4 万元。因气象部门预测当年冬季将持续低温,某超市找到该服装厂,服装厂以更高的价格将全部羽绒服卖给了超市。

【问题】 某商场能否要求某服装厂继续履行合同?

根据《民法典》相关条文的规定,承担违约责任的主要形式包括以下几种。

(一) 继续履行

继续履行又称强制履行,指一方当事人违反合同义务时,另一方当事人请求法院强制违约方继续履行合同债务的违约责任形式。[1]继续履行又分金钱债务和非金钱债务的继续履行。

金钱债务的继续履行是指债务人给付一定的金钱作为内容的债务,包括支付价款、报酬、租金、利息等。《民法典》第 580 条规定,当事人一方不履行非金钱债务或者履行非金钱债务不符合约定的,对方可以请求履行。但如果是以下三种情况,违约方可以提出抗辩:(1)法律上或者事实上不能履行;(2)债务的标的不适于强制履行或者履行费用过高;(3)债权人在合理期限内未请求履行。案例中,某服装厂不供货给某商场,属于违约行为,但由于该厂已经将全部羽绒服卖给了超市,无力供货给商场。因此商场不能要求该服装厂继续履行合同,只能采用其他的方式要求服装厂承担违约责任。

---

[1] 参见李少伟主编:《民法学教程》,法律出版社 2021 年版,第 527 页。

（二）第三人替代履行

第三人替代履行，是指债务不得被强制履行时，由第三人替代债务人履行，而由债务人支付费用。①如甲因身体原因不能履行演出合同，由乙替代演出，甲支付费用。

（三）采取补救措施

《民法典》第582条是对不符合约定的补救措施的规定。在非金钱债务合同中，违约方承担违约责任主要是采取补救措施。补救措施有修理、重作、更换、退货、减少价款或者报酬等。

（四）赔偿损失

赔偿损失又称损害赔偿，指的是一方当事人不履行合同义务或履行合同义务不符合约定时赔偿债权人所受损失的责任。赔偿损失是各国立法普遍规定的违约责任承担方法，我国民法对损害赔偿采用的是金钱赔偿主义。根据《民法典》第584条的规定，当事人一方不履行合同义务或者履行合同义务不符合约定，造成对方损失的，损失赔偿额应当相当于因违约所造成的损失，包括合同履行后可以获得的利益。这说明我国在赔偿范围的确定上采用的是完全赔偿原则。同时《民法典》也规定了赔偿损失的可预见性规则，即不得超过违约一方订立合同时预见到或者应当预见到的因违约可能造成的损失。

（五）违约金

违约金是指依据合同的约定，合同一方当事人违反合同时向对方支付一定数额的金钱。违约金分为赔偿性违约金和惩罚性违约金。我国法律对违约金采用干预的原则。人民法院或者仲裁机构可以根据当事人的请求予以增加或适当减少。当事人就迟延履行约定违约金的，违约方支付违约金后，还应当履行债务。

（六）定金

所谓定金，是指合同双方当事人约定为担保合同的履行，由一方预先向对方给付一定数量的货币或其他替代物。②关于定金的数额，《民法典》第586条规定，定金的数额由当事人约定；但是，不得超过主合同标的额的百分之二十，超过部分不产生定金的效力。实际交付的定金数额多于或者少于约定数额的，视为

---

① 参见王利明：《合同法通则》，北京大学出版社2022年版，第491页。
② 参见王利明：《合同法通则》，北京大学出版社2022年版，第517页。

变更约定的定金数额。当事人既约定违约金，又约定定金的，一方违约时，对方可以选择适用违约金或者定金条款。

四、违约责任限制和免责事由

【案例】 某商场和某服装厂签订一份供货合同，约定 11 月 1 日前该服装厂向商场提供一批羽绒服，商场向服装厂交付定金 4 万元。服装厂快马加鞭生产后存于仓库中，等待发货。但在发货前，因泥石流导致仓库被埋，货物无法按时交付给商场。服装厂以不可抗力为理由要求撤销合同，但遭商场拒绝。

【问题】 某商场能否要求某服装厂承担违约责任？

（一）违约责任的限制

1. 非违约方防止损失扩大义务

合同一方当事人违约后，另一方当事人不能无动于衷，任凭损失的扩大，而应采取积极的措施防止损失的扩大。《民法典》第 591 条规定，当事人一方违约后，对方应当采取适当措施防止损失的扩大；没有采取适当措施致使损失扩大的，不得就扩大的损失请求赔偿。这是对非违约方防止损失扩大义务的规定。当然，当事人因防止损失扩大而支出的合理费用，由违约方负担。

2. 双方违约和过失相抵

《民法典》第 592 条第 1 款规定："当事人都违反合同的，应当各自承担相应的责任。"这是对双方违约的责任规定。《民法典》第 592 条第 2 款规定："当事人一方违约造成对方损失，对方对损失的发生有过错的，可以减少相应的损失赔偿额。"这是对过失相抵的责任规定。

（二）违约责任的免除

违约责任的免除是指当事人虽然违反了合同，但根据法律的规定或当事人之间的约定，不需要承担违约责任。《民法典》规定的法定合同免责事由是不可抗力。因不可抗力不能履行合同的，当事人可以部分或者全部免除责任。但是当事人迟延履行后发生不可抗力的，不免除其违约责任。案例中，因泥石流导致仓库被埋属于不可抗力。某服装厂因不可抗力不能履行合同，免除其违约责任，因此该服装厂无需承担违约责任。

第四节　生活中常见的合同法律风险防范——具体合同的订立与履行

一、典型合同概述

【案例】　张公平在梁一思的礼品店看到一个标价 2 万元的原装进口花瓶，决定购买作为礼物送给女儿张小平。张公平告知由张小平和梁一思直接联系花瓶交付事宜。后来梁一思派店员按约定的时间将花瓶送至张小平家，但张小平因临时有事出门而不能受领。店员在返回途中发生车祸致花瓶损毁。因梁一思要求张公平支付 2 万元遭拒而引发纠纷。

【问题】　本案中张公平与梁一思之间、张公平与张小平之间关于花瓶的合同各属于什么合同？

《民法典》合同编包含通则、典型合同、准合同三个分编，共 526 条，占民法典条文总数的 40％以上，其中典型合同多达 384 条，规定了 19 种典型合同，约占民法典条文总数的 30.5％，在民法典中有着具有举足轻重的地位。

典型合同，是指因其在社会生活中频繁出现而又具有典型意义，法律赋予其特定名称并对其作出详细规定的合同。[①]非典型合同是指法律尚未特别规定，也没有赋予一定名称的合同。典型合同的名称不仅是由法律赋予的，而且相关规则也是由法律规定的，当事人在签订和履行这类合同时，遵循规则即可。《民法典》规定了 19 种典型合同。与典型合同相对应的概念是非典型合同。

案例中，张公平与梁一思之间成立的是"花瓶买卖合同"，这属于典型合同。张公平与张小平之间有"花瓶赠与合同"，这也是典型合同。案例中因买受人的原因致使花瓶未能如期交付，由买受人承担花瓶毁损的风险。梁一思不承担花瓶毁损的风险，其已经如约履行送货义务，有权要求张公平支付 2 万元。

二、转让和使用财产的合同

【案例】　甲为某设备生产企业，乙向甲购买一台生产设备。合同约定乙应

---

① 　参见李少伟主编：《民法学教程》，法律出版社 2021 年版，第 481 页。

当在受领设备后5个月内就设备质量是否合格,向甲公司作出通报。乙在受领设备后的第6个月,就设备质量不合格向甲提出异议。甲主张乙的通知已经超出约定期限,其无须承担违约责任。

【问题】 甲的主张能否成立?

(一) 买卖合同及供用电、水、气、热力合同

1. 买卖合同

买卖合同是出卖人转移标的物的所有权于买受人,买受人支付价款的合同。转移所有权的一方是出卖人,支付价款的一方是买受人。

买卖合同的效力包括:(1)出卖人的义务。一是交付标的物;二是转移标的物所有权;三是瑕疵担保义务,瑕疵担保义务包括质量瑕疵担保义务和权利瑕疵担保义务;四是交付标的物单证以外的有关单证和资料。(2)买受人的义务。一是支付价款;二是受领标的物;三是及时检验标的物。案例是一则买卖合同,在该案例中,合同对设备质量是否合格作出的约定期限是5个月,而乙未在该期限内对甲作出通知,依据《民法典》第621条的规定,视为该设备符合约定的质量标准,乙无权请求甲承担违约责任。

2. 供用电、水、气、热力合同

供用电、水、气、热力合同,是指一方提供电、水、气、热力给另一方使用,另一方支付相应价款的合同。提供电、水、气、热力的一方为供应人,利用电、水、气、热力的一方为利用人。供用电合同是供电人向用电人供电,用电人支付电费的合同。

供用电合同的效力包括:(1)供电人的义务。一是安全供电;二是因故中断供电的通知义务;三是抢修义务,因自然灾害等原因断电,供电人应当按照国家有关规定及时抢修。(2)用电人的义务。一是交付电费;二是安全用电。供用水、供用气、供用热力合同,参照适用供用电合同的有关规定。

(二) 赠与合同

赠与合同是赠与人将自己的财产无偿给予受赠人,受赠人表示接受赠与的合同。转让财产的一方为赠与人,接受财产的一方为受赠人。

赠与合同是单务合同,赠与合同的效力集中表现为赠与人所负担的合同义务。赠与人的义务包括:一是转移赠与标的物;二是特定情形下的瑕疵担保。附义务的赠与,赠与的财产有瑕疵的,赠与人在附义务的限度内承担与出卖人相同的责任。赠与人故意不告知瑕疵或者保证无瑕疵,造成受赠人损失的,应当承担赔偿责任。根据《民法典》的规定,赠与人有基于自己的意思表示或法律规定的事由而撤销赠与合同的权利。

（三）借款合同

借款合同是借款人向贷款人借款，到期返还借款并支付利息的合同。向对方借款的一方为借款人，出借钱款的一方为贷款人。

借款合同的效力包括：(1)贷款人的义务。一是依据约定提供借款；二是保密义务。(2)借款人的义务。一是按照约定的日期和数额收取借款；二是按照合同接受检查和监督、提供资料；三是按照约定的用途使用借款；四是按期返还借款；五是按照约定支付利息。

（四）租赁合同、融资租赁合同

租赁合同是出租人将租赁物交付承租人使用、收益，承租人支付租金的合同。将租赁交付使用、收益的一方是出租人，使用、收益物并支付租金的一方是承租人。

租赁合同的效力包括：(1)出租人的义务。一是交付租赁物；二是修缮租赁物；三是瑕疵担保义务，包括物的瑕疵担保和权利的瑕疵担保；四是费用偿还。(2)承租人的义务。一是支付租金；二是合理使用租赁物；三是保管租赁物；四是不得擅自转租；五是返还租赁物。

融资租赁合同是出租人根据承租人对出卖人、租赁物的选择，向出卖人购买租赁物，提供给承租人使用，承租人支付租金的合同。融资租赁合同是由买卖合同和租赁合同两个合同和出租人、承租人以及出卖人三方当事人结合在一起构成的新型独立合同。融资租赁合同的主体为三方当事人，即出租人（买受人）、承租人和出卖人（供货商）。

融资租赁合同的效力包括：(1)出租人的义务。一是按照约定交付标的物；二是保证承租人对租赁物的占有和使用；三是协助承租人行使索赔权；四是特殊情况下的瑕疵担保，即承租人依赖出租人的技能确定租赁物或者出租人干预选择租赁物的。(2)承租人的义务。一是支付租金；二是妥善保管、使用与维修标的物的义务；三是合同终止时返还标的物；四是不得非法转租租赁物；五是对租赁物致人损害承担赔偿责任。(3)出卖人的义务。一是按约定向承租人直接交付标的物的义务；二是不履行合同时向承租人承担违约责任。

三、提供工作或服务成果的合同

【案例】　梁一思经营某海鲜批发市场，张公平经营某货运公司。双方订立货运合同,约定由张公平在两天内将一批海鲜送至某地经销商处。张公平迟延一天取货,途中又发生泥石流,导致6天后才到达经销商处,海鲜大部分已经腐烂,造成经济损失20多万元。梁一思请求张公平赔偿损失。张公平认为其没有按时送达是由于泥石流的原因,不应承担责任。

【问题】 梁一思的主张能否成立?

(一) 承揽合同

承揽合同是承揽人按照定作人的要求完成工作,交付工作成果,定作人支付报酬的合同。按要求完成工作、交付工作成果、收取报酬的一方当事人为承揽人,提出要求、接受工作成果、支付报酬的一方当事人为定作人。

承揽合同的效力包括:(1)承揽人的义务。一是亲自完成主要工作;二是按照约定选用材料并接受检验;三是受领、妥善保管和合理利用定作人提供的材料;四是及时通知义务;五是保密义务;六是接受定作人的检验监督。(2)定作人的义务。一是支付报酬的义务;二是协助义务;三是受领并验收工作成果。

(二) 建设工程合同

建设工程合同是承包人进行工程建设,发包人支付价款的合同。建设工程合同包括工程勘察、设计、施工合同。委托他人施工并按约定给付工程价款的人为发包人,接受他人委托进行工程建设的人为承包人。

建设工程合同的效力包括:(1)承包人的义务。一是按期竣工并交付发包人验收;二是接受发包人检查、监督的义务;三是隐蔽工程的通知义务;四是保证工程质量和安全的义务。(2)发包人的义务。一是支付工程价款的义务;二是及时提供必要原材料或资料及其他便利条件的义务;[①]三是隐蔽工程及时检查的义务;四是及时验收竣工工程。

(三) 运输合同

运输合同是承运人将旅客或者货物从起运地点运输到约定地点,旅客、托运人或者收货人支付票款或者运输费用的合同。

运输合同的效力包括:(1)承运人的义务。一是安全及时送达的义务;二是按照规定路线运输的义务;三是满足旅客、托运人通常、合理的运输要求。(2)旅客、托运人或者收货人的义务主要是支付票款或者运输费用。案例中,虽然是因为泥石流导致损失,但由于是张公平迟延取货以后才发生的不可抗力,依据《民

---

① 参见李少伟主编:《民法学教程》,法律出版社2021年版,第590页。

法典》第 590 条的规定,当事人迟延履行后发生不可抗力的,不免除其违约责任。因此张公平不能主张不可抗力免责,应当承担损害赔偿责任。

(四) 保管、仓储合同

1. 保管合同

保管合同是保管人保管寄存人交付的保管物,并返还该物的合同。

保管合同的效力包括:(1)保管人的义务。一是妥善保管的义务;二是给付保管凭证的义务;三是亲自保管的义务;四是不得使用保管物的义务;五是返还保管物及其孳息的义务。(2)寄存人的义务。一是支付保管费用的义务;二是相关情况的告知义务;三是贵重物品的申明义务;四是及时提取保管物的义务。

2. 仓储合同

仓储合同是保管人储存存货人交付的仓储物,存货人支付仓储费的合同。

仓储合同的效力包括:(1)保管人的义务。一是验收仓储物;二是出具仓单;三是妥善保管仓储物;四是同意仓单持有人检查仓储物或提取样品;五是危险通知义务。(2)存货人的义务。一是支付仓储费用;二是对危险物品或易变质物品提供说明的义务;三是及时提取仓储物。

四、提供一定权益保障的合同

【案例】　张公平将一幅名画交给画廊老板梁一思代为出售。双方订立合同,约定以画廊的名义出售该画,出售价格不得低于 100 万元,售价超出部分为梁一思的酬金。合同订立后,梁一思将画挂在画廊出售,某夜大雨因画廊漏水将该名画淋湿毁损。张公平要求梁一思赔偿,梁一思称该画毁损与自己无关,拒绝赔偿。

【问题】　梁一思是否承担赔偿责任?

(一) 技术合同

技术合同是当事人就技术开发、转让、许可、咨询或者服务订立的确立相互之间权利和义务的合同。

1. 技术开发合同

技术开发合同是当事人之间就新技术、新产品、新工艺、新品种或者新材料及其系统的研究开发所订立的合同。

技术开发合同的效力包括:(1)委托人义务。按照约定支付研究开发经费和报酬,提供技术资料,提出研究开发要求,完成协作事项,接受研究开发成果。(2)受托人义务。按照约定制定和实施研究开发计划,合理使用研究开发经费,按期完成研究开发工作,交付研究开发成果,提供有关的技术资料和必要的技术指导,帮助委托人掌握研究开发成果。(3)合作开发合同的当事人主要义务。按照约定进行投资,包括以技术进行投资,分工参与研究开发工作,协作配合研究开发工作。

2. 技术转让合同和技术许可合同

技术转让合同是合法拥有技术的权利人,将现有特定的专利、专利申请、技术秘密的相关权利让与他人所订立的合同。技术许可合同是合法拥有技术的权利人,将现有特定的专利、技术秘密的相关权利许可他人实施、使用所订立的合同。

技术转让合同和技术许可合同的效力包括:(1)让与人和许可人的主要义务为按照约定转让或许可技术,交付实施专利有关的技术资料,提供必要的技术指导。(2)受让人和被许可人的主要义务为按照约定使用技术、支付费用、承担保密义务。

3. 技术咨询合同和技术服务合同

技术咨询合同是当事人一方以技术知识为对方就特定技术项目提供可行性论证、技术预测、专题技术调查、分析评价报告等所订立的合同。技术服务合同是当事人一方以技术知识为对方解决特定技术问题所订立的合同,不包括承揽合同和建设工程合同。

技术咨询合同的效力包括:(1)委托人义务。按照约定阐明咨询的问题,提供技术背景材料及有关技术资料,接受受托人的工作成果,支付报酬。(2)受托人义务。按照约定的期限完成咨询报告或者解答问题,提出的咨询报告应当达到约定的要求。

技术服务合同的效力包括:(1)委托人义务。按照约定提供工作条件,完成配合事项,接受工作成果并支付报酬。(2)受托人义务。按照约定完成服务项目,解决技术问题,保证工作质量,并传授解决技术问题的知识。

(二) 委托、行纪、中介合同

委托合同是委托人和受托人约定,由受托人处理委托人事务的合同。委托合同的效力包括:(1)受托人义务。一是按照委托人的指示亲自、妥善处理委托事务。二是委托事务的告知义务。三是财产转交义务。(2)委托人义务有偿还费用及支付报酬的义务和赔偿损失的义务。

行纪合同是行纪人以自己的名义为委托人从事贸易活动,委托人支付报酬的合同。行纪合同的效力包括:(1)行纪人的义务。一是负担行纪费用。二是妥善保管委托物。在本案中,张公平与梁一思之间订立的合同是行纪合同。行纪人梁一思收到张公平的名画后应当妥善保管委托物,但名画在专业画廊中被淋湿毁损,说明梁一思没有尽到妥善保管委托物的义务,应当对张公平赔偿损失。三是依照委托人指示办理委托事务。四是合理处分委托物以及介入权。(2)委托人的义务。一是支付报酬。二是受领、取回委托物。

中介合同是中介人向委托人报告订立合同的机会或者提供订立合同的媒介服务,委托人支付报酬的合同。

中介合同的效力包括:(1)中介人的义务。一是向委托人如实报告订立合同事项的义务。二是负担中介活动费用的义务。(2)委托人的义务。一是支付中介报酬的义务。二是支出必要中介费用的义务。

(三) 物业服务合同

物业服务合同是物业服务人在物业服务区域内,为业主提供建筑物及其附属设施的维修养护、环境卫生和相关秩序的管理维护等物业服务,业主支付物业费的合同。

物业服务合同的效力包括:(1)物业服务人的义务。一是妥善提供物业服务的义务。二是定期向业主公开报告的义务。三是合同终止时的移交义务。(2)业主的义务有支付物业费的义务,告知、协助义务以及赔偿损失的义务。

(四) 合伙合同

合伙合同是两个以上合伙人为了共同的事业目的,订立的共享利益、共担风险的协议。

合伙合同的效力如下:一是合伙人按照约定履行出资义务。二是合伙人对合伙债务承担连带责任。三是合伙人执行合伙事务不得请求支付报酬。四是合伙事务由全体合伙人共同执行。

第四章 人的尊严与价值的基础保护——人格权编

第一节 人格权实现的方式和保护——人格权的行使与保护

一、人格权的行使和限制

【案例】 张公平与张公正是亲兄弟,兄弟长期不和,其父母亲去世后一直没有立墓碑。2023 年,张公平为其父母立墓碑时未将张公正的名字刻在墓碑上。张公正要求加上其姓名。

【问题】 将张公正名字刻在墓碑上是其权利吗?

(一) 人格权的概念和特征

人格权,是指民事主体专属享有的,以人格利益为客体,为维护其独立人格所必备的固有权利。[①]《民法典》第 990 条规定:"人格权是民事主体享有的生命权、身体权、健康权、姓名权、名称权、肖像权、名誉权、荣誉权、隐私权等权利。"与其他民事权利相比,人格权主要具有以下特征:

(1) 人格权是一种私权利。《民法典》第 989 条规定:"本编调整因人格权的享有和保护产生的民事关系。"这表明《民法典》仅调整因人格权产生的民事关系,不包括公法上的关系。人格权效力主要及于地位平等的民事主体之间,并非直接为公权力机关设定义务。[②]

(2) 人格权是民事主体固有的基本权利。人格权是随着民事主体的产生而

---

① 参见王利明、杨立新等:《民法学》,法律出版社 2020 年版,第 882 页。

② 参见王利明、程啸、朱虎:《中华人民共和国民法典人格权编释义》,中国法制出版社 2020 年版,第 8 页。

产生,其取得无须民事主体积极的作为,而是由法律直接赋予。人格权在本质上具有不可抛弃性、不可转让性及不可侵害性。①

(3)人格权是一种法定权利。无论是自然人还是非自然人,并不是与生俱来就自然享有人格权,其人格权都是法律赋予的,通过法律的确认和实施得以实现的。

(4)人格权是一种精神性的权利。人格权不同于财产权利,主要是对人格的主体地位和人格尊严等核心价值的保护,其主要体现的是精神和人伦道德上的利益。②

(二)人格权行使的原则

人格权的固有性决定了人格权与民事主体同时产生。自然人因出生取得人格权,法人和非法人组织从成立之日起就享有人格权。同时人格权也随着自然人的死亡而消灭,法人和非法人组织人格权因组织的终止而彻底丧失。人格权的行使,是民事主体通过各种方式实现其人格权,人格权赋予民事主体行为的自由,但任何自由都是相对的,民事主体在行使人格权过程中应当遵循如下原则:(1)人格权的行使必须遵守法律的强制性规定。(2)人格权的行使不得有违公序良俗。(3)人格权的行使不得滥用权利而造成对他人的损害。案例中,自然人享有姓名权,有权决定、使用、变更或者许可他人使用自己的姓名。父母死亡后,子女在墓碑上刻写姓名及与死者的关系为寄托哀思,张公正要求刻上自己的名字符合我国公序良俗,是他行使自身姓名权的一种方式。

(三)人格权的限制

人格权作为一种基本人权,应该得到充分的保护。但保护人格权并不意味着可以过度保护而妨碍公共利益或影响他人的行为自由。在一些情况下,为了保护公共利益或他人的权利,人格权可能会受到限制。人格权限制,是指基于对国家利益、社会利益等因素的考虑,对人格权的内容和行使进行必要限制。《民法典》第 999 条规定:"为公共利益实施新闻报道、舆论监督等行为的,可以合理使用民事主体的姓名、名称、肖像、个人信息等;使用不合理侵害民事主体人格权的,应当依法承担民事责任。"如公共场所安装摄像头就是在一定程度上对隐私权进行了限制。《民法典》第 1020 条规定了肖像权的合理使用,第 1036 条规定了对个人信息的合理使用。这些规定既是对于人格权限制的合法理由,也是一

---

① 参见施启扬:《民法总则》,中国法制出版社 2010 年版,第 102 页。

② 参见宋纪连:《人格权与生活》,上海人民出版社 2022 年版,第 15 页。

个免责事由。

二、人格权的商业化利用

【**案例**】 武汉云鹤公司在未经姚明同意的情况下,将其姓名和肖像用于生产和销售的"姚明一代"产品及其宣传上,姚明认为武汉云鹤公司上述行为侵犯其人格权,亦构成不正当竞争,遂请求法院判令武汉云鹤公司立即停止侵权,赔偿经济损失1 000万元。①

【**问题**】 该案如何处理?

(一) 人格权商业化利用的概念和内容

人格权商业化利用,是指在市场经济社会,人格权的某些权能可以依法转让或者授权他人使用,以及在其遭受侵害以后可以通过财产损害赔偿的方式获得救济。②《民法典》第993条规定"民事主体可以将自己的姓名、名称、肖像等许可他人使用",该条就是对自然人享有人格权商业化利用的规定。根据该条规定,可以商业化利用的人格权益主要包括:

(1) 姓名权。姓名权在性质上属于精神性人格权,并不具有财产价值,其主要功能是防止个人身份的混淆。③随着市场经济的发展,当符合一定条件的姓名被应用到商业领域之后,可以具备一定的财产性价值。

(2) 名称权。名称权不仅能够区别法人及非法人组织的身份,而且具有一定的商业利用价值。《民法典》第1013条规定,法人、非法人组织可以转让或者许可他人使用自己的名称。可见名称权的商业化利用方式比姓名权更为广泛。

(3) 肖像权。肖像权中的商业价值逐渐得到法律的肯定与保护,肖像权人可以自己利用,也可以许可他人利用其肖像权。

(4) 个人信息。个人信息本身就皆有人身属性和财产属性,绝大多数个人

---

① 参见最高人民法院2012年知识产权司法保护十大典型案件:姚明与武汉云鹤大鲨鱼体育用品有限公司侵犯人格权及不正当竞争纠纷上诉案(湖北省高级人民法院[2012]鄂民三终字第137号民事判决书)。

② 参见王利明:《人格权法研究》,中国人民大学出版社2018年版,第218页。

③ 参见王利明、程啸、朱虎:《中华人民共和国民法典人格权编释义》,中国法制出版社2020年版,第61页。

信息都可以进行经济利用。①

（5）其他人格利益。只要不是依照法律规定或根据其性质不得许可的人格利益，均可成为许可使用的对象，如个人的声音、死者的人格利益等。

案例中，姚明凭借其在男子职业篮球领域取得的良好社会形象、在广大消费者中的影响力而产生的相关权益受法律保护。而武汉云鹤公司在商品销售的宣传过程中，未经姚明许可，多次对姚明的肖像及姓名进行商业性使用，既侵害姚明的姓名权及肖像权，也构成不正当竞争，法院最终判决武汉云鹤公司赔偿100万元。

（二）人格权商业化利用的限制

为保护个人的人格尊严，《民法典》第993条规定有的人格利益依照法律规定或根据其性质不得许可，这是对可进行许可利用的人格权益的范围作了一定的限制。虽然《民法典》没有规定哪些人格利益不得许可，但通常认为以下人格利益不得许可。在人格权体系中，生命、身体、健康是最重要的人格利益，具有至高无上性，在整个人格权甚至在整个民事权利体系中具有最高地位。

1. 生命权

生命权是最重要的人格利益，在整个民事权利体系中具有最高地位。生命权具有极强的人身属性，客观上无法成为许可使用的对象。

2. 健康权

健康权同样具有很强的人身属性，无法与主体分离，一般很难成为许可使用的对象。

3. 身体权

为防止个人的"商业物化""工具化"，维护个人的人格尊严，应当严格限制身体的许可利用行为。②

三、人格权请求权

【案例】　张公平与梁一思系恋人关系，后因感情不和分手。分手后张公平

---

① 参见王利明、程啸、朱虎：《中华人民共和国民法典人格权编释义》，中国法制出版社2020年版，第62页。

② 参见宋纪连：《人格权与生活》，上海人民出版社2022年版，第58页。

通过微信、抖音等途径发布梁一思的隐私照片,并不断地给梁一思打骚扰电话,使梁一思无法正常工作和生活。梁一思诉至法院。

【问题】 该案如何处理?

(一) 人格权请求权的概念

人格权请求权是指民事主体在其人格权的圆满状态受到妨害或者有妨害之虞时,得请求加害人为一定行为或者不为一定行为,以回复人格权圆满状态或者防止妨害的权利。[①]《民法典》第 995 条规定:"人格权受到侵害的,受害人有权依照本法和其他法律的规定请求行为人承担民事责任。受害人的停止侵害、排除妨碍、消除危险、消除影响、恢复名誉、赔礼道歉请求权,不适用诉讼时效的规定。"人格权请求权是基于人格权而产生的权利,是在人格权遭受侵害情况下所产生的权利,其目的在于预防和保全权利人的人格利益。

(二) 人格权请求权的内容

人格权请求权可以分为不作为和作为请求权两个方面,具体包括以下内容。

1. 停止侵害请求权

停止侵害是指受害人在面临加害行为正在发生或即将发生损害的情况下,有权请求加害人停止实施加害行为。停止侵害是对人格权最直接、最有效的补救方式。

2. 排除妨碍请求权

排除妨碍是受害人面临正在实施的、妨害其人格利益的行为,有权要求加害人排除此种妨碍。排除妨碍针对的是加害人正在实施的妨害受害人人格权益的行为。

3. 消除危险请求权

消除危险是指侵权人的行为导致被侵权人的人格权益面临危险的可能时,被侵权人有权要求侵权人消除危险。消除危险的实质是消除可能导致损害发生的危险源,从而防患于未然。

4. 消除影响请求权

消除影响是指侵权人实施的侵害行为侵害了被侵权人的人格权,被侵权人有权诉请侵权人在合理范围内消除不良后果。其目的在于消除给被侵权人的社会声誉造成的不良影响。

---

① 参见杨立新:《人格权法》,法律出版社 2015 年版,第 64 页。

5. 恢复名誉请求权

所谓恢复名誉，是指行为人因其行为侵害了自然人、法人或非法人组织的名誉，而应在影响所及的范围内将受害人的名誉恢复至未受侵害时的状态的一种责任形式。①恢复名誉只适用于侵害名誉权的情形下。

6. 赔礼道歉请求权

赔礼道歉是指责令侵权人通过一定方式在一定范围内向受害人认错并表示歉意。赔礼道歉目的在于对被侵权人的精神抚慰。案例中，张公平在微信、抖音发布梁一思隐私照片的行为侵犯了梁一思的名誉权及隐私权，法院判决张公平停止对梁一思名誉权的侵权行为，在微信、抖音等途径发布向梁一思赔礼道歉、恢复名誉的视频并赔偿精神损害抚慰金。

四、人格权侵权损害赔偿请求权

【案例】　张公平违规驾驶汽车将孕妇梁一思碰撞在地，造成梁一思骨折受伤，后鉴定为九级伤残。因住院治疗使用药物，梁一思被迫终止妊娠。并且由于事故致其坐骨骨折，给其再度怀孕造成较大的潜在风险。因此梁一思诉至法院，请求支持其对精神损害抚慰金的诉求。

【问题】　法院会支持梁一思的请求吗？

人格权侵权损害赔偿请求权，是指侵权人的非法行为侵害了被侵权人的人格权，造成被侵权人财产损害和精神损害时，被侵权人所享有的补偿其损失的债权请求权。人格权侵权损害赔偿包括财产损害赔偿和精神损害赔偿。

（一）财产损害赔偿

人格权在市场经济社会具有财产因素，有商品化的趋势，侵害姓名权、肖像权等人格权，其损害可采用加害人获利或假定的许可使用费的方式确定。②

《民法典》第 1179 条规定了人身损害赔偿的范围：(1)人身损害的一般赔偿范围，包括医疗费、护理费、交通费、营养费、住院伙食补助费等为治疗和康复支出的合理费用，以及因误工减少的收入。(2)致人残疾的赔偿范围，除一般赔偿

---

① 参见王利明、程啸、朱虎：《中华人民共和国民法典人格权编释义》，中国法制出版社 2020 年版，第 94 页。

② 参见王利明：《我国民法典中的人格权制度的构建》，载《法学家》2003 年第 4 期。

外,还包括辅助器具费和残疾赔偿金。(3)致人死亡的赔偿范围,还应当赔偿丧葬费和死亡赔偿金。

《民法典》第1182条规定了人身损害赔偿的数额,即侵害他人人身权益造成财产损失的,按照被侵权人因此受到的损失或者侵权人因此获得的利益赔偿;被侵权人因此受到的损失以及侵权人因此获得的利益难以确定,被侵权人和侵权人就赔偿数额协商不一致,向人民法院提起诉讼的,由人民法院根据实际情况确定赔偿数额。

(二) 精神损害赔偿

精神损害赔偿是针对自然人因人格权益遭受侵害而产生的精神损害所提供的补救。[1]

精神损害赔偿的适用范围包括:(1)侵害他人生命权、身体权等人格权,给他人造成精神损害的。(2)侵犯监护身份权非法使被监护人脱离监护,给监护人造成精神损害的。(3)侵害死者人格利益给死者近亲属造成精神损害的。(4)侵害他人具有人格象征意义的特定纪念物品而造成精神损害的。

精神损害赔偿的数额,应当根据侵权人的过错程度、侵害的目的、方式、场合等具体情节,侵权行为所造成的后果,侵权人的获利情况,侵权人承担责任的经济能力,以及受理诉讼法院所在地平均生活水平来进行综合考量后确定。[2]由于最高法司法解释没有对精神损害赔偿的标准进行量化,各地均出台了当地的精神损害赔偿的量化标准。例如辽宁省高级人民法院规定,精神损害抚慰金的数额根据受害人伤残等级或死亡后果参照以下标准酌定:十级伤残不超过5 000元,九级伤残不超过10 000元,以此类推,一级伤残、死亡不超过50 000元。[3]案例中,根据《民法典》第1183条的规定,侵害自然人人身权益造成严重精神损害的,被侵权人有权请求精神损害赔偿。梁一思因交通事故而导致被迫终止妊娠,使其享有的准母亲的权利被侵害,且后续怀孕有潜在风险,这对梁一思造成了精神上的打击。因此法院判决支持梁一思合理的医疗费、误工费等各项经济损失外,因事故造成梁一思九级伤残,对其精神损害抚慰金予以支持,根据标准赔偿精神损害抚慰金1万元;因终止妊娠致精神受到伤害,酌情赔偿精神损害抚慰金1万元,合计2万元。

---

[1] 参见王利明、程啸、朱虎:《中华人民共和国民法典人格权编释义》,中国法制出版社2020年版,第102页。

[2] 参见《最高人民法院关于确定民事侵权精神损害赔偿责任若干问题的解释》第5条。

[3] 参见辽宁省高级人民法院《辽宁省道路交通事故损害赔偿项目及计算标准(试行)》(辽高法〔2020〕167号)。

第二节 人格权中基础性的权利——生命权、身体权和健康权

一、生命权

【案例】 张公平和朋友们在某酒店用餐时手机响起,由于包间声音嘈杂,他来到包间外的木制消防通道门旁接听电话。后张公平被人发现坠楼,经抢救无效身亡,经鉴定为高坠死亡。张公平家属起诉至法院,认为张公平坠楼身亡是由于酒店使用不合规的工程且在危险地段没有设置警示标志造成的,请求酒店赔偿交通费、抚养费和精神损失费 200 余万元。

【问题】 该案如何处理?

(一)生命权的概念和特征

人的生命是人的最高人格利益,具有至高无上的人格价值。生命始于出生,终于死亡。生命权是自然人享有的维持其生命存在,以保证其生命安全和生命尊严为基本内容的具体人格权。[①]《民法典》第 1002 条规定:"自然人享有生命权。自然人的生命安全和生命尊严受法律保护。任何组织或者个人不得侵害他人的生命权。"生命权的特征如下:

(1)生命权的主体只能是自然人。法人或非法人组织是被拟制而产生的,无生理生命,也不可能享有生命权。动物不是法律上的主体,因而动物也不享有法律上的生命权。

(2)生命权的客体是自然人的生命利益。即法律保护自然人生命的正常活动,保障生命不受非法剥夺的人格利益。

(3)生命权以维护人的生命活动延续为其基本内容。生命权维护的是人的生命活动的延续。生命权一旦遭受侵害,则使自然人的生命活动不能继续延续,后果只能是死亡。

(4)生命权具有平等性。即任何自然人均平等地享有生命权,任何人的生命权均受到法律的平等保护,不能为了维护某人的生命而牺牲他人的生命。

---

① 参见杨立新主编:《〈中华人民共和国民法典〉条文精释与实案全析》,中国人民大学出版社 2020 年版,第 21 页。

(二) 生命权的内容

1. 生命安全维护权

生命安全维护权的首要任务是维护生命延续。一方面,自然人可以采用积极的方式维护自己的生命安全,当个人的生命安全遭遇非法侵犯或危险时,权利人依法采取必要手段以排除侵害,维护自己的生命安全,这主要包括正当防卫和紧急避险。另一方面,自然人享有消极维护权,当其生命安全受到侵害或面临危险时,可以请求排除妨害、消除危险。案例中,酒店作为经营者应保障消费者的人身安全,但其存在过错未尽安全保障义务,侵害了张公平的生命权,因此酒店对张公平的坠楼身亡的后果应承担赔偿责任。法院判决酒店赔偿张公平家属丧葬费、交通费等68万元,精神损害抚慰金18万元,赡养费7万元,抚育费6万元。

2. 生命尊严维护权

《宪法》规定,中华人民共和国公民的人格尊严不受侵犯。维护生命尊严是维护人格尊严的组成部分。生命尊严维护权,是指自然人有权基于人格尊严,在消极意义上禁止他人侵害自己作为生命主体者的尊严,在积极意义上要求自己作为生命主体者的尊严获得应有的尊重,以提升生命的尊严和品质。[1]生命尊严包括生的尊严和死的尊严。

3. 生命利益的有限支配权

即生命权人在特定条件下对自己生命的有限支配。这主要体现在:(1)生命权人可以自主地决定是否将自己的生命置于危险状态之中的权利,如病人是否同意医生进行关乎其生命安全的手术。(2)生命权人实施放弃自己生命的行为,即结束自己生命的权利,如自杀行为。但任何组织或个人不得侵害他人的生命权,如安乐死。

二、身体权

【案例】 张公平为某酒店保安,因停车问题与梁一思发生口角,双方发生打斗。张公平使用拳脚殴打梁一思的胸部及头部,致其受伤入院治疗。经鉴定,梁

---

[1]　参见黄薇主编:《中华人民共和国民法典人格权编解读》,中国法制出版社2020年版,第64页。

一思伤残等级为十级伤残。张公平犯故意伤害罪,被判处有期徒刑六个月。梁一思向法院起诉,要求张公平及酒店赔偿医疗费、误工费、护理费、营养费、交通费、法医鉴定费、伤残补助费、精神损害抚慰金,共计 12 万元。

【问题】 该案如何处理?

(一) 身体权的概念和特征

法律意义上的身体,专指自然人的身体,是指自然人的生理组织的整体,即躯体。身体包括主体部分和附属部分。主体部分由头颅、躯干、肢体的总体构成,包括肢体、器官和其他组织。附属部分是指附着于身体的其他人体组织,包括毛发、指(趾)甲等。

身体权是自然人维护其身体完全并支配其肢体、器官和其他组织的具体人格权。[1]身体是生命的物质载体,是生命得以产生和延续的最基本条件,因此自然人的身体受法律保护。《民法典》第 1003 条规定:"自然人享有身体权。自然人的身体完整和行动自由受法律保护。任何组织或者个人不得侵害他人的身体权。"身体权区别于其他人格权的主要特征在于:

(1) 身体权以自然人的身体及其利益为客体。身体是自然人享有法律人格的物质基础,没有了身体,自然的人不可能具备法律上的人格。自然人以身体及其利益为客体,最重要的是保持身体整体的完全性和完整性。

(2) 自然人对自己身体组成部分的有限支配权。自然人在法律和道德允许的范围内对自己身体的个别部分具有一定的处分权能,如无偿献血、遗体捐献等。但自然人不享有绝对的支配权,如非法出售自己的身体器官。

(3) 身体权是自然人的基本人格权。身体权是基本人格权之一,属于物质性人格权,表现为自然人对于物质性人格要素的不转让性支配权。[2]因此身体权是人格权而不是所有权。

(二) 身体权的内容

1. 保持身体完整权

这是身体权最重要的内容。自然人有权维护自己的身体完整,禁止任何人侵害身体,破坏身体的完整性。身体完整性包括身体的实质性完整,即身体的组成部分不得残缺和身体的形式完整,身体的组成部分不得非法接触。自然人在

---

[1] 参见杨立新:《人格权法》,法律出版社 2015 年版,第 169 页。
[2] 参见张俊浩:《民法学原理》,中国政法大学出版社 1991 年版,第 142 页。

其身体完整性受到他人侵害时,有权采取一定的措施排除侵害或妨害。如《民法典》第1010条对干扰他人身体的性骚扰行为作出了明确的规定。本案是一则侵犯身体权的案例。张公平使用拳脚殴打梁一思的胸部及头部,是对梁一思身体权的侵害,应当承担赔偿责任,同时酒店应当承担连带责任,法院判决张公平和酒店连带向梁一思赔偿4万元。

2. 依法支配身体权

在不违反法律和社会伦理的情况下,自然人对自己的身体或身体的组成部分,如肢体、器官等,有适当的支配性。但如果他人违反本人意志,强行支配使用公民身体的组成部分,这就侵害了公民对其身体组成部分的支配权。

3. 维护行动自由权

身体权既包括静态的保持身体完整权也包括动态的维护身体活动自由权。行动自由权是指自然人的身体行动受到他人的非法剥夺或限制时,有权采取保护措施排除他人的侵害。行动自由是自然人支配自己身体的突出表现。

三、健康权

【案例】 张公平和董敏法系同事关系,均为男性。张公平通过微信日夜给董敏法发送性骚扰信息,董敏法多次规劝和告诫张公平进行正常的交往,但张公平不予接受并扬言要报复董敏法。为此董敏法精神出现异常,经诊断为重度抑郁症。

【问题】 张公平的行为侵犯了董敏法的健康权还是性自主权?

(一)健康权的概念和特征

健康权是指自然人以自己的机体生理机能正常运作和功能完善发挥,维持人体生命活动的利益为内容的具体人格权。[①]健康是维持人体正常生命活动的基础,健康权是自然人重要的人格权。现代社会健康不仅包括生理健康也包括心理健康。《民法典》第1004条规定:"自然人享有健康权。自然人的身心健康受法律保护。任何组织或者个人不得侵害他人的健康权。"健康权的特征如下:

---

① 参见杨立新主编:《〈中华人民共和国民法典〉条文精释与实案全析》,中国人民大学出版社2020年版,第24页。

（1）健康权的主体限于自然人。法人及非法人组织无生理机能和心理状态，自然没有健康权。胎儿的健康利益也应当受到法律保护。自然人死亡后，不属于民事主体，就不再享有健康权。

（2）健康权的客体为自然人的健康利益。健康利益包括生理健康和心理健康，两者共同影响着人们的生活质量。健康权强调的是人体的生理机能正常运作和功能正常发挥，不以人体的完整性为客体，否则即为身体权。

（3）健康权是一项独立的人格权。健康权与生命权、身体权有着密切的联系。身体受到侵害，生命也会受到威胁，健康也会受到侵害。但健康权有着自己的权利客体和权利内容，《民法典》第110条把"健康权"与"生命权""身体权"并列以区分，可见健康权是一项独立的人格权。

（二）健康权的内容

1. 身体健康维护权

良好的生理机能是自然人享有正常生活、从事社会活动的基础。自然人有权采取措施维护自己的生理机能的良好运转。当其生理机能出现异常时，有及时获得医疗、接受医治的权利。当自然人的生理健康受到侵犯时，有权采取措施保护自己。《民法典》第1009条规定，从事与人体基因、人体胚胎等有关的医学和科研活动，应当遵守法律、行政法规和国家有关规定，不得危害人体健康，不得违背伦理道德，不得损害公共利益。

2. 心理健康维护权

心理健康是个人一种良好的心理状态。心理健康和身体健康有着密切的联系，心理健康是身体健康的精神支柱，良好的心理健康可以使生理机能处于良好的状态，反之会降低生理机能而引起疾病。现代社会心理健康时常受到损害，侵害他人心理健康的行为同样是对健康权的侵犯，须承担法律责任。案例中，张公平采用性骚扰的侵权方式，直接侵犯了董敏法的性自主权，间接导致董敏法心理产生不健康的后果，侵犯了董敏法的心理健康，并造成董敏法身体损害，侵害了其健康权，董敏法有权请求张公平承担侵权责任。

3. 健康利益有限支配权

健康利益有限支配权是权利人对自己的健康利益进行适度支配的权利。但健康利益支配权不是绝对的支配权，须受到适当限制，对健康权的主要限制有：第一，为了医学进步和人类发展，需要以人体进行新药、新技术的试验，这可能会危及受试人的健康。第二，订立处分健康权的合同，或者订立免除侵害健康权责任的免责条款，或者设立已将健康毫无意义地置于危险状态为内容的合同，应当认为无效。①第三,健康利益不得利用和转让。第四,为维护个人健康和公共利益的需要,强制治疗、强制戒毒等强制性改善自然人的行政措施,这是对自然人健康利益支配权的适当限制。

四、人身自由权

【案例】 张公平到某超市购物,在走出超市的无购物通道时,警报器突然响起。保安董敏法怀疑张公平携带了未付款的商品,强行将张公平带往库房进行搜身,但没发现未付款的商品。后经查明是警报器出现故障。张公平向法院提起诉讼,主张超市侵害了其身体权、隐私权和人身自由权,请求进行精神损害赔偿。

【问题】 该案如何处理?

(一)人身自由权的概念和特征

《宪法》第 37 条规定,中华人民共和国公民的人身自由不受侵犯。《民法典》第 109 条规定,自然人的人身自由受法律保护。《民法典》第 1011 条规定:"以非法拘禁等方式剥夺、限制他人的行动自由,或者非法搜查他人身体的,受害人有权依法请求行为人承担民事责任。"这是为了进一步落实宪法的规定和精神,加强对人身自由的保护。人身自由权是指自然人的人身免受非法限制、强制、拘禁、拘束、干涉或妨碍等限制,可以在法定范围内依据自己的意志自由从事各种活动的权利。②人身自由权的特征如下:

(1)人身自由权的权利主体只能是自然人。人身自由权是自然人享有的一项权利,这与自然人的身体密切联系在一起,只有自然人才享有人身自由权,法人和非法人组织不具有自然人享有的不受非法拘禁、逮捕和搜查等权利。

(2)人身自由权的有限支配性。人身自由权是一种支配权,但自然人不能随意处置自己的人身自由。任何人不能抛弃自己的自由利益,并且抛弃自己人身自由的行为,如卖身为奴是无效的。

(3)人身自由权的行使受到法律的限制。任何自由都是相对的,均要受到

---

① 参见尹田:《自然人具体人格权的法律探讨》,载《河南省政法管理干部学院学报》2004 年第 3 期。

② 参见王利明:《人格权法》,中国人民大学出版社 2016 年版,第 196 页。

法律的限制。法律限制公民在行使自由权时,不得违反社会的公共利益,不得妨碍他人自由的行使。在一定的条件下,法律还可以限制甚至剥夺自然人的人身自由权。

(二) 人身自由权的内容

1. 不受非法剥夺和限制行动自由的权利

行动自由指的是身体自由,不包括精神自由。首先,非法剥夺和限制他人行动自由的方式是多种多样的,比如有非法拘禁、非法逮捕、非法绑架、非法强制医疗等。其次,剥夺和限制他人行动自由必须是非法的。如果国家机关依据法律规定的权限和程序限制剥夺人身自由的,也不构成非法剥夺或者限制他人行动自由。[①]

2. 不受非法搜查身体的权利

在现实生活中,可能会发生超市或商场等非法搜查他人身体的行为,这一行为限制了自然人的行动自由,侵犯了自然人的人身自由权。首先,非法搜查身体,只能是对他人身体的搜查,不包括非法搜查他人的住宅。其次,搜查身体的行为必须是非法的。依照《刑事诉讼法》等法律的规定对他人身体进行搜查的,不属于非法搜查他人身体。在本案例中,搜身是一种具有强制性的行为,只有国家执法机关经过合法程序才可采取搜查措施。保安董敏法不具备执法权,擅自对张公平搜身是违法行为,构成对张公平身体权、隐私权和人身自由权的侵害。法院判决超市公开向张公平赔礼道歉并支付数千元精神抚慰金。

第三节　标表型人格权——姓名权和名称权、肖像权

一、姓名权

【案例】　张公平为某县公安局工作人员,其女张小平高考失利,张公平获取梁一思的高考信息后,伪造梁一思的证件,使其女张小平冒名顶替梁一思被某大学补录。梁一思在银行办理业务时得知其身份证信息被张小平盗用。梁一思以

---

① 参见王利明、程啸、朱虎:《中华人民共和国民法典人格权编释义》,中国法制出版社 2020 年版,第 196 页。

侵害姓名权、受教育权为由,向法院起诉张公平父女及某高校。

【问题】 本案如何处理?

(一) 姓名权的概念和内容

姓名就是指,姓与名的结合,是每个公民的特定化的标志。[①]姓(姓氏),是标志家庭系统的称号;[②]名(名字)是用来代表一个人,区别于别人的。[③]姓名虽然是用来代表个人的特定符号,但有无姓名权往往是有无独立人格的重要标志。姓名权是自然人依法享有的决定、使用、变更或者许可他人使用自己的姓名,并排除他人干涉和非法使用的权利。《民法典》第 1012 条规定:"自然人享有姓名权,有权依法决定、使用、变更或者许可他人使用自己的姓名,但是不得违背公序良俗。"这里的"姓名"不仅包括公民在户籍和居民身份证上显示的名字,也包括笔名、艺名、网名、译名、字号、姓名的简称等。姓名权的主体仅限于自然人,法人和非法人享有的是名称权,而非姓名权。姓名权的内容包括以下内容。

1. 姓名决定权

即自然人决定自己姓名的权利。自然人不仅有权决定自己的姓名,而且有权决定自己的笔名、艺名、网名、译名、字号等。但姓名决定权应当依法进行。首先,对姓氏的选择应当依法进行。《民法典》第 1015 条规定:"自然人应当随父姓或者母姓,但是有下列情形之一的,可以在父姓和母姓之外选取姓氏:(一)选取其他直系长辈血亲的姓氏;(二)因由法定扶养人以外的人扶养而选取扶养人姓氏;(三)有不违背公序良俗的其他正当理由。少数民族自然人的姓氏可以遵从本民族的文化传统和风俗习惯。"其次,姓名的选择应当按照一定的程序进行。《民法典》第 1016 条规定,自然人决定、变更姓名,应当依法向有关机关办理登记手续。

2. 姓名使用权

即自然人自主地在各种场合标示、签署、声称或容许他人称呼自己姓名的权利。[④]他人不得干涉或妨碍,也不得盗用或假冒姓名权人的姓名。姓名的使用权并非任意的,需要遵守国家的相关规定,如在银行开立个人存款账户时,必须使用实名。

---

① 参见肖锋:《民法典婚姻家庭编条文精释与案例实务》,法律出版社 2020 年版,第 89 页。
② 参见辞海编辑委员会主编:《辞海》,上海辞书出版社 1999 年版,第 133 页。
③ 参见中国社会科学院语言研究所词典编辑室主编:《现代汉语词典》,商务印书馆 2000 年增补版,第 888 页。
④ 参见李少伟主编:《民法学教程》,法律出版社 2021 年版,第 235 页。

3. 姓名变更权

即自然人享有的依照法定程序依法变更自己姓氏的权利。《户口登记条例》第18条规定,未满十八周岁的人需要变更姓名的时候,由本人或者父母、收养人向户口登记机关申请变更登记;十八周岁以上的人需要变更姓名的时候,由本人向户口登记机关申请变更登记。

4. 姓名许可权

即允许他人使用自己姓名的权利。如利用姓名作商标等。《民法典》第1023条规定,对姓名等的许可使用,参照适用肖像许可使用的有关规定。未经允许使用他人姓名,构成盗用或假冒。

(二) 姓名权的保护

1. 侵害姓名权的行为

《民法典》第1014条规定:"任何组织或者个人不得以干涉、盗用、假冒等方式侵害他人的姓名权或者名称权。"侵害姓名权的行为主要表现为:

(1) 干涉,即行为人非法干涉他人决定、使用或变更其姓名。干涉行为主要有:干涉养子女决定、使用或变更姓名;干涉被监护人决定和使用其姓名;干涉他人使用和自己相同的姓名。

(2) 盗用,即未经他人同意或授权,擅自以他人名义实施有害于他人和社会的行为。①盗用往往是出于某种不正当目的,比如欺诈、报复或获取非法所得等,行为的结果直接损害他人的利益或社会公共利益。

(3) 假冒,即冒充他人从事民事活动或其他行为。假冒行为主要包括侵权人冒充知名人士从事各种活动,侵权人利用与他人同姓名的条件冒充他人实施行为,或侵权人利用与他人姓名易相混的条件冒充他人等。

2. 侵害姓名权的责任承担

根据《民法典》第995条的规定,侵害姓名权,受害人可以要求加害人停止侵害、排除妨碍、消除危险、消除影响、恢复名誉、赔礼道歉,并且可以要求精神损害赔偿,造成受害人财产损失的,受害人可要求赔偿财产损失。案例中,张小平冒用梁一思的姓名上学的行为,构成对梁一思受教育权和姓名权的侵害,法院判决其停止侵害,并向梁一思赔礼道歉,赔偿梁一思因受教育权被侵害造成的经济损失以及精神损失费数万元。判决张公平犯伪造国家机关证件罪,判处有期徒刑二年。

---

① 参见刘文杰:《民法上的姓名权》,载《法学研究》2010年第6期。

二、名称权

【案例】 某虎公司系某搜索引擎运营商,旗下拥有搜索广告业务。甲公司为宣传企业购买了上述服务,并在 3 年间断使用同行业"乙公司"的名称为关键词对甲公司进行商业推广。通过案涉搜索引擎搜索乙公司关键词,结果页面前两条词条均指向甲公司,而乙公司的官网词条却相对靠后。乙公司认为甲公司在网络推广时,擅自使用乙公司名称进行客户引流,侵犯其名称权,某虎公司明知上述行为构成侵权仍施以帮助,故诉至法院,要求甲公司、某虎公司停止侵权,赔礼道歉,消除影响并连带赔偿损失 30 万元。①

【问题】 本案如何处理?

(一) 名称权的概念和内容

名称是法人、非法人组织在社会活动中区别于其他法人、非法人组织的文字符号和标志。名称权是法人、非法人组织依法所享有的决定、使用、变更、转让或者许可他人使用自己名称的权利。《民法典》第 1013 条规定:"法人、非法人组织享有名称权,有权依法决定、使用、变更、转让或者许可他人使用自己的名称。"名称权的主体限于法人和非法人组织。名称权的内容包括:

1. 名称决定权

即法人或非法人组织有权为自己设定名称。法人或非法人组织决定名称并依法登记后就享有名称权。但名称权的设定应遵守法律的相关规定。《企业名称登记管理规定》第 11 条规定:"企业名称不得有下列情形:(一)损害国家尊严或者利益;(二)损害社会公共利益或者妨碍社会公共秩序;(三)使用或者变相使用政党、党政军机关、群团组织名称及其简称、特定称谓和部队番号;(四)使用外国国家(地区)、国际组织名称及其通用简称、特定称谓;(五)含有淫秽、色情、赌博、迷信、恐怖、暴力的内容;(六)含有民族、种族、宗教、性别歧视的内容;(七)违背公序良俗或者可能有其他不良影响;(八)可能使公众受骗或者产生误解;(九)法律、行政法规以及国家规定禁止的其他情形。"

---

① 参见《民法典颁布后人格权司法保护典型民事案例》,载中华人民共和国最高人民法院网 www.court.gov.cn/zixun-xiangqing-354261.html。

2.名称使用权

即法人或非法人组织有权享有的对自己名称独占使用的权利。在登记机关的主管辖区内,同行业的经营者不得登记或使用相同名称。但法人或非法人组织对自己名称的独占使用,仅限于同一行业,不排除不同行业使用。

3.名称变更权

即法人或非法人组织有权要求将其姓名变更。法人或非法人组织必须依法办理变更。变更登记后,原名称就被依法撤销,法人或非法人组织在民事活动中应当使用新的名称。

4.名称转让权

即法人或非法人组织将其名称转让给其他法人或非法人组织所有的权利,这是姓名权与名称权最重要的区别。法人或非法人组织转让其名称时应当连同其营业同时转让。转让名称后,受让人独占该名称,原名称人不再享有该名称权。

5.许可使用权

即法人或非法人组织享有的允许其他法人或非法人组织使用自己名称的权利。与名称转让权不同的是,法人或非法人组织在许可他人使用自己名称的同时,自己仍可继续使用该名称,并且还可以允许多家主体使用该名称。

(二)名称权的保护

1.侵害名称权的行为

(1)干涉名称权的行为,即对他人名称的行使进行非法干预的行为,包括对名称权的决定、使用、变更及转让等的干预。干涉行为大多是故意行为,如竞争对手恶意阻止他人变更企业名称等。非法宣布撤销法人、非法人组织的名称也是干涉名称权的行为。

(2)非法使用他人名称的行为,即未经名称权人同意,盗用或冒用他人登记的名称。盗用是指擅自使用他人名称从事违法行为。冒用是指未经他人许可擅自使用他人名称进行民事行为。盗用和假冒都是未经名称权人的许可擅自使用他人名称,但盗用通常是为了招摇撞骗,情节严重的则构成诈骗等犯罪,而冒用通常是为了进行一般民事活动,情况较盗用相比往往较为轻微。案例中,甲公司擅自使用乙公司名称进行营销,侵犯了乙公司名称权。某虎公司客观上对案涉侵权行为提供了帮助,构成共同侵权。法院判决甲公司、某虎公司书面赔礼道歉、澄清事实、消除影响并连带赔偿 65 000 元。

(3)其他行为。除上述行为外,侵害名称权的行为还包括其他行为,如仿冒、超出许可权的行为或者转让后继续使用原名称的行为等。

2. 侵害名称权的责任承担

面对名称权的侵害,权利人可以请求侵权人承担法律责任,包括停止侵害、赔偿损失等。因名称权的主体是法人、非法人组织,因此侵害名称权不产生精神损害赔偿。

三、肖像权的内容

【案例】 梁一思到某医院做隆鼻手术,效果甚好。该医院为了宣传,分别在美容前后对梁一思的鼻子进行了拍照(仅见鼻子和嘴部)。医院未经梁一思同意,擅自将其照片发布到某网站的广告栏,介绍该照片时使用了梁一思的真实姓名。该网站在收到梁一思的异议后立即作了删除处理。

【问题】 医院是否侵犯了梁一思的肖像权?

《民法典》第1018条第2款规定:"肖像是通过影像、雕塑、绘画等方式在一定载体上所反映的特定自然人可以被识别的外部形象。"肖像权是指自然人以在自己的肖像上所体现的人格利益为内容,享有的制作、使用、公开以及许可他人使用自己肖像的具体人格权。[1]肖像权是自然人专有的权利。《民法典》第1018条第1款规定:"自然人享有肖像权,有权依法制作、使用、公开或者许可他人使用自己的肖像。"据此规定,肖像权的内容包括:

(1)肖像制作权。一是肖像权人有权通过自己或许可他人通过艺术造型或其他方式再现自己的外部形象。二是肖像权人有权禁止他人非法制作自己的肖像。未经同意擅自制作他人肖像,除法定事由外,构成对他人肖像权的侵害。

(2)肖像使用权。肖像权人具有专有使用的权利。肖像权人有权使用自己的肖像从而获得精神满足和财产利益。肖像权人使用肖像的方式不仅包括复制、展示,也包括以销售的方式使用。案例中,医院未经许可将梁一思的照片发布到网站,并使用其真实姓名,这属于盗用行为,侵犯了梁一思的姓名权。但医院拍照"仅见鼻子和嘴部",不属于被识别的外部形象,因此不构成肖像权的侵权。

---

[1] 参见杨立新主编:《〈中华人民共和国民法典〉条文精释与实案全析》,中国人民大学出版社2020年版,第45页。

（3）肖像公开权。肖像权人对于已经制作的肖像，可以自己公开或许可他人公开，禁止他人擅自公开。从实质上讲，公开肖像应当属于广义上的使用权能的内容，但是考虑到公开肖像这种形式对于肖像权的重要性，肖像公开与否对肖像权人的影响是极大的，所以本条特别将其从广义上的使用权能中分离出来加以单独规定。[①]

（4）肖像许可权。肖像权人享有对肖像的专有权，但也享有许可他人使用肖像的权利。这种许可可以是有偿的也可以是无偿的。

四、肖像权的限制和保护

【案例】　张公平为知名演员，某公司未经张公平的许可，使用张公平的肖像进行网络及线下的广告营销，使公众误以为张公平与该公司有代言关系。张公平提起诉讼，请求该公司赔偿经济损失 500 万元、精神损害抚慰金 10 万元以及在媒体上发布致歉声明。

【问题】　本案如何处理？

（一）肖像权的限制

肖像权的行使，在某种场合上要受到限制，这主要是基于国家、社会公共利益的需要。这种限制被称为肖像权合理使用。肖像权合理使用是指出于社会公共利益的需要，行为人虽未经过肖像权人同意，可以无偿利用他人肖像的行为。《民法典》第 1020 条规定以下几种肖像权合理使用的情形。

（1）为个人学习、艺术欣赏、课堂教学或者科学研究，在必要范围内使用肖像权人已经公开的肖像。这类情形下使用他人肖像是个人从事正常的社会活动，并且不会对肖像权人造成损害。需要注意的是此处的肖像必须是已经公开的肖像。

（2）为实施新闻报道，不可避免地制作、使用、公开肖像权人的肖像。《民法典》第 999 条规定，为公共利益实施新闻报道、舆论监督等行为的，可以合理使用民事主体的姓名、名称、肖像、个人信息等。

---

①　参见黄薇主编：《中华人民共和国民法典人格权编解读》，中国法制出版社 2020 年版，第 141 页。

（3）为依法履行职责,国家机关在必要范围内制作、使用、公开肖像权人的肖像。这要求国家机关从事这些活动时必须是为了执行业务的需要,同时必须是在必要范围内制作、使用、公开肖像权人的肖像。

（4）为展示特定公共环境,不可避免地制作、使用、公开肖像权人的肖像。这是指在拍摄特定公共环境中,比如对观看体育比赛的观众进行拍摄,就是对肖像权的合理使用。

（5）为维护公共利益或者肖像权人合法权益,制作、使用、公开肖像权人的肖像的其他行为。这属于兜底条款,因合理使用的情形不胜枚举,故设置兜底条款。

（二）肖像权的保护

《民法典》第1019条对肖像权的保护作了规定,具体包括:

（1）不得以丑化、污损,或者利用信息技术手段伪造等方式侵害他人的肖像权。"丑化"指通过艺术加工或者改造的方法,对他人的肖像加以歪曲、污蔑、贬低。①"污损"指故意涂抹、污染、损坏他人的肖像。"利用信息技术手段伪造"指利用图像处理技术伪造他人的肖像。

（2）未经肖像权人同意,不得制作、使用、公开肖像权人的肖像,但是法律另有规定的除外。行为人擅自制作他人肖像,即使没有公开也构成对肖像权的侵害;行为人不经肖像权人的许可使用其肖像也构成对肖像权的侵害;行为人未经许可公开他人肖像,即使没有营利的目的,也构成对肖像权的侵害。

（3）未经肖像权人同意,肖像作品权利人不得以发表、复制、发行、出租、展览等方式使用或者公开肖像权人的肖像。肖像往往通过一定的载体表现出来,在多数情况下构成艺术作品,这些艺术作品也构成了著作权法上的肖像作品,因此必须征得肖像权人的同意。

（三）侵害肖像权的责任承担

构成侵害肖像权的,侵权人应当承担侵权责任,包括停止侵害、消除影响、赔礼道歉、赔偿损失。案例中,某公司未经张公平同意,公开将其肖像用于产品宣传,是对张公平肖像权的侵害,该公司应当承担停止侵害、赔礼道歉、赔偿损失的侵权责任。法院判决该公司赔偿经济损失100万元,并在报纸及微信公众号上赔礼道歉。因公司在使用肖像过程中未丑化其形象,故法院对精神损害未予支持。

---

① 参见黄薇主编:《中华人民共和国民法典人格权编解读》,中国法制出版社2020年版,第144页。

第四节　精神型人格权——名誉权、荣誉权、隐私权和个人信息保护权

一、名誉权

【案例】　张公平是网络爱好者,网名为张公子,在某知名网站中,其真实姓名和网名均有一定知名度。在聚会上张公平认识了网名为梁公主的梁一思。梁一思以"梁公主"的网名多次发出侮辱张公平人格的帖子,张公平以其侵犯自己的名誉权提起诉讼,请求法院判定梁一思停止侵害、消除影响、赔礼道歉,并赔偿精神抚慰金1万元。

【问题】　本案如何处理?

(一) 名誉权的概念和内容

1. 名誉权的概念和特征

名誉是对民事主体的品德、声望名誉权、才能、信用等的社会评价。名誉权是自然人、法人及非法人组织依法享有的维护所获得的社会公正评价并排斥他人侵害的权利。《民法典》第1024条规定:"民事主体享有名誉权。任何组织或者个人不得以侮辱、诽谤等方式侵害他人的名誉权。"名誉权的特征主要有:

(1) 名誉权的主体包括自然人、法人及非法人组织。对自然人而言,名誉权关乎其人格尊严。对法人及非法人组织而言,名誉权关乎其社会信誉。相较于自然人,法人及非法人组织的名誉权与财产权联系更为密切。

(2) 名誉权的客体是名誉利益。名誉利益作为名誉权的客体,是民事主体就其自身属性和自身价值所获得的社会评价。[①]自身属性包括自然人的品德、才能和其他素质;包括法人及非法人组织的经营能力、履约能力、经济效益等状况。这是名誉权区别于其他任何具体人格权的最基本特征。其他人身权的客体,与名誉权的客体毫无相似之处。[②]

(3) 名誉权具有时代性。名誉是一种社会评价,同一现象在不同的时代,人

_____

① 参见徐祥民、胡家强等:《民法学》,科学出版社2019年版,第221页。

② 参见杨立新:《人身权法论》,中国检察出版社1997年版,第593页。

们对其评价的标准和尺度也不同,因此名誉权具有时代性。

2. 名誉权的内容

(1) 名誉维护权。民事主体维护自己的名誉利益包括自我维护与请求救济两个方面。①首先民事主体可以通过自己的努力,提高自身的人格信誉,获得社会公众的积极评价。其次对于侵害自己名誉权的行为,民事主体可以通过自力救济和司法救济等途径使受到损害的名誉权得以恢复。《民法典》第 1029 条规定:"民事主体可以依法查询自己的信用评价;发现信用评价不当的,有权提出异议并请求采取更正、删除等必要措施。信用评价人应当及时核查,经核查属实的,应当及时采取必要措施。"

(2) 名誉利用权。名誉权是社会对他人的良好评价,因此名誉权在客观上具有一定的经济利益。民事主体虽不能就社会对自己的评价进行支配,但对于名誉权所体现的利益可以利用。民事主体一方面可以利用自己的良好名誉参加各种社会活动,从而实现自身的社会价值,获得精神上的幸福感;另一方面民事主体可以以自己良好的名誉获得银行借款、为他人担保等财产收益。

(二) 名誉权的保护

1. 名誉权的侵权类型

根据《民法典》第 1024 条第 1 款的规定,侵害名誉权的方式主要表现为:

(1) 侮辱。侮辱是指故意以暴力或其他方式贬低他人人格,毁损他人名誉。在现实生活中,侮辱主要有暴力行为、语言侮辱、文字侮辱和其他方式的侮辱等。侮辱行为只有在造成一定影响的情况下,才能认定为侵害公民名誉权的行为。因此侮辱行为必须公开被第三人知晓,并且在客观上对受害人造成社会评价的降低。

(2) 诽谤。诽谤是指故意捏造并散布某些虚假的事实,损害他人名誉的行为。首先,行为人所陈述的事实是虚假的,是无中生有。其次,诽谤往往是以语言、文字、漫画或其他方式进行的。最后,诽谤导致了受害人社会评价的降低。

(3) 其他违法行为。侵害名誉权的行为不限于侮辱和诽谤两种行为,只要行为人实施侵权行为造成他人社会评价的降低,就构成对他人名誉权的侵害。

2. 侵害名誉权的责任承担

构成侵害名誉权的,行为人应当承担侵权责任。承担侵权责任的方式,有停止侵害、消除影响、恢复名誉、赔礼道歉等。如果行为人拒不承担《民法典》第

---

① 参见李少伟主编:《民法学教程》,法律出版社 2021 年版,第 241 页。

1000 条第 1 款规定的民事责任的,人民法院可以采取在报刊、网络等媒体上发布公告或者公布生效裁判文书等方式执行,产生的费用由行为人负担。此外,受害人也可以请求财产损害赔偿和精神损害赔偿。案例中,张公平、梁一思虽以网名参与网站的活动,但双方已经相互认识,交流对象不再是虚拟的人,而具有了现实性。梁一思多次使用侮辱性语言贬低张公平的人格,主观上具有对张公平的名誉进行毁损的恶意,客观上实施了侵犯他人名誉权的行为,降低了对张公平的社会评价,应当承担侵权的民事责任。法院判决梁一思停止侵害、赔礼道歉,支付精神抚慰金 1 000 元。

二、荣誉权

【案例】 张公平为某校学生,经学校同意,张公平以个人名义参加某服装设计大赛并获得一等奖。该校以学院服装设计小组的名义领取了组委会颁发的获奖证书和奖金,学校认为张公平获奖的原因是使用了学校提供的有特色的面料再加上服装设计小组对其精心指导,因此获奖证书和奖金属于服装设计小组。张公平索要获奖证书和奖金遭拒,诉至法院。

【问题】 本案如何处理?

(一) 荣誉权的概念和内容

1. 荣誉权的特征和概念

荣誉权制度是具有中国特色的一项制度。荣誉权是指自然人、法人和非法人组织对其获得的荣誉及利益依法所享有并不受他人非法侵害的权利。《民法典》第 1031 条规定:"民事主体享有荣誉权。任何组织或者个人不得非法剥夺他人的荣誉称号,不得诋毁、贬损他人的荣誉。获得的荣誉称号应当记载而没有记载的,民事主体可以请求记载;获得的荣誉称号记载错误的,民事主体可以请求更正。"荣誉权主要有如下特征:

(1) 荣誉权的主体包括自然人、法人和非法人组织。自然人、法人和非法人组织都有权获得荣誉,但只有自然人有权对侵害荣誉权的行为要求精神损害赔偿。

(2) 荣誉权的客体是荣誉。荣誉是指民事主体在社会生产、社会活动中有突出贡献或突出表现,政府、团体或其他组织所给予的积极的、正面的评价。荣誉的外在表现有物质奖励和精神奖励。

（3）荣誉权具有专属性。荣誉权客观上无法与权利人相分离，而且权利人也无法将其所获得的荣誉转让给他人。同时，在权利人死亡后，其荣誉权也随之消灭，无法继承。

2. 荣誉权的内容

（1）荣誉获得权。民事主体有权获得荣誉，其他人不得妨碍、阻止其获得荣誉，不能侵占其应获得的荣誉。

（2）荣誉维护权。民事主体有权维护自己荣誉归自身所有，非经法定程序不得被任意取消或剥夺。

（3）荣誉利用权。民事主体可以对自己所获得的荣誉在不违反法律规定和公序良俗的情况加以利用，以获得更大的合法利益。

（二）荣誉权的保护

1. 侵害荣誉权的行为

根据《民法典》第1031条的规定，侵害荣誉权的方式主要表现为：

（1）非法剥夺他人的荣誉称号。非法剥夺，主要是针对授予荣誉的组织，指已经授予荣誉称号后，没有正当理由或未经正当程序剥夺他人荣誉称号。但是应该获评荣誉称号而未获评，不属于非法剥夺。

（2）诋毁、贬损他人的荣誉。诋毁、贬损，主要是针对一般民事主体，诋毁是指诽谤和贬低，贬损是指贬低和损害。诋毁、贬损他人的荣誉包括对荣誉权人进行侮辱和诽谤，也包括对荣誉权人的荣誉证明进行毁坏和损害。

（3）侵害荣誉称号记载与更正权。一是民事主体获得的荣誉称号应当记载而没有记载的，可以请求记载。二是民事主体获得的荣誉称号记载错误的，可以请求更正。

2. 侵害荣誉权的责任承担

根据《民法典》第995条的规定，人格权受到侵害的，受害人有权依照本法和其他法律的规定请求行为人承担民事责任。具体包括：第一，恢复荣誉。对于荣誉被非法剥夺的，要重新颁发荣誉；对于荣誉被诋毁、贬损的，要恢复荣誉；对于荣誉证明被损毁的，要进行修复；对于荣誉没有记载或记载错误的，要重新记载或更正记载。第二，返还利益。侵占他人荣誉的，侵权人要返还所获得的利益。第三，损害赔偿。损害赔偿包括物质损害赔偿和精神损害赔偿。案例中，学校既非授予机关，也没有向组委会就争议问题提出异议，擅自剥夺张公平的荣誉称号，是侵犯荣誉权的行为。该行为造成张公平精神上的损害和物质上的损失。法院判决该校立即停止侵害，返还获奖证书和奖金并赔礼道歉。

三、隐私权

【案例】　梁一思经常为摄影家张公平充当模特,双方未对照片的发表和使用作出约定。后来张公平将梁一思的裸体照片以人体艺术照的形式出版发行,致使梁一思受到亲朋好友的指责。

【问题】　张公平是否侵犯梁一思的隐私权?

(一) 隐私权的概念和内容

隐私是自然人的私人生活安宁和不愿为他人知晓的私密空间、私密活动、私密信息。隐私权是指自然人所享有的对私人生活安宁和不愿为他人知晓的私密空间、私密活动、私密信息的支配权并不受他人侵犯的权利。隐私权的主体只限于自然人。法人和非法人组织不愿为他人知晓的秘密被称为商业秘密,不属于隐私权的范畴。隐私权包括以下内容:

1. 隐私享有权

享有,不仅包括对生活安宁状态的享有,也包括对私人秘密信息的隐匿。隐私享有权,是指自然人享有的生活安宁的权利,对自己的私密空间、私密活动、私密信息进行保密的权利并不受他人非法侵入、披露和公开的权利。

2. 隐私维护权

隐私维护权是指自然人对自己的隐私所享有的维护其不受侵犯的权利。只有在隐私权受到外来侵害时,隐私维护权才发挥作用,权利人可以请求停止侵害、排除妨碍或请求司法保护等。

3. 隐私利用权

隐私利用权是指自然人有权利用自己的隐私,从而满足自己精神上和物质上的需要。首先,自然人可以允许他人和有权机构收集个人资料,如允许银行收集个人信息。其次,自然人可以利用自己的隐私,如将日记公开发表。再次,自然人也可以允许他人利用自己的隐私,如由他人利用自己的经历创作文学作品等。

(二) 隐私权的保护

1. 侵害隐私权的行为

根据《民法典》第 1033 条的规定,侵害隐私权的行为主要有:

(1) 侵害私人生活安宁。私人生活安宁包括日常生活安宁、住宅安宁和通信安宁。侵害私人生活安宁的方式有以电话、短信、即时通讯工具、电子邮件、传单等方式侵扰他人的私人生活安宁。

（2）侵害秘密空间。非法侵害他人秘密空间的行为有进入私人住宅、宾馆房间等秘密空间，拍摄他人的秘密空间和窥视他人私密空间。

（3）侵害秘密活动。秘密活动指自然人不愿为他人知晓的活动。侵害秘密活动的行为有拍摄和窥视他人私密活动、窃听他人私密活动以及公开他人私密活动。

（4）侵害秘密部位。秘密部位是指自然人不愿公开的身体的各个部位。身体的隐私是私人生活中最秘密、最敏感的领域。侵害秘密部位的行为有拍摄和窥视他人身体的私密部位。案例中，张公平如果要出版发行梁一思的照片，必须经过梁一思的同意，张公平未经同意出版发行的行为侵害了梁一思的隐私权和肖像权。

（5）侵害秘密信息。秘密信息是指自然人不愿为他人知晓的信息。未经本人同意，对他人秘密信息进行处理的行为都有可能构成侵害隐私权。

（6）以其他方式侵害他人的隐私权。

2. 侵害隐私权的民事责任

侵害隐私权的侵权责任适用过错责任原则，在责任构成上必须具备侵权责任构成的一般要件，即须具备违法行为、损害事实、因果关系和主观过错要件。就民事责任而言，包括停止侵害、消除影响、恢复名誉、赔礼道歉和损害赔偿。

四、个人信息保护权

【案例】 张公平因不满意某商家的商品质量，上网发布差评，该商家将张公平的账号信息、电话号码、家庭住址等公布在微信公众号上。张公平诉至法院，要求商家停止侵权、赔礼道歉及赔偿精神损失。商家则以张公平恶意发布差评为由要求其承担侵害名誉权的责任。

【问题】 某商家是否侵犯张公平的个人信息保护权？

（一）个人信息保护权的概念

个人信息保护权是《民法典》新增加的一项具体人格权。个人信息是以电子或者其他方式记录的能够单独或者与其他信息结合识别特定自然人的各种信息,包括自然人的姓名、出生日期、身份证件号码、生物识别信息、住址、电话号码、电子邮箱、健康信息、行踪信息等。个人信息保护权,是指本人依法对其个人信息所享有的支配、控制并排除他人侵害的权利。[①]个人信息保护权的主体只能是自然人。

(二) 个人信息处理的原则

个人信息的处理包括个人信息的收集、存储、使用、加工、传输、提供、公开等。《民法典》第 1035 条规定了个人信息处理应当遵循合法、正当、必要原则,不得过度处理,并符合法律规定的条件。

1. 合法原则

这是指个人信息的处理必须符合法律的规定,不得违法处理个人信息。首先,收集个人信息的主体必须合法。其次,收集个人信息的手段必须合法。案例中,法院认为张公平公布的差评是其主观感受,不属于虚构事实,不构成侵权。而该商家未经张公平的同意公布其账号等信息,侵害了张公平的个人信息权和隐私权,法院判令商家删除张公平的信息,在微信公众号发布致歉声明并赔偿精神损害抚慰金。

2. 正当原则

这是指个人信息的收集和处理必须符合正当的目的。或出于信息主体所同意的收集处理个人信息的特定目的,或出于维护公共安全所必需,或出于国家机关依据法律法规规定履行职责所必要的。

3. 必要原则

这是指在处理个人信息时,采取对个人权益影响最小的方式,限制在最小范围内进行,不能超出这个限度去处理和个人信息目的无关的个人信息。

4. 告知同意原则

这是指在处理个人信息时都应当对个人信息被处理的自然人进行告知并取得同意。

(三) 个人信息权的保护

1. 信息处理者的安全保护义务

根据《民法典》第 1038 条的规定,信息处理者对个人信息的安全负有保护义务。这表现在:第一,信息处理者不得泄露或者篡改个人信息的义务。第二,匿名化处理个人信息的义务。第三,保护个人信息采取相应安全措施的义务。

---

① 参见李少伟主编:《民法学教程》,法律出版社 2021 年版,第 246 页。

2. 国家机关、承担行政职能的法定机构及其工作人员的保密义务

国家机关、承担行政职能的法定机构及其工作人员对于履行职责过程中知悉的个人信息,应当予以保密,不得泄露或者向他人非法提供。

3. 个人信息民事责任的免责事由

行为人在处理个人信息时,存在免责事由的情形的,行为人不承担民事责任。免责事由包括:第一,权利人的同意。第二,合法公开的信息。第三,为维护公共利益或者该自然人的合法权益。

4. 侵害个人信息保护权的民事责任

对于侵害个人信息保护权的侵权责任,我国《个人信息保护法》第 69 条规定,处理个人信息侵害个人信息权益造成损害,个人信息处理者不能证明自己没有过错的,应当承担损害赔偿等侵权责任。因此侵害个人信息保护权的侵权责任适用过错责任原则。

第五章　建立两性结合和血缘关系的 法律秩序——婚姻家庭编

第一节　婚姻的成立条件、程序和效力——结婚和婚姻效力

一、结婚的条件

【案例】　张公平和梁一思是大学同学,两人一见钟情。大学毕业后于2023年元旦登记结婚,2月14日两人举办了婚礼。在婚礼上,张公平的伯伯认出梁一思是自己的私生女。

【问题】　张公平和梁一思的婚姻有效吗?

(一) 结婚的必备条件

1. 男女双方完全自愿

结婚是男女双方依照法律规定的条件和程序缔结配偶关系,并由此产生相应的民事权利、义务和责任的身份法律关系。[1]结婚是一种创设身份关系的民事法律行为,不仅要符合民事法律行为的一般有效要件,而且必须符合民法典规定的结婚条件,我国《民法典》规定了结婚的实质要件,分为必备条件和禁止条件。

必备条件又称积极要件,是指当事人结婚时必须具备的法定条件。根据《民法典》的规定,结婚的必备条件有三个:男女双方完全自愿;双方均达到法定婚龄;符合一夫一妻制原则。

---

[1]　参见杨立新主编:《〈中华人民共和国民法典〉条文精释与实案全析》(下),中国人民大学出版社2020年版,第92页。

《民法典》第 1046 条规定:"结婚应当男女双方完全自愿,禁止任何一方对另一方加以强迫,禁止任何组织或者个人加以干涉。"这是结婚的首要条件。男女双方完全自愿包括以下三层含义:一是自愿必须是男女双方自愿,而不是单方自愿,任何一方都不得把自己的意志强加给另一方。二是自愿必须是男女双方本人自愿,而不是第三人意愿。第三人是指组织和包括父母在内的个人。三是自愿必须是男女双方完全自愿,而不是勉强同意。

2. 双方必须达到法定婚龄

法定结婚年龄,简称法定婚龄,指男女结婚应当达到法律规定的最低年龄,在此年龄之前不得结婚。①我国《民法典》第 1047 条规定:"结婚年龄,男不得早于二十二周岁,女不得早于二十周岁。"达到法定婚龄是结婚的必备条件之一,具有强制力,当事人必须遵守。男女双方或一方未达到法定结婚年龄的,婚姻登记机关一律不予登记。只有双方都已经达到或者高于法定结婚年龄的才能结婚。违背法定结婚年龄的规定,不到法定年龄结婚的行为都是违法行为,其婚姻为无效婚姻。我国《民法典》对法定婚龄的限制,只规定了下线,至于结婚的最高年龄,没有上限。

3. 一夫一妻制

我国《民法典》第 1041 条规定了实行一夫一妻的婚姻制度。第 1042 条规定了禁止重婚。依照其规定,结婚的必备条件包括一夫一妻制。一夫一妻制就是要求结婚的男女,必须是单身无配偶身份。单身无配偶包括三种情况:一是未婚,二是离婚,三是丧偶。有配偶者在配偶死亡或者离婚前不得再行结婚。在婚姻关系存续期间再行结婚,则构成重婚罪,为法律所禁止。对于构成重婚罪的,依照刑法的规定,追究其刑事责任。

(二) 结婚的禁止条件——禁止一定范围内的血亲结婚

结婚的禁止条件,又称结婚的消极条件或婚姻的障碍,指法律不允许结婚的情况。我国《民法典》第 1048 条规定:"直系血亲或者三代以内的旁系血亲禁止结婚。"

我国禁止结婚的血亲范围分为两大类。一是直系血亲。直系血亲是指和自己有直接血缘关系的亲属,即生育自己和自己生育的上下各代血亲。直系血亲包括父母与子女、祖父母与孙子女、外祖父母与外孙子女、曾祖父母与曾孙子女、曾外祖父母与曾外孙子女等。二是三代以内的旁系血亲。三代以内

---

① 参见肖峰:《民法典婚姻家庭编条文精释与案例实务》,法律出版社 2020 年版,第 41 页。

的旁系血亲,是指与己身出自同一父母或同一祖父母、外祖父母的除直系血亲以外的血亲。[1]案例中,张公平和梁一思的婚姻被法院判决无效。因为我国《民法典》规定直系血亲或者三代以内的旁系血亲禁止结婚。而张公平和梁一思属于三代以内的旁系血亲。

二、结婚的程序

【案例】 梁一思,女,21岁。哥哥因为家庭贫困36岁还未娶妻。于是梁父作主把梁一思嫁给本村的张公平,并以张公平的妹妹嫁给梁一思哥哥为条件。梁一思坚决不从,梁父让张公平的妹妹代替梁一思去婚姻登记机关登记并领回了结婚证。梁一思诉至法院。

【问题】 该案如何处理?

(一)结婚登记的概念和意义

结婚除了实质要件外,还必须具备形式要件。结婚的形式要件即结婚的程序,是法律规定的缔结婚姻关系必须履行的法律手续。[2]《民法典》第1049条规定:"要求结婚的男女双方应当亲自到婚姻登记机关申请结婚登记。符合本法规定的,予以登记,发给结婚证。"据此规定,符合结婚实质要件的男女双方当事人,只有在履行了法定的结婚程序后,婚姻才能得到国家的承认和法律的保护。

案例中,梁一思的父母为了儿子的婚事自作主张将女儿嫁与他人,违背了婚姻自由的原则,又让他人代替梁一思进行结婚登记违反了《民法典》第1049条关于"要求结婚的男女双方应当亲自到婚姻登记机关申请结婚登记"的规定。因此法院判决梁一思与张公平的婚姻无效。

我国实行结婚登记的意义在于以下几个方面:一是保障社会主义婚姻制度的实行,从而维护法律的严肃性,以国家的强制力巩固社会主义的婚姻家庭制度。二是保护婚姻当事人的合法权益。三是防止和制裁违法婚姻。

(二)结婚登记的机关和程序

依据《婚姻登记条例》的规定,结婚登记的机关分以下三种情况:一是内地居

---

[1] 参见刘淑媛:《婚姻家庭继承法新论》,宁夏人民教育出版社2010年版,第91页。

[2] 参见王利明、杨立新等:《民法学》,法律出版社2020年版,第931页。

民结婚的登记机关为县级人民政府民政部门或者乡（镇）人民政府。省、自治区、直辖市人民政府可以按照便民原则确定农村居民办理婚姻登记的具体机关。二是涉外婚姻的登记机关为省、自治区、直辖市人民政府民政部门或者省、自治区、直辖市人民政府民政部门确定的机关。三是中国公民在国外结婚的登记机关为中华人民共和国驻外使（领）馆。

根据《婚姻登记条例》，结婚登记的程序分为申请、审查和登记三个环节。首先，自愿结婚的男女双方，必须亲自到婚姻登记机关申请结婚登记。当事人要出具以下证件和证明材料：(1)本人的户口簿、身份证；(2)本人无配偶以及与对方当事人没有直系血亲和三代以内旁系血亲关系的签字声明。其次是审查。婚姻登记机关应当对结婚登记当事人出具的证件、证明材料进行审查并询问相关情况。最后是登记。婚姻登记机关对当事人的结婚申请进行审查后，对当事人符合结婚条件的，应当当场予以登记，发给结婚证。对当事人不符合结婚条件不予登记的，应当向当事人说明理由。

（三）结婚登记的效力

我国《民法典》规定："完成结婚登记，即确立婚姻关系。"这一规定表明，结婚登记是我国法律规定的唯一有法律效力的结婚形式。[①]只有办理了结婚手续取得结婚证的，婚姻关系才能确立，不论当事人是否已经举行结婚仪式或者同居。因此婚姻关系的成立与否取决于有没有完成结婚登记。只要完成了结婚登记，即使结婚证遗失或损毁的，也不影响其婚姻效力。

（四）未办理结婚登记的，应当补办登记

我国《民法典》规定："未办理结婚登记的，应当补办登记。"但不是所有没有办理结婚登记的，都能够补办结婚登记。根据《民法典》和《婚姻登记条例》的有关规定，补办结婚登记的主体必须是已经具备了结婚的实质要件，只是缺少结婚的形式要件的男女双方，并且补办结婚登记的程序与一般结婚登记的程序是相同的。

三、无效婚姻和可撤销婚姻

【**案例**】 张公平以毁损梁一思父母名誉为要挟，迫使梁一思与其结婚。婚

---

① 参见薛宁兰、谢鸿飞：《民法典评注婚姻家庭编》，中国法制出版社 2020 年版，第 71 页。

后梁一思懒惰成性。张公平非常后悔,到法院以结婚系其胁迫梁一思为由要求撤销婚姻。

【问题】 张公平的请求能否得到支持?

(一) 无效婚姻

无效婚姻,亦称婚姻无效,是指不具备法定结婚实质要件或形式要件的两性结合,在法律上不具有婚姻效力,应当被宣告为无效的婚姻。①根据《民法典》第1051条规定,具有以下三种情形之一的,均属于无效婚姻:

(1) 重婚。重婚包括法律上的重婚和事实上的重婚两种。由于重婚违背了一夫一妻的婚姻制度,不能产生婚姻的效力,只能产生婚姻无效的法律后果。我国《刑法》第258条规定,有配偶而重婚的,或者明知他人有配偶而与之结婚的,处二年以下有期徒刑或者拘役。

(2) 有禁止结婚的亲属关系。禁止结婚的亲属关系是指直系血亲或者三代以内的旁系血亲。凡是直系血亲或者三代以内的旁系血亲结婚的,都是无效婚姻。

(3) 未到法定婚龄。依照法律,对于结婚年龄,男不得早于二十二周岁,女不得早于二十周岁。违反这一规定,男女双方或一方未到法定婚龄结婚的,为无效婚姻。需要注意的是,对未到法定婚龄的婚姻,应当在男女当事人的法定婚龄届至前提出或确认其婚姻无效。

《民法典》对无效婚姻请求权行使的时效期间,没有明确的限制。《最高人民法院关于适用〈中华人民共和国民法典〉婚姻家庭编的解释(一)》第10条规定:"当事人依据民法典第一千零五十一条规定向人民法院请求确认婚姻无效,法定的无效婚姻情形在提起诉讼时已经消失的,人民法院不予支持。"

(二) 可撤销婚姻

《民法典》第1052条规定:"因胁迫结婚的,受胁迫的一方可以向人民法院请求撤销婚姻。"第1053条规定:"一方患有重大疾病的,应当在结婚登记前如实告知另一方;不如实告知的,另一方可以向人民法院请求撤销婚姻。"据此,可撤销婚姻有以下两种情形:

(1) 胁迫。婚姻法律中的胁迫,是指行为人以给另一方当事人或者其近亲

---

① 参见最高人民法院民法典贯彻实施工作领导小组主编:《中华人民共和国民法典婚姻家庭编继承编理解与适用》,人民法院出版社2020年版,第81页。

属的生命、身体、健康、名誉、财产等方面造成损害为要挟,迫使另一方当事人违背真实意愿结婚的行为。构成婚姻胁迫,须具备以下要件:第一,须有胁迫的故意。第二,须有胁迫的行为。第三,受胁迫人同意结婚与胁迫行为之间须有因果关系。因胁迫结婚请求撤销婚姻的,应当自胁迫行为终止之日起一年内提出。被非法限制人身自由的当事人请求撤销婚姻的,应当自恢复人身自由之日起一年内提出。因受胁迫而请求撤销婚姻的,只能是受胁迫一方的婚姻关系当事人本人。据此规定,撤销婚姻的请求权人只能是受胁迫方,其他人包括近亲属不享有请求权。这是为了保护婚姻当事人的合法权益,贯彻婚姻自由原则。而胁迫方在缔结婚姻时,是完全自愿的,因此没有提出撤销婚姻的权利。案例中,张公平的请求不能得到支持。因为根据法律规定,撤销婚姻的请求权人只能是受胁迫方。

(2) 一方患有重大疾病婚前未如实告知。如果一方患有重大疾病的,在结婚登记前如实告知另一方,对方当事人同意结婚的,那么可以缔结有效婚姻。但是如果一方患有重大疾病,在结婚之前不如实告知,另一方可以请求撤销该婚姻。构成一方患有重大疾病婚前未如实告知撤销婚姻的,须具备以下要件:第一,一方有不如实告知的行为。第二,对方因为一方的不如实告知行为作出了错误判断。第三,一方不如实告知的行为发生在结婚登记之前。因一方患有重大疾病婚前未如实告知请求撤销婚姻的,应当自知道或者应当知道撤销事由之日起一年内提出。

四、男女婚前财产关系

【案例】 2021 年年初张公平与梁一思确立恋爱关系。2022 年两人举办了婚礼但未办理结婚登记。2023 年两人分手。两人交往期间,张公平送给梁一思见面礼包括衣物、饰品若干等;2022 年婚礼前,张公平给梁一思母亲 8 万元作为结婚彩礼金,并购置了一辆价值 10 万元的轿车登记于梁一思的名下。

【问题】 上述财物哪些属于彩礼?

(一) 彩礼的概念和特征

彩礼习俗虽然由来已久,但"彩礼"并非一个规范的法律用语,婚姻法律制度并未对婚约和聘礼作出过相关规定,关于彩礼案件的纠纷通常被称为

"婚约财产纠纷"。根据相关司法解释,我国现阶段的"彩礼"应界定为:以缔结婚姻为目的的男女双方或男女一方及其家庭依习俗给付对方或对方家庭的财物。①

彩礼具有以下特征:首先,目的明确性。给付彩礼目的性非常明确,即为了缔结婚姻关系,并希望能够长期维持婚姻关系。其次,地域特征明显。有的地区频繁出现高价彩礼,而有些地区则出现了零彩礼。再次,给付方并非出于自愿。彩礼的给付是出于遵守传统习俗或者应对方的要求,不得已而为之。最后,给付财物的价值大。彩礼一般为数额较大的金钱或者价值较高的实物。案例中,购车款 10 万元及结婚彩礼金 8 万元数额较大,与一般表达心意赠送的礼物存在区别,这款项应属于张公平以缔结婚姻为目的的支出,具备彩礼性质。至于张公平送给梁一思见面礼因为数额较小,可以推定男方在给付时是出于礼貌,出于对女方的尊重,不认定为彩礼。

(二) 彩礼的返还

随着社会经济的发展和物质生活水平的提高,因彩礼返还引发的纠纷在当今社会仍然占有一定的比重。并且涉及的彩礼数额也越来越大,彩礼是否返还成为焦点之一。

对此,《最高人民法院关于适用〈中华人民共和国民法典〉婚姻家庭编的解释(一)》第 5 条作了以下规定:"当事人请求返还按照习俗给付的彩礼的,如果查明属于以下情形,人民法院应当予以支持:(一)双方未办理结婚登记手续;(二)双方办理结婚登记手续但确未共同生活;(三)婚前给付并导致给付人生活困难。适用前款第二项、第三项的规定,应当以双方离婚为条件。"这一司法解释在一定程度上包容和默认了彩礼的习俗,为法院解决大量的彩礼纠纷案件提供了法律依据。如果不符合这三种情况,法院不支持返还彩礼。

(三) 婚前赠与

男女在婚前交往中互赠财物的行为屡见不鲜。然而由此引发的赠与物返还的纠纷也渐渐增多。婚前赠与是双方当事人基于感情,自愿将本人所有的财产无偿给予对方。

婚前赠与可以分为婚前不附条件的赠与和婚前附条件的赠与。婚前不附条件的赠与是恋爱中的男女双方为增进感情而相互赠送小礼物,赠与时没有附加条件,属于无偿赠与。对于婚前不附条件的赠与,即使双方结束恋爱关系,赠与

---

① 参见姚雪:《彩礼的性质及法律规制研究》,东北师范大学硕士学位论文 2014 年。

物也归受赠方个人所有。婚前附条件的赠与往往数额大、价值高,这类赠与往往以缔结婚姻目的向对方赠与。如果婚姻关系无法缔结,赠与的一方可以请求返还。

(四)婚前财产约定

婚前财产约定,即婚前财产约定协议,是将要结婚的男女双方就各自所有的财产和债务的范围及权利归属问题达成的协议。[①]婚前财产约定的生效是以男女双方缔结婚姻关系为前提,且婚前财产约定的形式必须为书面形式。

从婚前财产约定的概念,可以看出婚前财产约定具有以下特征:首先,婚前财产约定的主体不具有夫妻关系。婚前财产约定的男女双方从身份而言,是以缔结婚姻为目的的准夫妻。其次,婚前财产约定的客体具有不确定性。婚前约定财产协议中约定的客体即财产主要包括双方的婚前个人财产、双方在缔结婚姻后所取得的财产等。对婚后财产的分配与归属是建立在对未来预测的基础上的,这种预测往往具有不确定性,会有很多变数。

第二节 配偶身份下双方的权利义务——夫妻关系

一、夫妻人身关系

【案例】 张公平与梁一思2021年登记结婚,2022年6月两人分居。梁一思于2022年6月和2023年3月两次提出离婚请求,2023年10月8日法院判决准予离婚,张公平表示上诉。10月13日张公平来到妻子的住所,用暴力手段强行与其发生关系,致使妻子多处挫伤。12月人民检察院以强奸罪对张公平提起公诉。

【问题】 张公平是否构成强奸罪?

(一)夫妻姓名权

《民法典》第1056条规定:"夫妻双方都有各自使用自己姓名的权利。"该条是在婚姻家庭这一特殊领域对夫妻姓氏权的特别规定。夫妻姓氏权也叫作夫妻称姓,是指夫妻缔结婚姻关系后,妻是否有独立姓氏的权利,也包括赘夫是否有

---

① 参见杜跃东:《论婚前财产协议的法律规制》,载《理论学习》2004年第10期。

独立姓氏的权利。①其具体内容如下：(1)夫妻有各自的姓名权，不因婚姻的成立或终止而发生变化。(2)夫妻双方无论年龄、性别、文化程度、职业、民族、财产状况或者具体的环境如何，都有各用使用自己姓名的权利。(3)夫妻姓名权不受夫妻相互扶养关系的影响，也不受一方成为另一方家庭成员的影响。(4)夫妻有各自独立的姓名权，并不妨碍夫妻就姓名问题另作约定。(5)在婚姻关系存续期间，夫妻一方都有权使用或依法改变自己的姓名，他方不得干涉，也不得盗用、假冒。

(二) 夫妻人身自由权

人身自由权是公民的基本权利，不因结婚而受到限制或剥夺。夫妻人身自由权是夫妻家庭地位平等的重要标志。根据《民法典》第1057条的规定，夫妻人身自由权包括以下几个方面：(1)生产、工作自由权。(2)学习自由权。(3)社会活动自由权。

(三) 夫妻同居义务

婚姻是两性的结合，同居权是婚姻关系中最基本的权利。配偶之间的同居，是指合法婚姻关系的双方当事人共同生活，包括夫妻共同寝食、相互扶助和进行性生活。②

同居义务并非绝对、无条件的，夫妻一方有不能同居生活的正当理由时，可中止同居义务。一是有正当理由暂时中止同居。这包括多种情况，比如因工作或学习的需要，在较长时间内必须在外居住生活等。二是具有法定事由而停止同居。法律对此有专门规定，如因婚姻关系破裂而协议分居的，分居期间免除同居义务。

同居义务是法定义务，非有正当理由，夫妻任何一方不得拒绝履行同居义务。《民法典》虽未明文规定同居义务但却规定了相应的法律责任。不履行同居义务的法律后果有：(1)作为起诉离婚的理由。(2)无过错方可以请求损害赔偿。案例中，尽管张公平与梁一思之间是夫妻关系，但已经分居16个月，一审法院已经作出离婚的判决，尽管还未生效，但夫妻关系处于非常状态，梁一思已不需要履行夫妻同居义务。而张公平违背对方的意志，用暴力手段强行与其发生性行为，构成强奸罪。

---

① 参见杨立新主编：《〈中华人民共和国民法典〉条文精释与实案全析》，中国人民大学出版社2020年版，第105页。

② 参见杨大文：《婚姻家庭法学》，复旦大学出版社2002年版，第162页。

(四) 夫妻忠实义务

《民法典》第 1043 条第 2 款规定:"夫妻应当互相忠实,互相尊重,互相关爱;家庭成员应当敬老爱幼,互相帮助,维护平等、和睦、文明的婚姻家庭关系。"这是对夫妻相互有忠实义务的明确规定。

忠实义务,也称贞操义务,通常是指配偶的专一性生活义务,也称不为婚外性生活的义务。对贞操义务或忠实义务的广义解释,还包括不得恶意遗弃配偶他方,以及不得为第三人的利益而牺牲损害配偶他方的利益。[①]忠实义务包括以下内容:(1)忠实义务要求配偶之间相互负不为婚外性交的不作为义务。[②](2)忠实义务要求他人负有不得破坏夫妻双方相互忠实的义务。[③]

忠实义务是法定义务,法律规定了对违反忠实义务的惩罚措施。包括:(1)作为起诉离婚的理由。法律规定因重婚或者与他人同居导致离婚调解无效的,应当准予离婚。(2)夫妻一方违反忠实义务,无过错方可在离婚时请求对方给予精神损害赔偿。

二、家事代理权

【案例】 张公平与梁一思系新婚夫妇,夫妻俩跟某装潢公司签订了房屋装修合同。在设计装修过程中,梁一思调整了装修方案。根据合同约定,装修费用上调了 35%。9 个月后装修结束,结算费用时,张公平以装修方案的调整未经其同意为由,不认可该笔费用。双方诉至法院。

【问题】 该案如何处理?

(一) 家事代理权的概念和特点

夫妻日常家事代理权,是指夫妻一方因家庭日常生活需要而与第三方为一定民事法律行为时互为代理的权利。[④]

家事代理权特点如下:(1)主体的特殊性。即代理双方必须具有合法婚姻关

---

① 参见杨大文:《婚姻家庭法学》,复旦大学出版社 2002 年版,第 162 页。
② 参见王利明、杨立新:《民法学》,法律出版社 2020 年版,第 958 页。
③ 参见刘淑媛:《婚姻家庭继承法新论》,宁夏人民教育出版社 2010 年版,第 123 页。
④ 参见黄薇主编:《中华人民共和国民法典婚姻家庭编释义》,法律出版社 2020 年版,第 67 页。

系。(2)内容的特殊性。即日常家事代理权代理的内容范围单一,仅限于家庭日常事务,但是夫妻一方与相对人另有约定的除外。(3)法律效果的特殊性。日常家事代理权中的夫或者妻任何一方在日常家事的范围内实施的行为所产生的责任由夫和妻双方共同承担。(4)行使方式的特殊性。夫妻任何一方在日常家事范围内与第三人为民事法律行为时,不必明确其代理权,可直接以自己名义、另一方名义或者双方名义为之。①

(二) 家事代理权的范围

(1)日常家事范围。日常家事范围具体来说一般包括以下几类:一是为满足夫妻及家庭成员基本物质生活需要的事务。这里指的是维持家庭基本生存需要的家事代理,比如购置食物、衣服等。二是为夫妻及家庭成员精神发展需要的事务,如夫妻及家庭成员的进修深造等。三是夫妻之间明确约定的可以代理的其他事项。夫妻之间可就日常家事的范围达成约定,但该约定应当结合现实情况,不得有损夫妻之间另一方或家庭成员的利益。②

(2)日常家事的排除。根据我国实际情况,以下事项排除在日常家事代理的范围以外,分别为:一是不动产及大额动产。因数额巨大,它的价值远远超出日常家事的范围。二是风险较大的投资行为。如高额借贷与担保行为等不应认定为日常家事。三是具有人身专属性质的行为。即代理规定的必须由本人亲自实施的行为,如立废遗嘱等。

(三) 家事代理权的效力

家事代理权的效力可分为内部效力和外部效力。

(1)日常家事代理权的内部效力。首先,夫妻一方行使家事代理权所实施的民事法律行为,视为夫妻共同的意思表示,对夫妻双方都发生法律效力,另一方要承担连带责任。其次,夫或妻一方在从事家事代理活动时可以与相对人约定,该民事法律行为后果由本人承担的,从其约定,对夫或妻的另一方不发生法律效力。案例中,张公平与梁一思为夫妻关系,对日常家事可以互相代理。梁一思调整装修方案受益于家庭成员,属于日常家事活动,梁一思的行为视为夫妻双方共同意思表示,对双方均产生法律效力。

(2)日常家事代理权的外部效力。首先,如果善意第三人有理由相信男女双方具有合法婚姻关系,并且有理由相信夫妻任何一方的代理行为合法有效,根

---

① 参见黄薇主编:《中华人民共和国民法典婚姻家庭编释义》,法律出版社 2020 年版,第70 页。

② 参见花小婷:《浅析夫妻间的日常家事代理权》,载《法制博览》2018 年第 8 期。

据表见代理的规定,这一法律行为有效。其次,夫妻任何一方以"日常家事"为理由与第三人恶意串通损害夫妻另一方利益所为的法律行为,或者第三人明知与之交易的夫妻一方没有代理的权限仍与之交易,其行为不对他方产生效力。

(四) 家事代理权的限制

由于夫妻之间互相享有家事代理权,并且家事代理权所产生的法律后果由双方共同承担,因此为了防止夫妻一方滥用家事代理权或者显示不堪行使时,另一方可以对其代理权加以限制。我国《民法典》没有规定家事代理权限制的方式,一般为夫妻内部协议。

在夫妻内部,无论是夫妻一方以单方行为对另外一方的家事代理权进行限制,还是夫妻双方均对另外一方的家事代理权进行限制,都对配偶另外一方产生法律效力。同时由于限制家事代理权的行使属于夫妻内部事务,具有一定的秘密性,外人很难知晓。因此双方之间内部关于限制代理权的约定,不得对抗善意第三人,以保护善意第三人的利益。

三、夫妻婚后约定财产关系

【案例】 张公平与梁一思系再婚夫妻。婚前双方签订了一份《财产约定协议书》,约定张公平拥有的房子的50%份额归梁一思所有,双方其他婚前财产归各自所有。对于双方婚后购置的财产,约定以实名制为准,若购买房屋、汽车,登记在谁名下就归谁所有等内容。《财产约定协议书》签订后,双方到房产交易中心进行了产权变更并登记结婚。

【问题】 本案中的《财产约定协议书》属于哪一类型的约定财产制?

(一) 夫妻约定财产制的概念和特征

所谓约定财产制,是指法律允许夫妻用协议的方式,对夫妻在婚前和婚姻关系存续期间所得财产的所有权的归属、管理、使用、收益、处分以及对第三人债务的清偿、婚姻解除时财产的分割等事项作出约定,从而排除或者部分排除夫妻法定财产制适用的制度。[①]

---

① 参见黄薇主编:《中华人民共和国民法典婚姻家庭编解读》,中国法制出版社 2020 年版,第120 页。

约定财产制是相对于法定财产制而言的。我国实行法定财产制与约定财产制相结合的夫妻财产制。夫妻约定财产制有其自身的特征：

（1）主体的特殊性。夫妻财产约定的缔结主体严格限制在夫妻之间。这里的"夫妻"包括已经登记婚姻的双方，也包括事实婚姻的双方。

（2）内容的复杂性。夫妻财产约定的内容较为复杂。一是夫妻财产约定可以是对现有的财产，也可以对将来有可能取得的财产进行约定。二是夫妻财产约定不仅涉及财产所有权的归属，还可涉及夫妻对财产的占有、使用、收益及处分等关系，家庭生活费用的负担，债务的清偿，婚姻关系终止时财产的清算及分割等。[①]

（3）适用法律的特殊性。夫妻财产约定兼有身份合同的属性，不是纯粹的财产合同，因而在适用法律上不能完全适用《民法典》合同编的法律规定。

（4）适用原则的特殊性。夫妻财产约定无须严格遵循公平原则，只要没有采取胁迫或诱骗等非法手段，是夫妻双方自愿的真实意思表示即可。

（二）夫妻约定财产制的内容

我国《民法典》规定了三种可供夫妻选择的约定财产制的类型，分别是分别财产制、一般共同制和限定共同制。夫妻双方在订立财产约定时，只能从法律允许的三种类型中进行选择其一，不可交替选择。

（1）分别财产制，即婚姻关系存续期间所得的财产以及婚前财产归各自所有，并各自对自己的财产享有独立的占有、使用、收益和处分的权利。这种制度不排斥夫妻一方以契约形式将其个人财产的部分或全部的管理权交与另一方行使。[②]

（2）一般共同制，即婚姻关系存续期间所得的财产以及婚前财产，均归夫妻双方共同所有，双方享有平等的权利。通过一般共同制的约定，婚前的财产转化为夫妻共同财产。在一般共同制中，下列财产属于夫妻双方共同拥有的财产。一是夫妻一方或双方的婚前财产；二是夫妻一方或双方婚后所得的财产；三是夫妻一方或双方的婚前债务；四是婚姻关系存续期间所形成的债务。

（3）限定共同制，又称部分共同财产制，即婚姻关系存续期间所得的财产以及婚前财产，部分归各自所有，部分归共同所有。在限定共同制中，夫妻对共同财产享有平等的所有权、使用权、收益权和处分权。对共同债务承担连带清偿责

---

① 参见孟令志、曹诗权：《婚姻家庭与继承法》，北京大学出版社 2012 年版，第 135 页。

② 参见蒋月：《婚姻家庭与继承法》，厦门大学出版社 2011 年版，第 153 页。

任。夫妻对各自所有的财产享有单独占有、使用、收益和处分的权利,其债务也应由个人单独清偿。案例中,张公平与梁一思签订的《财产约定协议书》是婚前协议,属于约定财产制中的限定共同制,其中张公平拥有的房子是双方共同共有,婚前财产以及婚后购置的财产是归各自所有。

(三) 夫妻财产约定的效力

夫妻财产约定的效力,体现在以下几个方面:

(1) 优先适用的效力。根据《民法典》第1065条第1款的规定,对于夫妻财产关系,有约定的应当按照约定财产制来处理。当事人没有约定或者约定不明确的,则适用法定财产制。因此在法律适用上,约定财产制具有优先性。

(2) 对内效力。根据《民法典》第1065条第2款的规定,约定财产制对夫妻双方都有法律约束力,夫妻双方按照协议的内容行使权利并承担义务。未经双方一致同意,一方不得擅自变更或撤销。

(3) 对外效力。根据《民法典》第1065条第3款的规定,夫妻财产约定实行分别财产制的,夫或者妻一方所负的债务,相对人知道该约定的,那么以夫或者妻一方的个人财产清偿。但是夫妻财产约定实行分别财产制的,对相对人有告知的义务。如果没有履行告知义务的,不能对抗相对人。

四、夫妻法定财产关系

【案例】 2023年1月,网红明星张公平与梁一思结婚。3月张公平直播赚得报酬5 000万元,4月梁一思动手术获得医疗补助5 000元,张公平的父亲在2021年4月赠与公平价值300万元的别墅。婚后张公平给妻子买了若干衣服化妆品等生活用品。双方因工作原因经常分居导致感情不和,2023年6月离婚。

【问题】 上述哪些属于夫妻一方财产?

(一) 夫妻共同财产

据《民法典》第1062条第1款的规定,夫妻共同财产是指夫妻双方或一方在婚姻关系存续期间所得的财产,但法律另有规定或夫妻另有约定的除外。这里的"共同所有"是指共同共有,不是按份共有。夫妻在婚姻关系存续期间所得的下列财产,归夫妻共同所有:

（1）工资、奖金、劳务报酬。工资、奖金、劳务报酬都是劳动所得，即夫或妻一方或者双方婚后的劳动收入，既包括工资、奖金，也包括各种津贴、补贴等劳务报酬。

（2）生产、经营、投资的收益。生产、经营、投资的收益是指夫妻双方或一方在婚后从事生产、经营、投资所得的劳动收入和资本性收入。[1]其中生产、经营的收益既包括农业生产劳动的收入，也包括工业、服务业、信息业等行业的生产劳动的收入。投资收益指资本性收入，如股票、债券、基金的收入等。

（3）知识产权的收益。知识产权的收益，是指作品在出版、上演、播映后取得的报酬，或允许他人使用作品而获得的报酬、专利权人转让专利权或许可他人使用其专利所取得的报酬、个体工商户和个人合伙的商标所有人转让商标权或许可他人使用其注册商标所取得的报酬。[2]

（4）继承或者受赠的财产。在婚姻关系存续期间，夫妻任何一方通过继承或者受赠所得的财产，均为夫妻共同财产，但如果遗嘱或者赠与合同中确定只归夫妻一方的除外。

（5）其他应当归共同所有的财产。这包括：一方以个人财产投资取得的收益；男女双方实际取得或者应当取得的住房补贴、住房公积金；男女双方实际取得或者应当取得的基本养老金、破产安置补偿费。

（6）夫妻一方个人财产在婚后产生的收益，除孳息和自然增值外，应认定为夫妻共同财产。

（7）由一方婚前承租、婚后用共同财产购买的房屋，登记在一方名下的，应当认定为夫妻共同财产。

（二）夫妻个人财产

所谓夫妻个人财产，又称夫妻特有财产、夫妻保留财产，是指夫妻在实行共同财产制的同时，依照法律规定或者夫妻约定，夫妻各自保留的一定范围的个人所有财产。[3]下列财产为夫妻一方的个人财产：

（1）一方的婚前财产。既包括夫妻单独享有所有权的财产，也包括夫妻一方与他人共同享有所有权的财产；[4]既包括婚前个人劳动所得财产，也包括继承

---

[1]　参见肖峰：《民法典婚姻家庭编条文精释与案例实务》，法制出版社 2020 年版，第 126 页。

[2]　参见最高人民法院民事审判第一庭编著：《最高人民法院婚姻法司法解释（二）的理解与适用》，人民法院出版社 2015 年版，第 165 页。

[3]　参见黄薇主编：《中华人民共和国民法典婚姻家庭编释义》，法律出版社 2020 年版，第 83 页。

[4]　参见马忆南：《婚姻家庭继承法学》，北京大学出版社 2019 年版，第 94 页。

或受赠的财产;还包括现金、有价证券、个人出资购买的物品等。

（2）一方因受到人身损害获得的赔偿或者补偿。因人身损害获得的赔偿或者补偿带有强烈的人身专属性质,是对特定的夫或妻一方的赔偿或补偿,跟受害人的生命健康有密切关系,因此应当作为夫妻一方的财产。

（3）遗嘱或者赠与合同中确定只归一方的财产。婚后因继承或者受赠的财产,一般归夫妻双方共同所有;但是遗嘱或者赠与合同中,确定只归夫或妻一方的财产,那么就是夫妻一方的个人财产。

（4）一方专用的生活用品。一方专用的生活用品是指婚后以夫妻共同财产购置的供夫或妻个人使用的生活消费品,如衣物、饰物等。①因这些生活用品具有个人属性,因而规定为夫妻一方专用的生活用品。这类财产要成为一方的个人财产,必须具备两个要件:一是必须为生活用品,二是必须为夫妻一方专用。

（5）其他应当归一方的财产。这是对夫妻一方财产的补充性规定。例如军人的伤亡保险金、伤残补助金、医药生活补助费属于个人财产。

案例中,张公平直播赚得报酬5 000万元是婚姻存续期间所得,属于夫妻共同财产。梁一思获得的医疗补助5 000元属于一方因受到人身损害获得的赔偿或者补偿,属于夫妻一方财产。张公平父亲赠与张公平的别墅,属于赠与合同中确定只归夫或妻一方的财产,属于夫妻一方财产。衣服化妆品等生活用品是一方专用的生活用品,属于夫妻一方财产。

第三节　父母子女和近亲属关系——亲权和亲属权关系

一、亲权和亲属权概述

【案例】　张公平的父母因为车祸双亡,留下张公平和张小平兄弟俩。张公平刚刚结婚,生育一子,张小平正在读初中。张公平把弟弟扶养长大。2023年张公平向法院诉请张小平对其履行扶养义务。

【问题】　该案如何处理?

---

① 参见马忆南:《婚姻家庭继承法学》,北京大学出版社2019年版,第95页。

（一）亲权

我国婚姻家庭立法第一次规定亲权和亲属权的概念，具有重要意义。亲权是父母对未成年子女在人身和财产方面的管教和保护的权利和义务。亲权是父母子女关系中最核心的内容，亲权必须由夫妻共同行使。亲权的内容是亲权制度的核心，包括对未成年子女人身上的照护权和财产上的照护权。

1. 人身照护权

人身照护权的基本内容是父母对未成年子女有抚养、教育和保护的权利和义务。这主要包括以下几个方面：一是居所指定权。父母对未成年子女有居所指定权，未成年子女应与父母在同一居所居住。没有经过父母的同意，不得在他处居住。二是惩戒权。惩戒的方式有说服教育、训诫等。惩戒必须限定在必要的范围内，禁止使用对未成年子女身心健康有害的惩罚手段。三是教育权。父母的教育权包含家庭教育和学校教育。四是人身保护权。人身保护权又被称为"子女交还请求权"。当未成年子女被他人诱骗、拐卖、隐匿或扣留时，父母有权请求交还子女，必要时也可以请求法院判令对方交还子女。①五是法定代理权与同意权。由于未成年子女是无民事行为能力人或限制民事行为能力人，因此父母是未成年子女的法定代理人。

2. 财产照护权

亲权人对未成年子女的财产有保护的义务。这主要包括以下几个方面：一是财产代理权和同意权。未成年人在实施财产行为时，由他们的法定代理人代理或征得其法定代理人同意。二是财产管理权。未成年子女的财产由父母进行管理，包括使用、收益的权利和必要的处分权。三是使用收益权。亲权中的使用收益权是指亲权人在不毁损、变更未成年子女享有的物或权利的性质的前提下，有支配、利用财产和获取天然孳息或法定孳息的权利。②四是处分权。亲权人对未成年子女财产原则上不享有处分权，但为了维护子女利益的需要，亲权人也可以适当地处分未成年子女的财产。

（二）亲属权

我国《民法典》第 1045 条规定："亲属包括配偶、血亲和姻亲。配偶、父母、子女、兄弟姐妹、祖父母、外祖父母、孙子女、外孙子女为近亲属。配偶、父母、子女和其他共同生活的近亲属为家庭成员。"这是我国婚姻家庭立法第一次规定亲

---

① 参见蒋月：《婚姻家庭与继承法》，厦门大学出版社 2011 年版，第 176 页。

② 参见王利明、杨立新等：《民法学》，法律出版社 2020 年版，第 964 页。

属、近亲属和家庭成员。我国《民法典》第 26、1067、1074、1075 条具体规定了亲属权的内容。

1. 父母与成年子女之间的权利

父母与成年子女间的权利与义务归纳起来有如下各项：一是父母对不能独立生活的成年子女有抚养权。未成年子女或者不能独立生活的成年子女，有要求父母给付抚养费的权利。这里的"抚养费"，包括成年子女的生活费、教育费、医疗费等费用。二是成年子女对父母负有赡养、扶助和保护的义务。这项义务是法定的，不附加任何条件。

2. 祖父母与孙子女、外祖父母与外孙子女间的权利

祖父母、外祖父母与孙子女、外孙子女是隔代直系血亲关系，双方没有法定的抚养和赡养关系。但在具备法律条件的情况下，可以形成抚养和赡养关系。一是有负担能力的祖父母、外祖父母，对于父母已经死亡或者父母无力抚养的未成年孙子女、外孙子女，有抚养的义务。二是有负担能力的孙子女、外孙子女，对于子女已经死亡或者子女无力赡养的祖父母、外祖父母，有赡养的义务。

3. 兄弟姐妹间的权利

一般情况下，兄弟姐妹均由他们的父母抚养，彼此不发生法定的权利义务关系，但在特定的条件下，兄弟姐妹间也产生权利义务关系。一是有负担能力的兄、姐，对于父母已经死亡或者父母无力抚养的未成年弟、妹，有扶养的义务。二是由兄、姐扶养长大的有负担能力的弟、妹，对于缺乏劳动能力又缺乏生活来源的兄、姐，有扶养的义务。案例中，张小平对张公平没有扶养义务。因为张公平有第一顺序的扶养义务人，即张公平的儿子，而且也没有证据证明张公平缺乏劳动能力又缺乏生活来源。因此张公平不满足弟、妹对兄、姐形成扶养权的条件。

二、婚生子女

【案例】 张公平与梁一思经人介绍建立了恋爱关系并同居。2021 年结婚，婚后 7 个月，梁一思生下一子张小平。随着张小平的长大，亲朋好友都说张小平长相不似张公平。2023 年张公平起诉离婚并认为张小平并非其亲生，因此拒绝支付抚养费。

【问题】 该案中的张公平与张小平构成父子关系吗？

（一）婚生子女

随着社会生产力的发展，以私有制为基础的一夫一妻制婚姻家庭法律制度确立了。所生子女就有了婚生子女和非婚生子女之分。婚生子女，是指在婚姻关系存续期间受胎或出生的子女。[1]婚生子女应具备以下四个要件：一是子女的父母有婚姻关系的存在。二是子女由其生父之妻所生。三是子女由其生母之夫受胎所生。四是子女的受胎或出生是在婚姻关系存续期间或婚姻关系消灭后的法定期限内。这一期间受胎或出生的子女有两种情形。首先，子女是婚姻关系存续期间受胎并出生。其次，子女是婚姻关系存续期间受胎，婚姻关系消灭后的法定期限内出生。

（二）婚生子女的推定

从婚生子女的构成要件可以看出，第一、第二个要件可直接根据生父母婚姻关系的状况、生母怀孕和分娩的事实这些客观事实加以认定，即母亲与子女的关系容易确定。而第三、第四个要件需要以子女出生的事实加以判断，即父亲和子女的关系难以确定。为解决这一问题，世界各国均设立了婚生子女的推定制度。婚生子女推定，是指子女系生母在婚姻关系存续期间受胎或出生，该子女被法律推定为生母和生母之夫的子女。[2]

我国《民法典》对婚生子女推定没有明文规定。世界各国法律规定了不同的推定标准，大致有以下三种推定方式：

（1）受胎说。只要子女在婚姻关系存续期间受胎的，就推定为婚生子女。其受胎期间以医学界的一般经验，至少得满 6 个月，最多不超过 10 个月。[3]

（2）出生说。只要子女是婚姻关系存续期间所生，就推定为婚生子女。如果子女在婚前受胎，婚后出生，也被推定为婚生子女。但是，如果丈夫不能人道，或在子女可能受胎的时期不在，或通过亲子鉴定等证实该丈夫不可能是子女的父亲，则可对婚生子女的推定提出否认。英美法系采取此说。[4]但如果子女是在婚姻关系中受胎，在婚姻关系消亡后出生的，据此推定就不能认定为婚生子女。

（3）混合说。即凡是子女在婚姻关系存续期间出生或受胎的，就推定为婚生子女。从我国司法实践中看，婚生子女的推定方法是，婚姻关系存续期间受胎或出生的子女为婚生子女。

---

[1] 参见杨大文：《婚姻家庭法》，中国人民大学出版社 2015 年版，第 168 页。

[2] 参见王利明、杨立新等：《民法学》，法律出版社 2020 年版，第 943 页。

[3] 参见刘淑媛：《婚姻家庭继承法新论》，宁夏人民教育出版社 2010 年版，第 148 页。

[4] 参见史尚宽：《亲属法论》，荣泰印书馆 1980 年版，第 81 页。

案例中,虽然张小平是张公平与梁一思在恋爱期间受胎,但其是在张公平与梁一思的婚姻关系存续期间出生的,按照婚生子女推定制度,张小平被法律推定为张公平与梁一思的婚生子女。因此,张公平作为父亲具有抚养张小平的义务,其不得拒绝支付抚养费。

(三) 婚生子女的否认

婚生子女否认,是指夫妻一方或子女对妻所生的子女否认其为夫的亲子的法律行为,即在婚生子女推定的前提下,否认婚生子女为丈夫所生,而是由妻与婚外异性性结合所生的非婚生子女的行为。[①]

1. 婚生子女否认的原因

婚生子女否认的原因,各国大多采取概括主义,不列举具体的原因。一般认为,婚生子女否认的原因大体上有以下几种:一是夫在妻受胎期间没有与之同居。二是夫没有生育能力或有生理缺陷。三是血型检验排除了子女与生母之夫有亲子关系。四是亲子鉴定排除了子女与生母之夫有亲子关系。

2. 婚生子女否认的否认权人

否认权人,指法定的享有否认子女为婚生的诉讼请求权人。[②]我国婚生子女否认的否认权人为夫、妻、成年子女中的任何一方。夫、妻、成年子女都可以提起否认婚生子女的诉讼。

《最高人民法院关于适用〈中华人民共和国民法典〉婚姻家庭编的解释(一)》第39条规定:"父或者母向人民法院起诉请求否认亲子关系,并已提供必要证据予以证明,另一方没有相反证据又拒绝做亲子鉴定的,人民法院可以认定否认亲子关系一方的主张成立。父或者母以及成年子女起诉请求确认亲子关系,并提供必要证据予以证明,另一方没有相反证据又拒绝做亲子鉴定的,人民法院可以认定确认亲子关系一方的主张成立。"

三、非婚生子女

【案例】 2019年张公平与梁一思未婚同居生下一子张一平,2021年婚后梁一思与其婚外情第三者生下一女张思平,张公平与第三者重婚生下一女张平平,

---

① 参见王利明、杨立新等:《民法学》,法律出版社2020年版,第944页。
② 参见余延满:《亲属法原论》,法律出版社2007年版,第387页。

2023年张公平与梁一思离婚,离婚后三个月内梁一思生下儿子张小平。

【问题】 上述案例中哪些子女属于非婚生子女?

(一) 非婚生子女的概念

非婚生子女,是相对于婚生子女而言的,指没有婚姻关系的男女所生的子女。非婚生子女包括但不限于以下几种情形:第一,未婚男女所生的子女。第二,有婚姻关系的男女与婚外第三人所生的子女。第三,无效婚姻或可撤销婚姻当事人所生的子女。第四,子女受胎或者出生时没有婚姻关系,之后取得婚姻关系的男女所生的子女等。[1]

案例中,张公平与梁一思未婚同居生下的儿子张一平,婚后梁一思与其婚外情第三者生下的女儿张思平,均是非婚生子女,因为当时其生父生母没有婚姻关系。张公平重婚生下的女儿张平平,因重婚属于无效婚姻,故张平平是非婚生子女。梁一思离婚后三个月内生下儿子张小平,因其是在父母婚姻关系存续期间受胎的,故张小平是婚生子女。

(二) 非婚生子女的准正

为保护非婚生子女的利益和尊重婚姻制度,大多数国家均设立了非婚生子女的准正制度。我国司法实践中也是认可非婚生子女因生父母结婚而取得婚生子女身份的。

1. 非婚生子女准正的形式

非婚生子女准正,是指非婚生子女通过父母结婚或者司法宣告而取得婚生子女的资格。[2]据此,非婚生子女准正的形式有两种:(1)婚姻准正。由于各国情况不同,婚姻准正即因生父母结婚而准正存在两种情况:一是仅以生父母结婚为准正的要件;二是以生父母结婚和认领为准正的双重要件。(2)司法准正。司法准正是因司法宣告而准正。司法宣告的非婚生子女准正,是指男女双方订立婚约后,因一方死亡或者存在婚姻障碍,使婚姻准正不能实现时,可依婚约一方当事人或者子女的请求,由法官宣告该子女为婚生子女。

我国非婚生子女的准正有两种形式,一是因生父母结婚而准正。在我国现实生活中,只要非婚生子女的生父母结婚,补办结婚登记的,其婚前生育的非婚生子女就视同婚生子女。二是因司法宣告而准正。

---

[1] 参见周晖、苑萱焱:《婚姻家庭与继承法》,清华大学出版社2018年版,第94页。

[2] 参见最高人民法院民法典贯彻实施工作领导小组主编:《中华人民共和国民法典婚姻家庭编继承编理解与适用》,人民法院出版社2020年版,第212页。

2. 非婚生子女准正的要件

非婚生子女准正要具备以下要件：一是须有血缘上的非婚生父母子女关系。二是须有生父母的婚姻或司法宣告。即婚姻准正必须有生父母结婚的事实；非婚生子女的生父母双方或一方，非婚生子女或者利害关系人可以向法院请求宣布非婚生子女为婚生子女。三是婚姻准正无须法律行为，司法准正须经法定程序。①

（三）非婚生子女的认领

非婚生子女与其生母之间，因出生的事实发生法律上的亲子关系，一般无须生母的认领。只有在少数情况下，存在确认非婚生子女与生母之间关系的认领，如弃婴。而非婚生子女与其生父之间，无法通过分娩的事实而直接确定。在非婚生子女无法准正的情况，许多国家设立了非婚生子女的认领制度。

1. 非婚生子女认领的形式

非婚生子女的认领，是指通过一定的法定程序确认非婚生子女与生父母（主要是生父）之间的关系，使非婚生子女实现婚生化的法律行为。非婚生子女的认领分为自愿认领和强制认领两种方式。自愿认领，又称任意认领，是指生父母承认该非婚生子女是自己所生，并自愿承担抚养责任，无须他人或法律的强制。②强制认领是指非婚生子女的生父或生母不自愿认领时，有关当事人得诉请法院予以强制生父母认领子女的制度。③强制认领的原因包括以下两种情况，一是未婚女子所生的子女，经生母指认的生父否认该子女与其具有血缘关系；二是已婚女子所生的子女，生母指认丈夫以外的第三人为子女生父而遭否认的。这两种情况下，生母可向法院提起确认生父之诉。关于强制认领的事实，多数国家采用概括性的规定。如子女在受胎期间生父与生母有同居的事实；生父有诱拐或强奸生母之事实；生父所作的文书可证明其为生父的等。

2. 非婚生子女的法律地位

《民法典》第 1071 条规定："非婚生子女享有与婚生子女同等的权利，任何组织或者个人不得加以危害和歧视。不直接抚养非婚生子女的生父或者生母，应当负担未成年子女或者不能独立生活的成年子女的抚养费。"可见，在我国，非婚生子女与婚生子女的法律地位相同。有关父母子女间权利义务的规定，同样适用于父母与非婚生子女间的关系。

---

① 参见王利明、杨立新等：《民法学》，法律出版社 2020 年版，第 947 页。
② 参见马忆南：《婚姻家庭继承法学》，北京大学出版社 2019 年版，第 159 页。
③ 参见蒋月：《婚姻家庭与继承法》，厦门大学出版社 2011 年版，第 166 页。

四、继子女

【案例】 张公平结婚后生育一子,婚后因生活琐事与妻子离婚,儿子张小平年仅 5 岁,由张公平前妻抚养。一年后张公平结识了离异的梁一思,梁一思有一个 5 岁的女儿梁小思。梁一思带着梁小思与张公平登记结婚,三人组建了新的家庭。20 年后,梁一思因病去世,留下房产一套。张小平诉至法院要求继承其继母梁一思的房产,梁小思不同意。

【问题】 该案如何处理?

(一) 继子女的概念和类型

所谓继子女,一般是指夫与前妻或妻与前夫所生的子女。①相应地,继父母是指父之后妻或母之后夫。子女对父或母的再婚配偶称为继父或继母。夫或妻对其再婚配偶的子女称为继子女。

继父母与继子女关系的产生,一是由于父母一方死亡,另一方带着子女再行结婚而形成的;二是由于父母离婚,抚养子女的一方或双方再行结婚而形成的。我国《民法典》以继父母子女之间是否形成抚养义务为依据,将继父母子女关系分为三种类型。

1. 名义型

这是指生父或生母再婚时,继子女已成年并独立生活,或者继子女虽未成年但仍由其生父或生母抚养,继母或继父没有尽抚养义务,继子女也没有对继父或继母尽赡养义务。这种没有形成抚养关系的继父母子女之间仅仅是属于直系姻亲关系,不构成血亲关系。案例中,张小平和梁一思之间属于没有形成法律抚养关系的名义型的继父母子女关系,张小平没有跟梁一思共同生活过,梁一思未对其尽过抚养义务。因此张小平无权继承其继母梁一思的房产。

2. 共同生活型

这是指生父或生母再婚时,继子女尚未成年或未独立生活,他们随生父母一方与继父或者继母共同生活时,继父或者继母对其承担部分或者全部抚养教育保护的义务;或者成年继子女在事实上对继父母长期承担了赡养扶助保护的义

① 参见最高人民法院民法典贯彻实施工作领导小组主编:《中华人民共和国民法典婚姻家庭编继承编理解与适用》,人民法院出版社 2020 年版,第 214 页。

务,形成了赡养关系。这种继父母与继子女的关系等同于父母子女关系,属于法律上的拟制血亲关系。

3. 收养型

收养型,即继父或者继母经继子女的生父母同意,正式办理了收养手续,将继子女收养为养子女。①随着收养关系的确立,继子女与形成收养关系的继父或继母形成拟制的父母子女关系,即继父母子女关系相应地转化为养父母子女关系,从而适用法律对于父母子女关系的规定。同时,该子女与和其共同生活的生父或者生母之间的关系仍然是直系血亲关系,该子女与不在一起共同生活的生父或者生母一方的父母子女关系随之消灭。

(二) 继父母继子女关系的解除

《民法典》没有对形成抚养关系的继父母与继子女关系的解除作出明确的规定。但在司法实践中,继父母继子女关系可以基于一定的原因解除。

1. 直系姻亲性质的继父母继子女关系的解除

在直系姻亲性质下,继父母继子女关系的解除有两种原因:一是继父母与继子女一方当事人死亡时,则继父母子女关系自动解除。二是继父母与生父母离婚时,继父母子女间的姻亲关系因离婚而自动解除。

2. 拟制血亲性质的继父母继子女关系的解除

有以下几种情况:一是继父母与继子女一方当事人死亡。随着继父母或者继子女一方当事人的死亡,继父母子女之间的权利义务关系也随之消灭。二是离婚解除。在继子女未成年时,继父母与生父母离婚时,继父母不愿意继续抚养继子女的,双方已形成的拟制血亲关系也随之消除。三是协议解除。在继子女未成年时,经生父母、继父母协商一致,并经有识别能力的继子女同意,可以协议解除继父母和继子女之间的权利义务关系。②当继子女成年后,双方关系恶化,都不愿维持这种拟制血亲关系时,则成年子女与继父母之间可以通过协议解除双方的权利义务关系。四是诉讼解除。继父母和继子女因种种原因要求解除拟制血亲关系时,达不成协议的,可向人民法院诉讼解除其拟制关系。

未形成抚养教育关系的继父母子女关系解除后,双方之间的姻亲关系消除。已形成抚养教育关系的继父母子女关系解除后,双方之间拟制血亲关系也随之解除,父母子女间的权利和义务也随之消失。但由继父母抚养成人的继子女,仍

---

① 参见黄薇主编:《中华人民共和国民法典婚姻家庭编释义》,法律出版社 2020 年版,第122页。

② 参见王利明、杨立新等:《民法学》,法律出版社 2020 年版,第 950 页。

要承担赡养扶助继父母的义务。

第四节　婚姻关系的人为终止——离婚

一、协议离婚

【案例】　张公平与梁一思是大学同学,两人相恋。毕业后两人结婚并生育一子,婚后生活很幸福。2023 年 3 月 8 日,双方因生活琐事发生激烈的争吵,张公平一时冲动提出离婚,被气愤冲昏头脑的梁一思答应离婚。双方签好离婚协议后,当日就去了婚姻登记机关。

【问题】　婚姻登记机关在收到张公平与梁一思的离婚登记申请后,会不会立即为其办理离婚登记手续?如果在提交离婚登记申请后的第二天,张公平后悔作出离婚这个决定,该怎么办?

(一) 协议离婚的概念和条件

保障离婚自由,防止轻率离婚,是我国婚姻立法一贯坚持的指导思想。我国的离婚制度分为协议离婚和诉讼离婚两种。

协议离婚也叫"双方自愿离婚",是指婚姻关系当事人达成离婚合意并通过婚姻登记程序解除婚姻关系的法律制度。[1]准予办理协议离婚必须具备以下条件:

(1) 协议离婚的当事人必须具有合法有效的婚姻关系。协议离婚的当事人,仅限于在我国内地办理了结婚登记的婚姻关系当事人,不包括未婚同居的男女双方,有配偶者与他人同居的男女双方和未办理结婚登记的"事实婚姻"的男女双方,也不包括在境外办理了结婚登记的当事人。

(2) 协议离婚的当事人必须具有完全民事行为能力。夫妻一方或双方当事人为无民事行为能力人或者限制民事行为能力人,不能适用协议离婚,只能适用诉讼离婚,由其法定代理人代理诉讼。

(3) 协议离婚的当事人必须具有离婚的共同意愿。即要求双方对离婚的意

---

① 参见黄薇主编:《中华人民共和国民法典婚姻家庭编释义》,法律出版社 2020 年版,第133 页。

愿必须是自愿、真实、一致的。

(4) 协议离婚的当事人对子女抚养、财产以及债务处理等事项已协商一致。协议离婚必须要有双方当事人共同签署的离婚协议书。未达成离婚协议的,婚姻登记机关不予受理。

(二) 协议离婚的冷静期

离婚冷静期,是立法在坚持离婚自由原则下,为避免夫妻当事人轻率离婚,而在离婚程序中设置的夫妻任何一方都可在婚姻登记机关收到离婚申请后一定时间内撤回申请,终结登记离婚程序的冷静思考期间。"离婚冷静期"适用范围仅限于协议离婚,不适用诉讼离婚。

(1) 离婚冷静期的时间是 30 日。自婚姻登记机关收到离婚登记申请之日起三十日内,任何一方不愿意离婚的,可以向婚姻登记机关撤回离婚登记申请。

(2) 冷静期届满后 30 日内,双方应当亲自到婚姻登记机关申请发给离婚证。冷静期届满,婚姻登记机关不会自动发给当事人离婚证,而是需要双方当事人在 30 日内亲自到婚姻登记机关再次申请领取离婚证,解除婚姻关系。

(3) 视为撤回离婚登记申请的情形。冷静期届满后 30 日内,双方当事人没有到婚姻登记机关申请发给离婚证的,视为撤回离婚登记申请,不发生离婚的后果。

案例中,婚姻登记机关在收到张公平与梁一思的离婚登记申请后不会立即为其办理离婚登记手续,因为《民法典》规定了 30 天的离婚冷静期。张公平如果后悔草率提出离婚的申请,自婚姻登记机关收到其离婚登记申请之日起 30 日内,他可以去婚姻登记机关撤回离婚登记申请。

(三) 协议离婚的程序

新调整后的调整离婚登记程序包括申请、受理、冷静期、审查、登记(发证)等。

(1) 申请。自愿离婚的夫妻双方应当共同到有管辖权的婚姻登记机关提出申请。申请时双方当事人应当提供以下证件和证明材料:一是结婚证。二是有效身份证件。三是在婚姻登记机关现场填写的《离婚登记申请书》。

(2) 受理。婚姻登记机关按照规定对当事人提交的上述材料进行初审。婚姻登记机关对当事人提交的证件和证明材料初审无误后,发给《离婚登记申请受理回执单》。不符合离婚登记申请条件的,不予受理。

(3) 冷静期。如前文所述,此处不再赘述。

(4) 审查。自离婚冷静期届满后 30 日内,双方当事人应当持规定的证件和材料,共同到婚姻登记机关申请发给离婚证。

(5) 登记(发证)。婚姻登记机关查明双方确实是自愿离婚,并已经对子女抚养、财产以及债务处理等事项协商一致的,予以登记,发给离婚证。对不符合离婚条件的,婚姻登记机关不予登记,并向当事人说明理由。

二、诉讼离婚

【案例】 张公平与梁一思经人介绍登记结婚,因双方婚前感情不深,婚后矛盾不断,双方分居 3 个月。2019 年张公平提出离婚,后经双方所在单位调解和好,并生育一子。孩子出生后,双方因家庭琐事多次发生矛盾,梁一思带着孩子回到娘家生活。张公平要求看望儿子,均被无理拒绝。2023 年张公平诉至法院请求离婚。因对孩子抚养问题无法达成一致协议,法院调解无效。人民法院考虑到双方已分居近 4 年,感情确已破裂,作出准予离婚的判决。

【问题】 该案中涉及哪些离婚程序?

(一) 诉讼离婚的概念和程序

诉讼离婚,是婚姻当事人向人民法院提出离婚请求,由人民法院调解或判决而解除其婚姻关系的一项离婚制度。[①]依照《民法典》第 1079 条的规定,夫妻一方要求离婚的程序分为两部分:第一,诉讼外的调解;第二,诉讼离婚的具体程序。

1. 诉讼外的调解

诉讼外调解,也称诉前调解,是指夫妻一方要求离婚的,可以先经有关组织进行调解。[②]诉讼外调解的主体是"有关组织"。"有关组织"是指人民法院以外的有关部门,通常包括当事人所在单位、当事人居住地的居民委员会或村民委员会、群众团体、基层调解组织和婚姻登记机关等。诉讼外调解不是诉讼离婚的必经程序,不具有法律强制性。并且调解的结果只有道德上的约束力,无行政或法律上的约束力,任何人或组织均不得强制执行。

2. 诉讼离婚的程序

根据《民法典》第 1079 条的规定,诉讼离婚的程序包括人民法院的调解和判

---

① 参见最高人民法院民法典贯彻实施工作领导小组主编:《中华人民共和国民法典婚姻家庭编继承编理解与适用》,人民法院出版社 2020 年版,第 258 页。

② 参见肖峰:《民法典婚姻家庭编条文精释与案例实务》,法律出版社 2020 年版,第 224 页。

决两个阶段。第一阶段,诉讼中的调解。诉讼中的调解是人民法院审理离婚案件的必经程序,如果没有进行调解,人民法院不能直接作出判决。离婚案件经人民法院调解后,一般会出现三种结果:调解有效,双方和好,达成和好协议,原告撤诉;调解有效,双方当事人达成离婚协议;调解无效,协议不成,由人民法院依法作出判决。第二阶段,判决。对于调解无效的离婚案例,人民法院应当根据事实和法律作出判决。人民法院可以依法判决离婚,也可以依法判决不予离婚。

案例中,2019年张公平提出离婚,后经双方所在单位调解和好。这指的是诉讼外的调解,调解的结果是双方和好,继续保持婚姻关系。2023年张公平诉至法院请求离婚,法院依法进行了调解,这是诉讼离婚的第一个步骤——诉讼中的调解。人民法院作出准予离婚的判决,这是诉讼离婚的第二个步骤——判决。

(二) 诉讼离婚的特别规定

在离婚诉讼中,我国《民法典》有两个方面的例外规定,一是限制现役军人配偶离婚请求权的规定。《民法典》第1081条规定:"现役军人的配偶要求离婚,应当征得军人同意,但是军人一方有重大过错的除外。"二是对男方离婚请求权行使时间的限制性规定。《民法典》第1082条规定:"女方在怀孕期间、分娩后一年内或者终止妊娠后六个月内,男方不得提出离婚;但是,女方提出离婚或者人民法院认为确有必要受理男方离婚请求的除外。"

(三) 诉讼离婚的法定条件

人民法院审理离婚案件时,若调解无效,则判决准予离婚或者不准予离婚。这就涉及准予离婚的法定条件。

1. "感情确已破裂"是准予离婚的法定条件

这一规定包含两层意思:一是夫妻感情确已破裂,调解无效的,应当准予离婚;二是如果夫妻感情没有破裂或者尚未完全破裂,即使调解无效,也应当不准予离婚。

2. 夫妻感情确已破裂的列举性条款

《民法典》明确把夫妻感情是否确已破裂作为判决是否准予离婚的法定条件,随着司法实践的发展,《民法典》已经明确了七种常见的夫妻感情确已破裂的情形:(1)重婚或者与他人同居。(2)实施家庭暴力或者虐待、遗弃家庭成员。(3)有赌博、吸毒等恶习屡教不改。(4)因感情不和分居满二年。(5)其他导致夫妻感情破裂的情形。(6)一方被宣告失踪,另一方提起离婚诉讼的,应当准予离婚。(7)经人民法院判决不准离婚后,双方又分居满一年,一方再次提起离婚诉讼的,应当准予离婚。

三、离婚财产分割

【案例】　张公平与梁一思自愿达成离婚协议并约定财产平均分配,婚姻关系存续期间的债务全部由张公平偿还。经查,婚后梁一思以个人名义向董敏法借款 50 万元用于购买新房。

【问题】　董敏法应该向谁主张清偿债务?

(一)双方共同财产分割的原则

当夫妻共同财产关系消灭时,就涉及共同财产的分割、共同债务的清偿等一系列法律关系的变动。根据《民法典》第 1087 条的规定,离婚时,对夫妻共同财产的分割应当由夫妻双方协商处理。协商不成时,由人民法院根据财产的具体情况,按照照顾子女、女方和无过错方权益的原则判决。

1. 照顾子女原则

人民法院在处理涉及未成年子女利益的问题上,要把子女利益最大化作为首要原则。一是不得将子女的合法财产列入夫妻共同财产加以分割;二是给直接抚养子女的一方适当多分一些财产,从法律上为子女身心的健康成长提供有力保障。

2. 照顾女方原则

对女方的照顾原则是由我国的历史和现实情况以及女方为社会和家庭所作出的无偿贡献等因素所决定的。[1]这体现在以下两个方面:一是在财产份额上,要给予女方适当多分;二是在财产种类上,将某些对正常生活影响较大的财产,比如房屋,分割给女方。

3. 照顾无过错方权益原则

这里的"照顾"性质不同于离婚损害赔偿责任,也不是一种民事责任。因此,这里的"过错"并不限于《民法典》第 1091 条规定的重婚、与他人同居、实施家庭暴力、虐待、遗弃等重大过错行为,还包括其他违反婚姻义务如故意隐匿夫妻财产、卖淫嫖娼等损害婚姻关系的过错行为。

(二)双方共同财产分割的方法

按照《民法典》的规定,离婚时分割夫妻共同财产的方式有两种:协议分割和判决分割。

---

[1]　参见陈苇:《婚姻家庭继承法学》,中国政法大学出版社 2014 年版,第 215 页。

1. 协议分割

协议分割，是指夫妻双方在平等自愿基础上通过协商对夫妻共同财产的分割达成共识。①当事人依照《民法典》第 1076 条签订的离婚协议中关于财产以及债务处理的条款，对男女双方具有法律约束力。

2. 判决分割

判决分割，是指夫妻双方就共同财产分割达不成一致意见时，由人民法院作出判决的分割方式。②夫妻共同财产的分割问题比较复杂。对此，《最高人民法院关于适用〈中华人民共和国民法典〉婚姻家庭编的解释（一）》作了规定，人民法院在共同财产判决时，对不同性质的财产应采取不同的分割方法。

（三）共同债务的清偿

根据《民法典》第 1064 条和第 1089 条的规定，夫妻共同债务的清偿方式分为三种。

1. 共同清偿

离婚时双方有共同财产而且共同财产足够偿还共同债务的，对于已届清偿期的债务应由共同财产偿还。双方应当负连带清偿责任。这种连带清偿责任并不因夫妻关系的变化而变化。案例中，婚后梁一思以个人名义向董敏法借款 50 万元，这是夫妻共同债务，应当夫妻共同清偿。董敏法既可以要求梁一思偿还，也可以要求张公平偿还。张公平与梁一思对 50 万元承担连带清偿责任。

2. 协议清偿

夫妻双方共同财产不足以清偿，或者夫妻实行约定财产制的，或离婚时有尚未到期的共同债务且夫妻双方或一方不愿意提前清偿的，可以由双方协议确定各自所应承担债务的份额。

3. 判决清偿

夫妻双方对债务的清偿不能达成协议时，由人民法院判决。法院会根据双方的经济状况、所欠债务的性质以及照顾子女和女方的原则，判决双方按一定比例承担债务。

（四）夫妻一方侵犯共同财产的法律后果

在现实生活中，夫妻离婚时，经常出现一方为了多分、多占财产，不择手段，隐藏、转移、变卖、毁损、挥霍夫妻共同财产或伪造债务，使对方损失应得的利益。为了切实保障婚姻当事人对夫妻共同财产所享有的权利，《民法典》第 1092 条规

---

① ② 参见王玮：《婚姻家庭法原理与实务》，武汉大学出版社 2015 年版，第 112 页。

定:"夫妻一方隐藏、转移、变卖、毁损、挥霍夫妻共同财产,或者伪造夫妻共同债务企图侵占另一方财产的,在离婚分割夫妻共同财产时,对该方可以少分或者不分。离婚后,另一方发现有上述行为的,可以向人民法院提起诉讼,请求再次分割夫妻共同财产。"

四、离婚时的权利救济

【案例】　张公平婚前购买房产两套。婚后双方因生活琐事导致夫妻感情破裂,张公平要求离婚。而梁一思在结婚前放弃当地生活投奔张公平,没有固定工作、没有住房且长年生病。梁一思提出补偿 30 万元,张公平不同意。双方诉至法院。

【问题】　该案如何处理?

(一) 经济补偿请求权

经济补偿请求权,是指夫妻一方因抚育子女、照料老年人、协助另一方工作等负担较多家务劳动的,离婚时有向另一方请求经济补偿的权利。经济补偿请求权是法律赋予的一项权利。经济补偿请求权的性质既不同于离婚时夫妻共同财产的分割和离婚时的经济帮助请求权,也不同于离婚损害赔偿。这一制度被称为离婚经济补偿制度,是我国离婚救济体系的重要组成部分。

根据《民法典》的规定,经济补偿请求权的行使应符合下列条件:一是在婚姻关系存续期间,无论夫妻双方采取的是法定财产制还是约定财产制,只要夫妻一方在婚姻中负担较多义务的,就有权利在离婚时请求经济补偿。二是夫妻一方在共同生活中对家庭付出了较多的义务。如抚育子女、照料老年人和协助另一方工作。

经济补偿请求权人在行使该项权利时,须注意以下问题:一是该请求权的行使时间限于离婚时。"离婚时"是指夫妻一方提出离婚诉讼时或者协议离婚之时。二是补偿请求权的主体是负担较多义务的一方。三是经济补偿的数额,应由双方协议确定。协议不成,由人民法院判决。

(二) 经济帮助请求权

经济帮助是指夫妻离婚时,因一方生活困难,经双方协议或法院判决,由有负担能力的一方给予另一方适当帮助的制度。离婚时一方对另一方的经济帮助是有条件的,而且必须具备下列条件才能适用经济帮助请求权:一是要求适当经济帮助的一方生活确有困难。生活困难,是指依靠个人财产和离婚时分得的财产无法维持当地基本生活水平。二是生活困难发生于离婚时。三是提供经济帮助的一方必须有负担能力。

按照《民法典》的规定,经济帮助的具体办法,由双方协议;协议不成的,人民法院应根据一方的需要和另一方的实际能力等进行判决。案例中,梁一思婚后没有固定工作、没有住房且长年生病,生活困难,无法维持生活,因此有负担能力的张公平应当给予其适当帮助,30万元没有超出张公平的承受能力。因此法院判决双方离婚,张公平给予梁一思30万元的经济帮助。

(三) 赔偿请求权

赔偿请求权,即离婚损害赔偿请求权,是指因夫妻一方有过错,实施法律规定的违法行为,妨害婚姻关系和家庭关系,导致夫妻离婚的,无过错方有请求损害赔偿的权利。

离婚损害赔偿请求权的构成要件有以下四个方面:(1)一方主观上有过错。过错包括故意和过失,且这种过错是导致离婚的原因。(2)一方实施了违法行为。根据《民法典》第1091条的规定,离婚损害赔偿的过错行为分为以下几种情形:重婚;与他人同居;实施家庭暴力;虐待、遗弃家庭成员;有其他重大过错。(3)必须有损害事实。有损害才有赔偿,无损害就没有赔偿的前提与基础。[1]如重婚、与他人同居的行为侵害了另一方的配偶权。(4)违法行为与损害事实有因果关系。

离婚损害赔偿请求权的行使应注意下列问题:(1)损害赔偿请求权的主体,仅限于离婚诉讼当事人中无过错方的配偶。(2)赔偿请求权的期限。(3)离婚损害赔偿,包括物质损害赔偿和精神损害赔偿。

---

[1] 参见陈苇:《婚姻家庭继承法学》,中国政法大学出版社2014年版,第229页。

第六章　遗产在代际之间的转移——继承编

第一节　保护私有财产的继承权——继承制度概述

一、继承制度的概念与特征

【案例】　张公平有个哥哥张大平已结婚成家并分家另过,只有张公平与父母生活在一起。2023 年元旦,张大平生怕将来父母的财产都留给张公平,提出要继承并分割父母的财产。对此,张公平的父母都不同意,双方发生争执。

【问题】　张大平可以要求继承并分割父母的财产吗?

《民法典》第 1119 条规定:"本编调整因继承产生的民事关系。"这就明确了《民法典》继承编所调整的是平等的民事主体之间因自然人的死亡而发生的财产关系。最古老的继承制度包括身份继承,而现代继承制度仅指财产制度。所谓继承制度,是指将死者生前遗留的财产权利和义务、依法或依死者的指定转移给他人承受的法律制度。①

继承既是一项法律制度,也是一种法律关系。在继承关系中,死者称为被继承人,死者所遗留的财产称为遗产,依法或依遗嘱继承取得财产的人称为继承人。

与一般民事法律关系相比,继承法律关系具有以下特征。

（一）继承法律关系是以被继承人死亡为发生原因

任何法律关系的发生都必须以一定的法律事实为根据。法律事实可分为事

---

① 　参见陈苇:《婚姻家庭继承法学》,中国政法大学出版社 2014 年版,第 247 页。

件和行为。一般民事法律关系的发生原因,大多是民事主体的民事法律行为。但继承法律关系的发生原因,是以被继承人死亡为前提条件。死亡包括生理死亡和宣告死亡,没有被继承人的死亡事实,就不会有继承法律关系的发生。而被继承人的死亡,是不以人的意志为转移的,所以被继承人的死亡属于事件,不属于行为。

在适用遗嘱继承时,除了被继承人的死亡这一事件外,还必须有被继承人生前所立的合法有效的遗嘱这一法律事实。遗嘱则是由被继承人的意志所决定的,所以遗嘱属于法律行为。但被继承人的死亡仍然是最基本的事实。因此被继承人死亡是继承法律关系发生的原因。

(二)继承法律关系是以亲属关系为基础的法律关系

与一般的财产法律关系的权利主体没有限制相比,虽然继承法律关系是财产法律关系,亲属关系是人身法律关系,但继承法律关系与亲属身份关系密切相关,是一种与亲属关系相联系的财产法律关系,其权利主体具有特定性。

继承法律关系的主体是继承人。而继承人是与被继承人存在特定的亲属身份关系的自然人。这种亲属身份是基于婚姻、血缘或法律拟制而形成的。在法定继承中,继承人只能是被继承人一定范围内的亲属,如配偶、子女、父母、兄弟姐妹、祖父母、外祖父母等。同样遗嘱继承人也是被继承人一定范围内的亲属,被继承人只能在法定继承人中指定遗嘱继承人。

(三)继承法律关系是对遗产权利和义务的全面承受

继承法律关系的权利主体即继承人,既享有取得被继承人遗产的权利,又要承担偿还被继承人生前所负债务的义务,而非仅承受权利不承受义务,继承是权利义务的全面承受。继承人所继承的,既包括积极财产即遗产,也包括消极财产即被继承人遗留的个人债务和应缴纳的税款等。

如果继承人放弃继承,可以不负清偿责任。对被继承人个人债务和应缴纳税款的清偿限于其遗产价值总额的范围。

(四)继承人取得遗产所有权具有无偿性

与有偿民事法律关系需要给付对价才能取得财产所有权不同的是,继承人取得遗产所有权是无偿的。继承是自然人取得财产的一种手段。按照《民法典》规定,继承人于被继承人死亡后,可行使其享有的继承权,依法或依遗嘱无偿取得遗产。这种财产所有权的转移,并不是按照《民法典》规定的等价有偿原则来转移财产,商品经济等价交换关系不能适用于继承法律关系。

案例中,如果张大平提出的是分家析产在法律上是可以的,分家析产是将家庭共有财产予以分割,如张大平与父母共同的劳动收入或共同购置的生活资料等,按照各自收入或出资情况分割相应的财产份额。但父母还健在,要求分割、继承父母的财产,这是没有法律依据的,因为继承从被继承人死亡时开始。因此张公平的父母完全有权拒绝张大平的要求。

二、遗产

【案例】 梁一思在丈夫去世后,抚养女儿小平长大成人。小平婚后一直未能生育,承担着赡养没有经济来源的母亲的义务。2023年小平因交通事故死亡,除人身损害赔偿金外,单位发给其家属4万元抚恤金。小平的丈夫、婆婆与母亲为这笔抚恤金发生了争执。

【问题】 抚恤金是否属于小平的遗产?

《民法典》第1122条规定:"遗产是自然人死亡时遗留的个人合法财产。依照法律规定或者根据其性质不得继承的遗产,不得继承。"这是对遗产范围作了规定,明确了继承法律关系中的客体。

(一) 遗产范围的界定

遗产是继承法律关系的客体,是继承人享有继承权的标的。遗产是自然人死亡时遗留的个人合法财产。可见遗产的范围可以从以下四个方面进行界定:

1. 时间上的特定性

作为一种特殊的财产,遗产只存在于自然人死亡之后到被分割之前这一特定时间段。在被继承人死亡之前,对自己的财产依法占有、使用、收益和处分,其他人不得干涉,其生前拥有的财产属于个人所有财产,而不是遗产。只有当自然人死亡后,他遗留的个人财产才转化为遗产。而遗产一旦被分割,转移成继承人个人所有的财产时,也不再具有遗产的性质。

2. 内容上的财产性

所谓财产性,是指作为继承对象的遗产,仅指被继承人死亡时遗留的财产权利,而不涉及对身份权和人身权的继承。[1]

只有被继承人生前享有的财产权利和所负担的财产义务才能作为遗产,被继

---

[1] 参见陈甦、谢鸿飞:《民法典评注继承编》,中国法制出版社2020年版,第18页。

承人生前享有的人身权利和人身义务不能作为遗产。如姓名权不能作为遗产。

3. 范围上的限定性

遗产只能是自然人死亡时遗留的个人财产。他人的财产不属于遗产范围。如被继承人生前租赁、死亡时尚未返还的财产,不属于遗产。夫妻共同财产和家庭共有财产中,不属于被继承人的部分,即属于配偶和其他家庭成员那部分的财产也不是遗产。

4. 性质上的合法性

遗产只能是自然人死亡时遗留的个人合法财产。自然人生前非法所得的财产如非法侵占的集体财产,不能成为遗产。依照法律规定或者根据其性质不得继承的遗产,不能成为遗产。

(二) 依据法律规定不能继承的财产权利

民事主体从事民事活动,不得违反法律,不得违背公序良俗。如果法律有明确规定某些财产不能继承,继承人就不得继承。

1. 国家、集体自然资源的使用权

《民法典》第 324 条规定,国家所有或者国家所有由集体使用以及法律规定属于集体所有的自然资源,组织、个人依法可以占有、使用和收益。如采矿权,渔业权、养殖权等。但是国有资源使用权是由特定人享有的,不得随意转让,也不能作为遗产。

2. 自留山、自留地、宅基地的使用权

《中华人民共和国土地管理法》第 8 条规定,城市市区的土地属于国家所有。农村和城市郊区的土地,除由法律规定属于国家所有的以外,属于农民集体所有;宅基地、自留地和自留山,属于农民集体所有。因此,自留山、自留地、宅基地的使用权,在被继承人死亡后,继承人可以经营收益,但不能作为遗产继承的。

3. 指定受益人的保险金

保险合同中已指定了受益人,在被保险人死亡后,其人身保险金直接由受益人取得,而不能当作被保险人的遗产由继承人继承。

(三) 根据其性质不得继承的财产权利

这主要是指与被继承人人身有关的专属性权利,具体包括:

1. 与被继承人密不可分的人身权利

公民的人身权与公民的人身不可分离,因此人身权具有不可转让的法律属性。公民的人身权,无论是人格权还是身份权都不能作为遗产。例如知识产权涉及的署名权,不能由继承人继承。

2. 死亡赔偿金、抚恤金

死亡赔偿金是相关责任人给予死者家属的一定数量的赔偿。包括死者丧葬费用,也包括其亲属的精神抚恤金等各种赔偿,并非对死者本人的赔偿,因此不得作为遗产。同样抚恤金不属于死者的个人财产,不得作为遗产。

抚恤金是用来优抚那些依靠死者生活的未成年和丧失劳动能力的亲属。享受抚恤金的人,必须符合两个条件:一是死者的直系亲属,二是这些亲属主要依靠死者生前扶养。这两个条件必须同时具备。因此案例中,抚恤金不能作为遗产,而应归小平生前供养的直系血亲其母亲所有。

三、继承、遗赠的接受与放弃

【案例】　张公平有两个哥哥,2018 年兄弟三人签订协议,约定父亲由张公平赡养,两个哥哥自愿放弃对父亲的财产继承权。2023 年父亲去世留下遗产60 万元。两个哥哥要求进行继承分割,张公平不同意。

【问题】　两个哥哥有权要求分割遗产吗?

继承、遗赠的接受与放弃,是在继承开始后,继承人有权自主选择是否行使继承权,接受或放弃继承或遗赠的财产。《民法典》第 1124 条规定:"继承开始后,继承人放弃继承的,应当在遗产处理前,以书面形式作出放弃继承的表示;没有表示的,视为接受继承。受遗赠人应当在知道受遗赠后六十日内,作出接受或者放弃受遗赠的表示;到期没有表示的,视为放弃受遗赠。"

(一)继承、遗赠的接受

1. 继承的接受

所谓接受继承,即继承开始后继承人同意接受被继承人遗产分配的意思表示。[①]接受继承是单方民事法律行为,只要继承人单方表示即可发生法律效力。

对继承的接受要从以下两个方面来理解。首先,接受继承的意思表示,可以是明示,也可以是默示。根据《民法典》第 1124 条规定,继承权的接受无需继承人单独作出意思表示。只要继承人在遗产处理前没有作出放弃继承权的意思表

---

① 　参见最高人民法院民法典贯彻实施工作领导小组主编:《中华人民共和国民法典婚姻家庭编继承编理解与适用》,人民法院出版社 2020 年版,第 510 页。

示,就视为接受继承。其次,作出接受继承的意思表示,可以是继承人本人,也可以是其代理人。

2. 遗赠的接受

与接受继承相同的是,遗赠的接受也是单方法律行为,受遗赠人根据自己的意思作出决定,无须征得他人的同意。

与接受继承相反的是,遗赠的接受要求受遗赠人应当在知道受遗赠后六十日内作出接受遗赠的表示。首先,接受遗赠的意思表示,必须以明示的方式作出。意思表示的形式可以是书面形式,也可以是口头形式等。其次,作出接受遗赠的意思表示,可以是受遗赠人本人,也可以是其法定代理人。最后,接受遗赠的意思表示,必须在知道受遗赠后六十日内作出。

(二) 继承、遗赠的放弃

1. 继承的放弃

所谓放弃继承,即继承开始后继承人不接受被继承人遗产的意思表示。[①]继承的放弃是继承人对自己权利的一种处分,是单方民事法律行为。继承人放弃继承后,不再享有遗产继承权。

对继承的放弃要从以下三个方面来理解。首先,放弃继承的意思表示必须采用明示的方式,而且明示的方式原则上采用书面形式。根据《关于适用〈中华人民共和国民法典〉继承编的解释(一)》的规定,继承人放弃继承应当以书面形式向遗产管理人或者其他继承人表示。在诉讼中,继承人向人民法院以口头方式表示放弃继承的,要制作笔录,由放弃继承的人签名。其次,放弃继承的时间是继承开始后,遗产处理前。最后,放弃继承的意思表示应当由具有完全的民事行为能力的继承人作出,法定代理人一般不能代理被代理人放弃继承权。明显损害被代理人利益的,应认定其代理行为无效。

案例中,兄弟三人曾在 2018 年签署协议,但该协议签署时间系在其父亲死亡之前,当时继承尚未开始。而继承的放弃必须是继承开始后,遗产处理前。在父亲死亡之后,两个哥哥明确表示不放弃继承父亲遗产的权利,因此两个哥哥有权要求继承父亲的遗产。

2. 遗赠的放弃

对遗赠的放弃要从以下两个方面来理解。首先,放弃遗赠的意思表示可以

---

① 参见最高人民法院民法典贯彻实施工作领导小组主编:《中华人民共和国民法典婚姻家庭编继承编理解与适用》,人民法院出版社 2020 年版,第 511 页。

是明示，也可以是默示。明示的意思表示必须在六十日内作出，如果受遗赠人到期没有表示，视为放弃遗赠。其次，放弃遗赠的意思表示应当由受遗赠人本人亲自实施，一般不得代理。

四、继承权的丧失及例外

【案例】　张公平与张大平是亲兄弟，哥哥张公平有先天残疾。母亲早已去世，父亲考虑到张公平有残疾，留下如下遗嘱：其全部遗产三分之二留给张公平，全部遗产的三分之一留给张大平。父亲死后，张大平在整理父亲房间时发现了这份遗嘱，把三分之二的遗产份额改为自己继承，把三分之一的遗产份额改为张公平继承。张公平诉至法院，要求法院确认父亲的遗产由自己继承，张大平丧失继承权。这份遗嘱后来被鉴定机关鉴定为确经篡改过的遗嘱。

【问题】　该案如何处理？

继承权的丧失又称继承权的剥夺，是指依照法律的规定在发生法定事由时取消继承人继承被继承人遗产的资格。

（一）继承权丧失的法定事由

依据《民法典》第 1125 条第 1 款的规定，继承人有下列行为之一的，丧失继承权：

1. 故意杀害被继承人

继承人故意杀害被继承人，不论是既遂还是未遂，不论是直接故意还是间接故意，也不论是否受到刑事责任的追究，都应丧失继承权。

2. 为争夺遗产而杀害其他继承人

只要继承人是为争夺遗产而杀害其他继承人的，不论既遂还是未遂，不论是亲手实施还是教唆他人，均应剥夺其继承权。而如果杀害行为是出于其他目的，则不能因此丧失继承权。

3. 遗弃被继承人，或者虐待被继承人情节严重

《最高人民法院关于适用〈中华人民共和国民法典〉继承编的解释（一）》第 6 条规定，继承人虐待被继承人情节是否严重，可以从实施虐待行为的时间、手段、后果和社会影响等方面认定。虐待被继承人情节严重的，不论是否追究刑事责任，均可确认其丧失继承权。

4. 伪造、篡改、隐匿或者销毁遗嘱,情节严重

伪造、篡改、隐匿或者销毁遗嘱,情节严重的,应确认该行为人丧失继承权。继承人伪造、篡改或者销毁遗嘱,侵害了缺乏劳动能力又无生活来源的继承人的利益,并造成其生活困难的,应认定其行为情节严重。

案例中,根据法律规定,张大平为多分遗产篡改了遗嘱,侵害了无劳动能力又无生活来源的继承人张公平的利益,导致张公平生活困难,应认定其行为情节严重。因此,法院判决张大平丧失继承权,由张公平继承父亲的全部遗产。

5. 以欺诈、胁迫手段迫使或者妨碍被继承人设立、变更或者撤回遗嘱,情节严重

继承人实施欺诈、胁迫手段迫使或者妨碍被继承人设立、变更或者撤回遗嘱,其行为侵害了被继承人的遗嘱自由权,使被继承人所立遗嘱违背了内心的真实意思。故情节严重,应剥夺其继承权。

(二)继承宽宥制度

继承人因法定事由丧失了继承权,但继承人有悔改表现且得到被继承人的原谅,则可以恢复继承权,这就是宽宥制度。

《民法典》第1125条第2款规定:"继承人有前款第三项至第五项行为,确有悔改表现,被继承人表示宽恕或者事后在遗嘱中将其列为继承人的,该继承人不丧失继承权。"据此规定,继承人要恢复继承权,需要具备以下条件:

(1)宽宥制度不包括故意杀害被继承人或为争夺遗产而杀害其他继承人的情形,因为故意杀害被继承人或其他继承人,涉及刑事犯罪,性质恶劣,所以不适用宽宥制度。

(2)继承人确有悔改表现。继承人不仅在内心意识到了自己行为的错误,而且在行动上也有悔改的行为,并且能主动纠正自己错误行为导致的后果。

(3)被继承人表示宽恕或者事后在遗嘱中将其列为继承人。被继承人用书面或口头的方式对继承人表示谅解,或再次设立遗嘱将丧失继承权的人列为继承人。

第二节　根据法律直接规定的继承——法定继承

一、法定继承的概念与适用

【案例】　张公平与梁一思婚后生育三个子女,2021年张公平因病去世,没

有留下遗嘱。夫妻生前名下共有两套房产,其中一处房产由梁一思居住,另一处房产由小儿子居住。2023 年子女要求分割房产,但三个子女因为两套房产的分割出现了争执。

【问题】 这两处房产如何分割?

我国实行法定继承与遗嘱继承并行的继承制度,两者相辅相成,互相配合。法定继承是人类历史上最早的一种遗产继承制度,也是我国适用范围最广的一种继承方式。

(一) 法定继承的概念与特征

法定继承,是指继承人范围、继承顺序、继承条件、继承份额、遗产分配原则及继承程序均由法律直接规定的继承方式。[①]

法定继承的特征是:

1. 法定继承具有较强的身份性

法定继承中的继承人与被继承人是有亲属关系的人,双方存在婚姻关系、血缘关系和扶养关系。亲属关系是一种身份关系,因此具有以身份关系为基础的特征。

2. 法定继承具有强行性

在法定继承中,不仅继承人的范围由法律直接规定,而且继承的顺序和遗产分配的份额也是由法律直接规定的。任何人不得改变继承人的范围、顺序和遗产分配原则等,从这个意义上说,法定继承具有强行性的特征。

3. 法定继承是遗嘱继承的补充

法定继承虽然是与遗嘱继承并行的继承方式,但法定继承的效力要低于遗嘱继承。继承开始后,应先适用遗嘱继承。没有遗嘱继承,才适用法定继承。因此,法定继承具有对遗嘱继承补充的特征。

(二) 法定继承的适用范围

法定继承的适用范围是指在何种情形下适用法定继承。

《民法典》第 1123 条规定:"继承开始后,按照法定继承办理;有遗嘱的,按照遗嘱继承或者遗赠办理;有遗赠扶养协议的,按照协议办理。"可见,被继承人死亡后,有遗赠扶养协议的,先要执行协议;没有遗赠扶养协议或者遗赠扶养协议无效的,应按照遗嘱继承办理;没有遗嘱或遗嘱无效的,适用法定继承。

---

① 参见王利明、杨立新等:《民法学》,法律出版社 2020 年版,第 1004 页。

依照《民法典》第1154条的规定,有下列情形之一的,遗产中的有关部分按照法定继承办理:(1)遗嘱继承人放弃继承或者受遗赠人放弃受遗赠;(2)遗嘱继承人丧失继承权或者受遗赠人丧失受遗赠权;(3)遗嘱继承人、受遗赠人先于遗嘱人死亡或者终止;(4)遗嘱无效部分所涉及的遗产;(5)遗嘱未处分的遗产。

根据我国《民法典》相关规定,被继承人在没有立遗嘱的情况下,其遗产适用法定继承。案例中,两套房产属于梁一思与张公平的夫妻共同财产,应当平均分配,即两处房产的各一半应属于梁一思的个人财产,剩余部分为张公平的遗产,梁一思和其三个子女享有平等的继承权,对剩余部分平均分配。

二、法定继承的范围与顺序

【案例】 张公平与梁一思婚后生育四个子女,2021年、2023年张公平和梁一思相继去世,均未留下遗嘱,夫妻生前名下共有两套房产。梁一思去世后,其过继给他人的小女儿赵小平与其三个兄姐为继承发生纠纷。赵小平诉至法院。

【问题】 该案如何处理?

法定继承人范围和继承顺序是法定继承制度的重要内容,最能反映出一个国家的传统的伦理亲缘观念。我国《民法典》对此作了明确的规定。

(一) 法定继承的范围

法定继承人的范围,是指在适用法定继承时,哪些人可以作为被继承人遗产的继承人。依据《民法典》第1127至1029条的规定,法定继承人的范围仅限于法定的近亲属。具体包括:

1. 配偶

作为被继承人的配偶,是指被继承人死亡时,与被继承人有合法婚姻关系的人。原来与被继承人有婚姻关系,但在被继承人死亡时已经解除婚姻关系的人,不是配偶。无效婚姻和可撤销的婚姻,因自始无效,当事人不属于《民法典》中的配偶。夫妻双方虽已分居但没有解除婚姻关系的,仍为配偶;或者在离婚诉讼过程中或者在法院已作出离婚判决但判决未发生效力前,双方仍为配偶。

2. 子女

子女是被继承人最亲近的晚辈直系亲属。依据《民法典》的规定,继承编所称子女,包括婚生子女、非婚生子女、养子女和有扶养关系的继子女。

（1）婚生子女。不论其性别、年龄、婚姻状况，也不论其随父姓还是随母姓，对父母的遗产有平等的继承权。

（2）非婚生子女。《民法典》第1071条规定，非婚生子女享有与婚生子女同等的权利。非婚生子女不仅能继承生母的遗产，也能继承生父的遗产，无论其生父是否认领该非婚生子女。

（3）养子女。收养关系成立后，养子女与亲生子女的法律地位相同，有权继承养父母的遗产。《最高人民法院关于适用〈中华人民共和国民法典〉继承编的解释(一)》第10条规定："被收养人对养父母尽了赡养义务，同时又对生父母扶养较多的，除可以依照民法典第一千一百二十七条的规定继承养父母的遗产外，还可以依照民法典第一千一百三十一条的规定分得生父母适当的遗产。"

案例中，赵小平过继给他人，依照法律规定，养子女不能继承生父母的遗产。因此法院判决赵小平不享有遗产继承权，遗产由其三个兄姐平均分配。

（4）有扶养关系的继子女。有扶养关系的继子女不仅可以继承继父母的遗产，而且还可以继承生父母的遗产。

3. 父母

父母是最亲近的直系长辈亲属。继承编所称父母，包括生父母、养父母和有扶养关系的继父母。

（1）生父母。生父母对亲生子女享有遗产继承权，不论子女为婚生子女还是非婚生子女，也不论子女是已婚还是未婚。但亲生子女被他人收养的，父母不能继承其遗产。

（2）养父母。养父母与养子女间存在法律拟制血亲关系，具有与亲生父母子女相同的权利义务，因此养父母有继承养子女遗产的权利。

（3）有扶养关系的继父母。有扶养关系的继父母不仅能继承其亲生子女的遗产，也能继承其继子女的遗产。

4. 兄弟姐妹

兄弟姐妹是亲近的旁系血亲。继承编所称兄弟姐妹，包括同父母的兄弟姐妹、同父异母或者同母异父的兄弟姐妹、养兄弟姐妹、有扶养关系的继兄弟姐妹。

（1）同父母的兄弟姐妹。又称全血缘的兄弟姐妹，相互间有继承遗产的权利。

（2）同父异母或者同母异父的兄弟姐妹。又称半血缘的兄弟姐妹，与全血缘的兄弟姐妹一样，相互间有继承遗产的权利。

（3）养兄弟姐妹。养子女与生子女之间、养子女与养子女之间，系养兄弟姐妹,可互为第二顺序继承人。被收养人与其亲兄弟姐妹之间的权利义务关系,因收养关系的成立而消除,不能互为第二顺序继承人。

(4) 有扶养关系的继兄弟姐妹。继兄弟姐妹之间的继承权,因继兄弟姐妹之间的扶养关系而发生。没有扶养关系的,不能互为第二顺序继承人。继兄弟姐妹之间相互继承了遗产的,不影响其继承亲兄弟姐妹的遗产。

5. 祖父母、外祖父母

祖父母、外祖父母是除父母外最亲近的长辈亲属。祖父母、外祖父母有继承孙子女、外孙子女遗产的权利。祖父母、外祖父母包括亲(外)祖父母、养(外)祖父母和有抚养关系的(外)祖父母。

6. 对公婆、岳父母尽了主要赡养义务的丧偶儿媳、女婿

《民法典》第1129条规定,丧偶儿媳对公婆,丧偶女婿对岳父母,尽了主要赡养义务的,作为第一顺序继承人。只要儿媳、女婿存在丧偶的情况,且对公婆、岳父母尽了主要赡养义务,就可以作为第一顺序继承人参与继承。

(二) 法定继承的顺序

《民法典》依据继承人与被继承人的婚姻关系、血缘关系、抚养关系以及权利义务多少等,将法定继承的顺序分为两个顺序。

第一顺序继承人为:配偶、子女、父母;对公婆、岳父母尽了主要赡养义务的丧偶儿媳、女婿。

第二顺序继承人为:兄弟姐妹、祖父母、外祖父母。

继承开始后,由第一顺序继承人继承,第二顺序继承人不继承;没有第一顺序继承人或第一顺序继承人放弃继承的,由第二顺序继承人继承。

三、代位继承和转继承

【案例】 中年丧子的张公平,独自抚养孙子小平上学。张公平还有两个女儿,均已结婚,生活稳定。2023年张公平因病去世,留下房产一套。小平要求继承房产,两个姑姑说小平无权继承爷爷的遗产。小平诉至法院。

【问题】 该案如何处理?

代位继承是法定继承中的一项重要制度,是法定继承制度的必要补充。相对于代位继承而言,转继承属于本位继承。

（一）代位继承

依据《民法典》第1128条的规定，代位继承，是指被继承人的子女或者兄弟姐妹先于被继承人死亡时，由被继承人的继承人的晚辈直系血亲或者子女代替先亡的被继承人的子女继承被继承人遗产的法定继承制度。①

在代位继承中，被继承人的子女或者兄弟姐妹是被代位继承人，被继承人子女或者兄弟姐妹的晚辈直系血亲是代位继承人。代位继承人一般只能继承被代位继承人有权继承的遗产份额。

代位继承必须具备以下条件：

1. 被代位继承人必须先于被继承人死亡

被代位继承人先于被继承人死亡，这是代位继承发生的前提条件和基础。如果被继承人的子女或者兄弟姐妹在被继承人之后死亡，这时继承已经开始，继承人可以自行继承，不会发生代位继承。

2. 被代位继承人必须是被继承人的子女或兄弟姐妹

代位继承只能发生于被继承人的子女或兄弟姐妹先于被继承人死亡的情形下。因此，只有被继承人的子女或兄弟姐妹才能成为被代位继承人，其他继承人都不能成为被代位继承人。如被继承人的配偶先于被继承人死亡的，不发生代位继承。

子女包括亲生子女、养子女和有扶养关系的继子女。丧偶儿媳、女婿对公婆、岳父母尽了主要赡养义务的，也比照适用。兄弟姐妹包括同父母的兄弟姐妹、同父异母或者同母异父的兄弟姐妹、养兄弟姐妹、有扶养关系的继兄弟姐妹。

3. 代位继承人必须是被继承人的子女的晚辈直系血亲或兄弟姐妹的子女

只有被代位继承人的晚辈直系血亲或兄弟姐妹的子女才有代位继承权。配偶、儿媳等无代位继承权。被继承人的养子女、已形成扶养关系的继子女的生子女可以代位继承；被继承人亲生子女的养子女可以代位继承；被继承人养子女的养子女可以代位继承；与被继承人已形成扶养关系的继子女的养子女也可以代位继承。被继承人的孙子女、外孙子女、曾孙子女、外曾孙子女都可以代位继承，代位继承人不受辈数的限制。

案例中，涉及代位继承的问题。小平的父亲先于其爷爷死亡，小平作为其父亲的晚辈直系血亲，有权代位继承其父亲应继承的遗产，但以其父有权继承的遗

---

① 参见王利明、杨立新等：《民法学》，法律出版社2020年版，第1007页。

产份额为限。

（二）转继承

转继承，是指继承人在继承开始后、遗产分割前死亡，其所应继承的遗产份额转由其继承人承受的法律制度。[①]在转继承法律关系中，在继承开始后，遗产分割前死亡的继承人称为被转继承人，接受被转继承人所继承的遗产份额的人称为转继承人。

转继承无论是在法定继承中还是在遗嘱继承中发生，都必须具备以下要件：

1. 时间要件

即继承人须在继承开始之后、遗产分割之前死亡。如果继承人在继承开始前死亡，就可能发生代位继承。如果继承人在遗产分割后死亡，该继承人则以被继承人的身份直接继承。

2. 客观要件

即继承人未丧失或放弃继承权。如果继承人丧失或放弃继承权，其应继承的份额由其他继承人继承，则不存在转继承的问题。

3. 结果要件

即转继承人一般只能继承其被转继承人应得的遗产份额。转继承人的应得份额，要根据法定继承与遗嘱继承的具体情形进行判定。

四、法定继承人之间的遗产分配

【案例】 2012 年离异后的张公平与梁一思结婚。婚后两人购买了价值 200 万元的房产一套。2014 年张公平因身患癌症多次入院治疗，均由梁一思负责陪伴和照顾。2023 年张公平因病去世，生前未立遗嘱。张公平与前妻所生的儿子小平与继母未能就遗产分割问题达成协议，小平诉至法院提出分割父亲房产请求。

【问题】 该案如何处理？

《民法典》和《最高人民法院关于适用〈中华人民共和国民法典〉继承编的解

---

① 参见房绍坤、范李瑛、张洪波编著：《婚姻家庭与继承法》，中国人民大学出版社 2000 年版，第 195 页。

释(一)》对继承遗产的分配原则作了明确的规定,体现了原则性和灵活性的相结合,有利于发挥中华民族的优良传统。

(一) 法定应继份

法定应继份是指同一顺序的继承人在共同继承遗产上的权利与义务的比例。[1]根据法律规定,确定法定应继份应遵循以下原则:

1. 同一顺序继承人应继份额均等

继承遗产的份额,一般应当均等,这是对同一顺序继承人继承权的平等保护。同一顺序继承人,不论其性别、年龄、婚姻状况,只要其生活状况、劳动能力以及对被继承人所尽的抚养或赡养义务等大体相同,应当按照被继承人的人数平均分配遗产。

2. 特殊条件下同一顺序继承人应继份额可以不均等

由于同一顺序继承人各自的生活状况不同,对被继承人所尽的抚养或赡养义务不同,因此继承遗产时也应区别对待。

(1) 对生活有特殊困难又缺乏劳动能力的继承人,分配遗产时,应当予以照顾。应当予以照顾的继承人,必须要同时具备"生活有特殊困难"和"缺乏劳动能力"两个条件。

(2) 对被继承人尽了主要扶养义务或者与被继承人共同生活的继承人,分配遗产时,可以多分。这是鼓励型的不均等,旨在弘扬中华民族尊老爱幼的传统美德。

(3) 有扶养能力和有扶养条件的继承人,不尽扶养义务的,分配遗产时,应当不分或者少分。这是惩罚型的不均等。但是继承人有扶养能力和扶养条件,愿意尽扶养义务,但被继承人因有固定收入和劳动能力,明确表示不要求其扶养的,分配遗产时,一般不应因此而影响其继承份额。

(4) 有扶养能力和扶养条件的继承人虽然与被继承人共同生活,但对需要扶养的被继承人不尽扶养义务,分配遗产时,可以少分或者不分。

(5) 代位继承人缺乏劳动能力又没有生活来源,或者对被继承人尽过主要赡养义务的,分配遗产时,可以多分。

(6) 继承人协商同意的,也可以不均等。

案例中,案涉房产是张公平与梁一思婚后共同购买,双方各占二分之一产权。张公平因身患癌症多次入院治疗,均由梁一思陪伴和照顾,尽到了主要扶养

---

[1]　参见周晖、苑莹焱:《婚姻家庭与继承法》,清华大学出版社 2018 年版,第 214 页。

义务并长期共同生活,梁一思适当多分遗产是理所应当。因此梁一思应酌情分得高于小平比例的遗产。

（二）非继承人酌情分得遗产

酌情分得遗产,是指在法定继承中,除法定继承人外,具备法定条件的非继承人也有权取得一定的遗产。依据《民法典》第 1131 条的规定,对继承人以外的依靠被继承人扶养的人,或者继承人以外的对被继承人扶养较多的人,可以分给适当的遗产。

第三节　通过遗嘱或协议的形式处分自己的财产
——遗嘱继承、遗赠和遗赠扶养协议

一、遗嘱继承的概念与特征

【案例】　张公平与梁一思是再婚夫妻。张公平临终前自立一份遗嘱,主要内容为其名下的房产由梁一思继承。遗嘱中没有涉及其与前妻所生的张小平的继承份额。张公平死后,张小平与继母未能就财产分割达成一致意见。梁一思诉至法院,要求把房产判归自己。

【问题】　该案如何处理?

遗嘱继承与法定继承是两种不同的继承方式。遗嘱继承更好地保护自然人的财产所有权,体现被继承人的意志,促进家庭与社会的和谐。随着市场经济的发展,遗嘱继承逐渐成为我国主要的财产继承方式。

（一）遗嘱继承的概念

遗嘱继承是法定继承的对称,是指在被继承人死亡后,继承人按照被继承人生前所立的合法有效的遗嘱,继承被继承人遗产的继承方式。[①]

在遗嘱继承中,生前立有遗嘱的被继承人称为遗嘱人,依照遗嘱的指定享有遗产继承权的人称为遗嘱继承人。《民法典》第 1133 条规定,自然人可以依照本法规定立遗嘱处分个人财产,并可以指定遗嘱执行人。因此,遗嘱继承又称为指定继承。

---

① 参见陈甦、谢鸿飞:《民法典评注继承编》,中国法制出版社 2020 年版,第 100 页。

（二）遗嘱继承的特征

相对于法定继承，遗嘱继承有如下特征：

1. 遗嘱继承以合法有效的遗嘱为前提

遗嘱继承从被继承人死亡时开始，但仅有被继承人死亡的这一法律事实，不能引起遗嘱继承的发生，还必须有被继承人生前所立的合法有效的遗嘱。

2. 遗嘱继承直接体现着被继承人的意志

遗嘱继承是按照遗嘱进行的继承。在遗嘱继承中，遗嘱继承人的范围、继承的份额等都是被继承人在遗嘱中指定的。因此遗嘱继承是直接按照被继承人的意愿进行的继承。

3. 遗嘱继承的效力优于法定继承

继承开始后，有遗嘱的，按照遗嘱进行继承；没有遗嘱的，按照法定继承进行继承。可见遗嘱继承在效力上排斥或优先于法定继承。

案例中，法院查明遗嘱是合法有效的。张公平死亡后，应该按照其生前所立的合法有效的遗嘱进行继承，因此法院判决房产归梁一思所有。

二、遗嘱

【案例】　张公平曾立下书面遗嘱，将其全部遗产给长子张大平继承。但临终前，张公平看到张大平似乎在暗自窃笑，巴不得自己赶快死，便立下口头遗嘱，宣布把自己的全部遗产给次子张小平继承。当时在场人员有护士张某、张大平和张小平。

【问题】　两份遗嘱以哪一份为准？为什么？

随着公民个人财富的增加，遗嘱的意义及价值日益凸显。《民法典》对遗嘱的形式、法律效力以及撤回、变更等作了明确的规定。

（一）遗嘱的概念与特征

遗嘱，是指自然人生前按照法律的规定处分自己的财产及安排与此有关的事务并于死亡后发生效力的单方的民事行为。[①]遗嘱具有以下特征：

---

①　参见最高人民法院民法典贯彻实施工作领导小组主编：《中华人民共和国民法典婚姻家庭编继承编理解与适用》，人民法院出版社 2020 年版，第 556 页。

（1）遗嘱是一种单方的民事行为。遗嘱只须遗嘱人一方的意思表示即可成立，无须相对方的意思表示。

（2）遗嘱是遗嘱人独立的民事法律行为。遗嘱涉及遗嘱人死后财产的处分，只能由遗嘱人独立地对遗嘱内容作出意思表示。因此遗嘱必须由遗嘱人亲自设立，不能由他人代理。

（3）遗嘱是一种要式民事行为。法律对遗嘱的形式有明确规定，遗嘱人只能按照法律规定的形式设立遗嘱，否则不能发生法律效力。

（4）遗嘱是死因民事行为。遗嘱虽然是遗嘱人生前所立，但在遗嘱人死亡后才能发生法律效力。因此遗嘱人在生前可以订立、撤回、变更遗嘱。

（二）遗嘱的形式

1. 自书遗嘱

自书遗嘱指遗嘱人亲笔书写的遗嘱。《民法典》第1134条规定："自书遗嘱由遗嘱人亲笔书写，签名，注明年、月、日。"据此规定，自书遗嘱应符合以下几个条件：(1)遗嘱人亲笔书写遗嘱的全部内容，不能由他人代写。(2)必须有遗嘱人的签名，签名不能以盖章或指印代替。(3)遗嘱人必须注明年、月、日。订立遗嘱的时间影响遗嘱的效力，年、月、日三个要素缺一不可。

《最高人民法院关于适用〈中华人民共和国民法典〉继承编的解释（一）》第27条规定，自然人在遗书中涉及死后个人财产处分的内容，确为死者的真实意思表示，有本人签名并注明了年、月、日，又无相反证据的，可以按自书遗嘱对待。

2. 代书遗嘱

代书遗嘱是指遗嘱人口述遗嘱内容，由他人代为书写的遗嘱。《民法典》第1135条规定："代书遗嘱应当有两个以上见证人在场见证，由其中一人代书，并由遗嘱人、代书人和其他见证人签名，注明年、月、日。"据此规定，代书遗嘱应符合以下几个条件：(1)由遗嘱人口述遗嘱内容，由其中一个见证人代为书写。代书人不是遗嘱的代理人，不能就遗嘱内容提出任何意见。(2)有两个以上见证人在场，见证人中的一人可为代书人。(3)遗嘱人、代书人和其他见证人必须在代书遗嘱上签名并注明年、月、日。

对于见证人的资格，《民法典》有明确规定，下列人员不能作为遗嘱见证人：(1)无民事行为能力人、限制民事行为能力人以及其他不具有见证能力的人；(2)继承人、受遗赠人；(3)与继承人、受遗赠人有利害关系的人。继承人的债权人、债务人，共同经营的合伙人，也应当视为与继承人有利害关系，不能作为遗嘱的见证人。

3. 打印遗嘱

打印遗嘱,是指遗嘱的内容由打印机打印而成的遗嘱。①《民法典》第1136条规定:"打印遗嘱应当有两个以上见证人在场见证。遗嘱人和见证人应当在遗嘱每一页签名,注明年、月、日。"据此规定,打印遗嘱应符合以下几个条件:(1)遗嘱为电脑制作、打印机打印出来的文本形式。②(2)打印遗嘱应当有两个以上见证人在场见证。(3)遗嘱人和见证人在遗嘱的每一页都要签名。(4)注明年、月、日。

4. 录音录像遗嘱

录音录像遗嘱是指通过录音或录像的方式录制的遗嘱人的口述遗嘱。《民法典》第1137条规定:"以录音录像形式立的遗嘱,应当有两个以上见证人在场见证。遗嘱人和见证人应当在录音录像中记录其姓名或者肖像,以及年、月、日。"录音录像遗嘱应当符合以下条件:(1)遗嘱人亲自叙述遗嘱内容。(2)有两个以上的见证人在场见证。遗嘱人和见证人应当在录音录像中记录其姓名或者肖像的内容。(3)遗嘱人和见证人应当在录音录像的过程中用口述或者其他方式表明遗嘱设立的年、月、日。(4)遗嘱人和见证人在录音录像遗嘱封面上签名并注明日期。

5. 口头遗嘱

口头遗嘱是指遗嘱人以口头方式设立的遗嘱。《民法典》第1138条规定:"遗嘱人在危急情况下,可以立口头遗嘱。口头遗嘱应当有两个以上见证人在场见证。危急情况消除后,遗嘱人能够以书面或者录音录像形式立遗嘱的,所立的口头遗嘱无效。"口头遗嘱应当符合以下条件:(1)遗嘱人只有在危急情况下才能订立口头遗嘱。危急情况包括生命垂危、突发自然灾害、突发意外事故、战争等情况。(2)有两个以上见证人在场见证。(3)口头遗嘱有一定的有效期。当遗嘱人能够以书面或者录音录像形式立遗嘱的,所立的口头遗嘱无效。

6. 公证遗嘱

公证遗嘱是指经过公证机构公证的遗嘱。《民法典》第1139条规定:"公证遗嘱由遗嘱人经公证机构办理。"公证遗嘱应当符合以下条件:(1)必须由遗嘱人本人亲自办理,不得委托他人办理。(2)遗嘱人在公证人员面前亲自书写或口述遗嘱内容。遗嘱人亲笔书写遗嘱的,要在遗嘱上签名或盖章,并注明年、月、日;

---

① 参见陈甦、谢鸿飞:《民法典评注继承编》,中国法制出版社2020年版,第137页。
② 参见杨立新主编:《〈中华人民共和国民法典〉条文精释与实案全析》(下),中国人民大学出版社2020年版,第215页。

遗嘱人口述遗嘱的,由公证人员作出记录,公证人员须向遗嘱人宣读,经确认无误后,公证人员和遗嘱人签名盖章,并注明设立遗嘱的地点和年、月、日。(3)公证机构对遗嘱内容进行审查后,依法作出公证。

案例中,只有书面遗嘱是有效的。因为张公平临终前所立的口头遗嘱若要有效,必须有两个以上见证人在场见证。但张大平、张小平都不能成为遗嘱见证人,只有护士张某可以成为遗嘱见证人,不符合有两个以上见证人在场见证这一法律规定,所以这份口头遗嘱是无效的。

(三) 遗嘱的法律效力

根据遗嘱订立后的具体情形,遗嘱的效力可以分为遗嘱的有效、无效以及遗嘱撤回与变更。

1. 遗嘱的有效

遗嘱有效必须具备下列条件:

(1) 遗嘱人有遗嘱能力。遗嘱能力,是指自然人依法享有的通过遗嘱的方式处分自己合法财产的资格。①遗嘱能力以遗嘱人立遗嘱时的状态为准。

(2) 遗嘱是遗嘱人真实意思的表示。意思表示真实,不仅是指遗嘱是遗嘱人内心真实的意思表示,而且是指遗嘱人意志表示自由。

(3) 遗嘱的内容要合法。遗嘱的内容不能违反法律、行政法规的强制性规定,且不能违背公序良俗。

(4) 遗嘱的形式要符合法律规定的要求。遗嘱为要式法律行为,遗嘱必须采用法律规定的形式要件设立遗嘱。

2. 遗嘱的无效

依照《民法典》第1134条的规定,遗嘱无效通常有以下几种情况:

(1) 无民事行为能力人或者限制民事行为能力人所立的遗嘱无效。无民事行为能力人或者限制民事行为能力人属于无遗嘱能力的人,不具有设立遗嘱的资格。遗嘱人立遗嘱时必须具有完全民事行为能力。无民事行为能力人或者限制民事行为能力人所立的遗嘱,即使其本人后来具有完全民事行为能力,仍属无效遗嘱。遗嘱人立遗嘱时具有完全民事行为能力,后来成为无民事行为能力人或者限制民事行为能力人的,不影响遗嘱的效力。

(2) 受欺诈、胁迫所立的遗嘱无效。因受欺诈、胁迫设立的遗嘱均不是遗嘱

---

① 参见最高人民法院民法典贯彻实施工作领导小组主编:《中华人民共和国民法典婚姻家庭编继承编理解与适用》,人民法院出版社2020年版,第605页。

人真实的意思表示,是对遗嘱人意思表示自由的干涉。按照《民法典》第 148 条、第 150 条的规定,以欺诈或以胁迫手段,使对方在违背真实意思的情况下实施的民事法律行为,受欺诈方或受胁迫方有权请求人民法院或者仲裁机构予以撤销。

(3)伪造的遗嘱无效。伪造的遗嘱不是遗嘱人的意思表示,不论其内容如何,也不论是否损害了继承人的利益,只要是伪造的遗嘱,均为无效。

(4)被篡改的遗嘱内容无效。篡改是对遗嘱部分内容的更改,被篡改的部分不是遗嘱人的意思表示,因此被篡改的遗嘱的部分内容无效。但是未被篡改的部分内容仍为有效。

(5)遗嘱没有保留必留份额的,对应当保留的必要份额的处分无效。《民法典》第 1141 条规定:"遗嘱应当为缺乏劳动能力又没有生活来源的继承人保留必要的遗产份额。"遗嘱中没有为缺乏劳动能力又没有生活来源的继承人保留必要的遗产份额时,并非遗嘱全部无效,而是涉及处分必要份额遗产的遗嘱内容无效。因此,遗嘱人未保留缺乏劳动能力又没有生活来源的继承人的遗产份额,遗产处理时,应当为该继承人留下必要的遗产,所剩余的部分才可参照遗嘱确定的分配原则处理。

3. 遗嘱的撤回、变更及效力冲突

《民法典》第 1142 条规定:"遗嘱人可以撤回、变更自己所立的遗嘱。"遗嘱的撤回是指遗嘱人在设立遗嘱后,又取消原来所立的遗嘱。遗嘱的变更是指遗嘱人在设立遗嘱后对遗嘱部分内容进行修改。

遗嘱撤回、变更的方式有明示方式和推定方式。明示方式是遗嘱人以明确的意思表示撤回、变更遗嘱。如遗嘱人另立新的遗嘱。推定方式是指遗嘱人虽未以明确的方式表示撤回、变更遗嘱,但从其行为推定遗嘱人撤回、变更了遗嘱。如立遗嘱后,遗嘱人实施与遗嘱内容相反的民事法律行为的,视为对遗嘱相关内容的撤回;或者遗嘱人立有数份内容相抵触的遗嘱,推定为撤回、变更遗嘱。立有数份遗嘱,内容相抵触的,以最后的遗嘱为准。

三、遗赠

【案例】　张公平和董敏法是多年的挚友,两人都酷爱集邮。2023 年 3 月张公平患重病时,在单位数位同事的见证下,立下代书遗嘱,将自己积攒多年的邮票全部赠送给董敏法。4 月,张公平去世,在分割遗产时,董敏法提出要继承好友的邮票。但张公平的儿子称外人无权继承父亲的遗产。董敏法诉至法院。

【问题】 该案如何处理？

遗赠是指自然人以遗嘱的方式将个人财产赠与国家、集体或者法定继承人以外的组织、个人。在遗赠中,立遗嘱的人为遗赠人,接受遗产的人为受遗赠人,遗嘱中指定赠与的财产为遗赠财产。《民法典》第 1133 条规定:"自然人可以立遗嘱将个人财产赠与国家、集体或者法定继承人以外的组织、个人。"遗赠具有以下法律特征:

第一,遗赠为单方民事法律行为。遗赠只需要遗赠人一方的意思表示就可以成立,无须征得受遗赠人的同意。

第二,遗赠是对特定范围内的人赠与财产的行为。受遗赠人必须是法定继承人以外的组织、个人或者国家、集体,而不是法定继承人范围之内的人。

第三,遗赠为死因行为。遗赠虽然是遗赠人生前所作出的意思表示,但只有在遗赠人死亡后才发生法律效力。

第四,遗赠必须是受遗赠人亲自接受的行为。受遗赠的主体具有特定性,只能受遗赠人自己亲自享有,不得转让。

第五,遗赠是一种无偿的民事法律行为。遗赠人给予受遗赠人的财产只能是积极财产,不能是消极财产。但遗赠附有义务的,受遗赠人应当履行义务。没有正当理由不履行义务的,经利害关系人或者有关组织请求,人民法院可以取消其接受附义务部分遗产的权利。

案例中,张公平所立遗赠符合遗嘱成立的条件,是有效遗嘱。因此,法院判决董敏法继承张公平的全部邮票。

四、遗赠扶养协议

【案例】 梁一思为张公平的住家保姆,为了让梁一思安心照顾自己,2012 年双方签订了一份遗赠扶养协议,声明如果梁一思能照顾张公平终身,那么张公平过世后房产归梁一思继承。梁一思也一直尽心照顾张公平。2023 年张公平办理了公证遗嘱,将房产留给儿子。张公平去世一个月后,他的儿子诉至法院,要求梁一思归还父亲的房产。

【问题】 该案如何处理？

遗赠扶养协议,是指遗赠人和扶养人为明确相互间遗赠和扶养的权利义务关系所订立的协议。①《民法典》第 1158 条规定:"自然人可以与继承人以外的组织或者个人签订遗赠扶养协议。按照协议,该组织或者个人承担该自然人生养死葬的义务,享有受遗赠的权利。"作为一项独立的继承制度,遗赠扶养协议具有如下法律特征:

第一,遗赠扶养协议是双方法律行为。只有在遗赠人和扶养人双方意思表示一致时,遗赠扶养协议才能成立。

第二,遗赠扶养协议是诺成法律行为。遗赠扶养协议具有合同的诺成性,遗赠人和扶养人双方意思表示一致时,遗赠扶养协议不仅成立,而且开始生效。

第三,遗赠扶养协议是双务有偿法律行为。在遗赠扶养协议中,扶养人享有继承受扶养人遗赠的权利,同时要承担受扶养人生养死葬的义务。遗赠人享有接受扶养人扶养的权利,同时承担将遗产赠给扶养人的义务。

第四,遗赠扶养协议的主体具有特殊性。遗赠人为自然人,扶养人可以为自然人,也可以是集体所有制组织,但法定继承人不得作为扶养人。

第五,遗赠扶养协议具有效力优先性。在继承方式中,遗赠扶养协议具有最优先的效力。

案例中,有遗赠扶养协议,有公证遗嘱,但是如果有遗赠扶养协议的,不论其设立的先后顺序,都以遗赠扶养协议为准。梁一思与张公平签订了遗赠扶养协议,且也履行了协议规定的义务,所以房产归梁一思所有。

第四节　继承开始,遗产的分割——遗产的处理

一、继承开始

【案例】　张公平和父亲带着 10 岁的儿子进山打猎,遭遇雪崩,三人全部遇难。闻听此讯,张公平的妻子当即悲痛而亡。张公平的母亲和岳父料理完丧事后,为争得张公平父亲的遗产和张公平与妻子共有的财产发生了争执。

【问题】　该案死亡顺序应如何确定?

---

①　参见王利明、杨立新等:《民法学》,法律出版社 2020 年版,第 1016 页。

任何民事法律关系的产生都需要以一定的法律事实为根据,继承法律关系也不例外。《民法典》第1121条规定:"继承从被继承人死亡时开始。"即被继承人死亡是继承法律关系产生的法律事实。

(一) 继承开始时间的概念和意义

继承开始,是指继承法律关系的发生。继承开始的时间,是指引起继承法律关系产生的法律事实发生的时间。[①]继承开始的时间在继承法律关系中具有重要的意义,主要体现在以下几个方面:

1. 确定继承人的范围

(1)只有在继承开始时生存的法定继承人或者遗嘱继承人,才能成为继承人。被继承人的子女在继承开始前死亡的,其应继份额由其晚辈直系血亲代位继承。被继承人的兄弟姐妹先于被继承人死亡的,由被继承人的兄弟姐妹的子女代位继承。(2)继承开始时,已经与被继承人解除婚姻关系或扶养关系的人,不能成为继承人。丧失继承权的继承人,也不能成为继承人。

2. 确定遗产的范围

在被继承人死亡前,其享有的各种财产在不断变动之中。因此,遗产范围的确定只能以继承开始时为准。只有在继承开始时,尚存的属于被继承人的财产,才能确定为遗产。

3. 确定遗产所有权转移的时间

被继承人一旦死亡,自然不能对其所遗留的财产享有所有权。因此继承一经开始,遗产的所有权就转归于继承人。

4. 确定继承人的应继份额

我国《民法典》规定,同一顺序法定继承人的应继份额一般均等,但在特殊情况下也可以不均等。根据继承人的具体情况,可以多分或少分。而判断继承人劳动能力和生活来源的有无,对被继承人所尽义务的多少等应当以遗产开始的状况为准。

5. 确定遗嘱的效力

继承开始,遗嘱即发生法律效力。遗嘱是否合法也取决于继承开始。如遗嘱是否为缺乏劳动能力又没有生活来源的继承人保留了必要的遗产份额,要按照遗嘱生效时该继承人的具体情况确定。

---

① 参见许莉:《婚姻家庭继承法学》,北京大学出版社2019年版,第275页。

6. 确定诉讼时效的起算点

根据《民法典》第188条的规定,继承权受到侵害,向法院提起诉讼的期限为三年,自继承人知道或者应当知道其权利受到损害之日起计算。但继承权受到损害之日起超过20年的,人民法院不予保护。可见继承开始是确定20年诉讼时效的起算点。

(二)继承开始时间的确定

根据《民法典》和《最高人民法院关于适用〈中华人民共和国民法典〉继承编的解释(一)》的规定,继承从被继承人生理死亡或者被宣告死亡时开始。宣告死亡的,根据《民法典》第48条规定确定的死亡日期,为继承开始的时间。

1. 自然死亡的时间认定

自然死亡,又称生理死亡,是指自然人生命的终结。在我国目前的司法实践中,以呼吸停止和心脏搏动停止为生理死亡的时间。①根据《民法典》第15条的规定,自然人的死亡时间,以死亡证明记载的时间为准;没有死亡证明的,以户籍登记或者其他有效身份登记记载的时间为准。有其他证据足以推翻以上记载时间的,以该证据证明的时间为准。

2. 宣告死亡的时间认定

根据《民法典》第48条的规定,被宣告死亡的人,人民法院宣告死亡的判决作出之日视为其死亡的日期;因意外事件下落不明宣告死亡的,意外事件发生之日视为其死亡的日期。

3. 互有继承权的继承人在同一事故中死亡的时间确定

相互有继承关系的数人在同一事件中死亡,难以确定死亡时间的,推定没有其他继承人的人先死亡。都有其他继承人,辈分不同的,推定长辈先死亡;辈分相同的,推定同时死亡,相互不发生继承。

案例中,涉及在意外事件情况下死亡时间的推定问题。在均有其他继承人的情形下,遵循长辈先死、晚辈后死之原则,因此本案例中张公平的父亲先死,张公平次之,张公平的儿子死亡顺序排在第三,张公平的妻子最后死亡。

(三)继承开始的通知

1. 继承通知的义务主体

继承开始后,应当将被继承人死亡的事实通知继承人或遗嘱执行人,以便继承人或遗嘱执行人能及时处理遗产问题。根据《民法典》第1150条的规定,负有

① 参见王利明、杨立新等:《民法学》,法律出版社2020年版,第1020页。

继承开始通知义务的人,一是知道被继承人死亡的继承人。即已经知道被继承人死亡的继承人应当及时通知其他继承人和遗嘱执行人。二是被继承人生前所在单位或者住所地的居民委员会、村民委员会。即继承人中无人知道被继承人死亡或者知道被继承人死亡而不能通知的,由被继承人生前所在单位或者住所地的居民委员会、村民委员会负责通知。

2. 不能通知及未完成通知义务的处理

继承开始通知的义务主体,确有客观原因无法通知到所有继承人的,人民法院在审理继承案件时,如果知道有继承人而无法通知的,分割遗产时,要保留其应继承的遗产,并确定该遗产的保管人或者保管单位。

继承开始通知的义务主体,非因客观原因没有通知继承人,造成其他继承人损失的,应当承担责任。

二、遗产管理和遗产分割

【案例】 张公平和梁一思系新婚夫妇,夫妻共同财产为 80 万元。2023 年张公平因病身亡。当时梁一思怀孕 3 个多月。张公平父母健在。

【问题】 张公平有多少遗产,如何分割?

在继承开始后到遗产最终分割完成时,为了确保遗产得到妥善保管、分割顺利以及为了维护继承人、受遗赠人和债权人的利益,对遗产进行管理是非常重要的。

（一）遗产管理

1. 遗产管理人的产生方式

遗产管理人是接受委托或者被依法指定负有遗产处理职责的人。[1]根据《民法典》第 1145 条的规定,遗产管理人的确定有以下几种情况:

(1) 遗嘱执行人担任遗产管理人。被继承人在生前立有的遗嘱中,明确指定遗嘱执行人的,那么继承开始后,该遗嘱执行人为遗产管理人。遗嘱执行人既可以指定一人,也可以指定数人;既可以指定自然人,也可以指定法人。

(2) 继承人共同推选的遗产管理人。遗嘱中没有指定遗嘱执行人的,或者

---

[1] 参见陈甦、谢鸿飞:《民法典评注继承编》,中国法制出版社 2020 年版,第 216 页。

遗嘱执行人无法履行管理人义务的,继承人应当及时推选遗产管理人。继承人为一人的,该继承人直接担任遗产管理人。继承人为多人的,所有的继承人都应当及时推选遗产管理人。

(3) 继承人共同担任遗产管理人。继承人拒绝通过推选方式产生遗产管理人,或对推选的遗产管理人无法达成一致意见,或没有及时推选遗产管理人时,由全体继承人共同担任遗产管理人。

(4) 民政部门、村民委员会。没有继承人或者继承人均放弃继承的,由被继承人生前住所地的民政部门或者村民委员会担任遗产管理人。

(5) 法院指定遗产管理人。当继承人对遗嘱管理人的选任有争议,或没有继承人、继承人下落不明的,或对指定的遗嘱管理人的效力有争议等特定情形的,利害关系人可以向人民法院申请指定遗产管理人。但是法院指定的遗产管理人,其范围不能超过《民法典》第1145条规定的范围。

2. 遗产管理人的职责

根据《民法典》第1147条的规定,遗产管理人应当履行下列职责:

(1) 清理遗产并制作遗产清单。清理遗产是为了确定遗产范围。在继承开始后,遗产管理人应当首先查清遗产的状况,在这基础上应当尽快制作遗产清单。遗产清单应当尽量详尽、具体、不遗漏、无差错。

(2) 向继承人报告遗产情况。遗产管理人有义务通知继承人,告知遗产的管理状况,既包括报告遗产的范围也包括报告遗产的现状等。

(3) 采取必要措施防止遗产毁损、灭失。遗产管理人应当履行管理职责,防止和排除对遗产的各种侵害,包括自然侵害和人为侵害。如变卖鲜活易腐物品等。

(4) 处理被继承人的债权债务。遗产管理人一方面需要将被继承人的债权纳入遗产范围,另一方面需要清偿被继承人的税款和债务,这是为了保护继承人和遗产债权人的合法利益。

(5) 按照遗嘱或者依照法律规定分割遗产。遗产管理人要公正有序地分割遗产。如果只有一个继承人,遗产管理人要及时将遗产移交给继承人。如果有两个以上的继承人的,遗产管理人要将分割后的遗产交给继承人或者受遗赠人。

(6) 实施与管理遗产有关的其他必要行为。如查明有无遗嘱、遗嘱是否真实等。

3. 遗产管理人的责任

为促使遗产管理人积极履行职责,保障遗产的安全和维护继承人的合法利益,《民法典》第1148条规定,遗产管理人应当依法履行职责,因故意或者重大过失造成继承人、受遗赠人、债权人损害的,应当承担民事责任。承担责任的形式有停止侵害、返还财产、恢复原状、损害赔偿责任等。

4. 遗产管理人的报酬

遗产管理人提供的遗产管理活动,可以是无偿的,也可以是有偿的。根据权利义务相一致的原则,遗产管理人有报酬请求权。《民法典》第1149条规定,遗产管理人可以依照法律规定或者按照约定获得报酬。

(二) 遗产分割

1. 区分被继承人的个人财产和共同财产,界定遗产

被继承人的遗产,不可避免地与夫妻共同财产、家庭共同财产等共同财产混合在一起,因此,被继承人死亡后继承开始,首先要确定遗产的范围,将被继承人的遗产从共同财产中分割出来。依据《民法典》第1153条的规定,这种共同财产的情形有以下两种:

(1) 夫妻共同财产。对于夫妻共有财产,除有约定的外,遗产分割时,应当先将共同所有的财产的一半分出为配偶所有,其余的为被继承人的遗产。

(2) 家庭共同财产。在家庭成员中,除夫妻之外,还存在子女、父母、祖父母和外祖父母以及兄弟姐妹等其他成员,不仅会形成夫妻共有财产,还会形成家庭共同财产。遗产在家庭共有财产之中的,遗产分割时,应当先分出他人的财产。

2. 遗产分割的原则

(1) 物尽其用原则。在遗产分割,应当有利于生产和生活需要,不损害遗产的效用,充分发挥遗产的实际效用,从而促进社会财富的增加。人民法院在分割遗产中的房屋、生产资料和特定职业所需要的财产时,应当依据有利于发挥其使用效益和继承人的实际需要,兼顾各继承人的利益进行处理。

(2) 保留胎儿继承份额原则。《民法典》第16条规定:"涉及遗产继承、接受赠与等胎儿利益保护的,胎儿视为具有民事权利能力。"因此,胎儿具备继承能力,遗产分割时,应当保留胎儿的继承份额。应当为胎儿保留的遗产份额没有保留的,应从继承人所继承的遗产中扣回。为胎儿保留的遗产份额,如胎儿出生后死亡的,由其继承人继承;如胎儿娩出时是死体的,由被继承人的继承人继承。

案例中,张公平夫妻共同财产为80万元,其中张公平的遗产为40万元。其遗产应当由其法定继承人包括梁一思、梁一思腹中的胎儿(保留继承份额)、张公平的父母四人共同继承,每人分得10万元。

3. 遗产分割的方法

遗产具体分割方法有以下几种：

（1）实物分割。当遗产为可分物时，按各继承人的应继份额进行实际分割。

（2）折价分割。当遗产为不可分物或不宜分割时，可以将遗产变卖，换取价金，按各继承人的应继份额对价金进行分割。

（3）补偿分割。当遗产为不可分物或不宜分割时，如果继承人中有人愿意取得该遗产，则由该继承人取得遗产的所有权。取得遗产所有权的继承人要分别补偿给其他继承人应继份额相应的价金。

（4）共有分割。当遗产不宜实物分割、折价分割或补偿分割时，可采用共有分割的方式，由各继承人共同遗产，各继承人对遗产形成共有关系。

三、遗产债务的清偿

【案例】　张公平有三子一女，2023 年去世，留下价值 60 万元的房产和 40 万元的现金。张公平生前立有遗嘱，现金由四个子女平分，未涉及房产的归属。四个子女将房产变卖，每人分得 15 万元。现债权人主张张公平曾向其借款 120 万元并有借据为证。

【问题】　张公平所欠债务如何清偿？

遗产是被继承人财产权利和财产义务的统一体。[1]继承人接受继承在享有被继承人的财产权利的同时，也要担任被继承人的财产义务。这体现了权利义务相一致的原则。

（一）遗产债务的范围

遗产债务指被继承人生前个人依法应当缴纳的税款和完全用于个人生活及生产需要所欠下的债务。[2]遗产债务的范围如下：(1)被继承人依照税法规定应当缴纳的税款。(2)被继承人因合同之债而欠下的债务。(3)被继承人因不当得利而承担的返还不当得利的债务。(4)被继承人因无因管理而补偿给管理人必要费用的债务。(5)被继承人因侵权行为而承担的损害赔偿的债务。

---

① 参见最高人民法院民法典贯彻实施工作领导小组主编：《中华人民共和国民法典婚姻家庭编继承编理解与适用》，人民法院出版社 2020 年版，第 691 页。

② 参见《民法学》编写组：《民法学》，高等教育出版社 2019 年版，第 408 页。

（二）遗产债务清偿的原则

1. 限额继承原则

限额继承原则是指继承人对被继承人的债务清偿只以遗产的实际价值为限,超过遗产实际价值的部分,继承人不负清偿责任。《民法典》第1161条规定:"继承人以所得遗产实际价值为限清偿被继承人依法应当缴纳的税款和债务。超过遗产实际价值部分,继承人自愿偿还的不在此限。继承人放弃继承的,对被继承人依法应当缴纳的税款和债务可以不负清偿责任。"

2. 保留必留份原则

依据《民法典》第1159条的规定,分割遗产时,应当为缺乏劳动能力又没有生活来源的继承人保留必要的遗产。即使遗产不足以清偿债务时,也要为其保留适当遗产。

3. 清偿债务优于执行遗赠原则

依据《民法典》第1162条的规定,执行遗赠不得妨碍清偿遗赠人依法应当缴纳的税款和债务。即清偿债务优于执行遗赠。

4. 连带责任原则

因继承人共同继承的遗产为共同共有,因此,共同继承人对债务应当承担连带责任。

（三）遗产债务清偿的顺序

（1）既有法定继承又有遗嘱继承、遗赠的,由法定继承人清偿被继承人依法应当缴纳的税款和债务。

（2）法定继承份额的价值不足以清偿所负债务的,再由遗嘱继承人和受遗赠人按比例以所得遗产清偿。

案例中,张公平所有的遗产价值为100万元,四个子女仅需要在继承的100万元的财产范围内清偿债务,即每人负责清偿25万元。对于剩余的20万元债务,可以不予清偿。

四、无人承受遗产的处理

【案例】 张公平系某村村民,既没有子女也没有其他亲属。2023年张公平去世后,留下三间砖瓦房。由于无人继承,邻居董敏法将其占有,并称自己是张公平的邻居,因此享有此房屋的所有权。

【问题】 董敏法的说法正确吗?

无人承受的遗产,是指继承开始后,没有继承人或受遗赠人承受的死者的财产。[①]正常情况下,自然人死亡后,一般都有继承人或受遗赠人。但在特殊情况下,会出现无人承受被继承人的遗产,这主要包括以下几种情形:(1)没有法定继承人、遗嘱继承人和受遗赠人;(2)法定继承人、遗嘱继承人放弃继承,受遗赠人放弃遗赠;(3)继承人丧失继承权,受遗赠人丧失受遗赠权。

对于无人承受的遗产,按照《民法典》第1160条的规定,无人继承又无人受遗赠的遗产,归国家所有,用于公益事业;死者生前是集体所有制组织成员的,归所在集体所有制组织所有。

案例中,张公平既没有法定继承人,也没有立遗嘱将财产赠与别人,因此遗产属于无人继承又无人受遗赠的遗产。由于张公平生前是村集体所有制组织成员,其遗产应当归其所在集体所有制组织所有。董敏法将其占有是没有法律根据的。

---

① 参见最高人民法院民法典贯彻实施工作领导小组主编:《中华人民共和国民法典婚姻家庭编继承编理解与适用》,人民法院出版社2020年版,第695页。

第七章 侵权责任与责任承担者——侵权责任编

第一节 行为人承担侵权责任的依据和判断标准
——归责原则和侵权责任构成要件

一、侵权行为和侵权责任

【案情】 张公平在其住宅楼下的停车场停车时将车辆误停在邻居梁一思的私人车位上。因梁一思态度不好，张公平拒绝挪车并表示自己没有签署停车位协议，故没有义务将车辆移开。梁一思诉至法院。

【问题】 该案如何处理？

1. 侵权行为

侵权行为是指行为人违反法定义务，由于过错侵害他人民事权益，依法应当承担侵权责任的行为；以及侵害他人民事权益，不论有无过错，依照法律规定应当承担侵权责任的行为。①侵权行为导致侵权人和受害人之间形成了债的法律关系。侵权行为具有如下法律特征：第一，侵权行为是一种事实行为。第二，侵权行为是一种侵害其他民事主体合法权益的行为。侵权行为侵害的对象既包括权利也包括利益。第三，侵权行为包括作为和不作为。第四，侵权行为客观上造成了损害性的后果。第五，一般侵权行为需要行为人存在过错。第六，侵权行为会产生侵权责任的不利法律后果。案例中，根据相关法律规定，停车位协议是双方约定的一种合同形式，具有法律效力。虽然张公平没有签署该协议，但他将车

---

① 参见魏振瀛：《民法》，北京大学出版社 2021 年版，第 780 页。

停放在他人的私人车位且没采取合理措施避免侵权行为的发生,导致梁一思无法使用自己的车位,张公平的行为存在一定的过错,构成侵权行为,应当承当侵权责任。

2. 侵权责任

侵权责任指民事主体因自我行为或由其监管的他人行为或由其管理的物件致使他人民事权益遭受侵害而应承担不利的民事法律后果。[1]侵权行为是责任承担的前提和依据。侵权责任是民事责任,但因侵权行为产生民事责任的同时,也可能产生行政责任或者刑事责任。侵权责任具有如下法律特征:

第一,侵权责任是因违反法定义务而应承担的法律后果。相对应的违约责任很大一部分则是对约定义务的违反导致的法律后果。

第二,侵权责任的根本特性是不利性的后果。财产的不利性,如因赔偿损失而减少已有财产;人身方面的不利性,如因消除影响、恢复名誉而导致社会的负面评价等。

第三,侵权责任以损害赔偿为核心,但又不限于损害赔偿。侵权责任的主要功能在于对受害人提供补救,使受害人遭受的全部损失得到恢复。在适用于侵权责任的方式中,有些是预防性质的,如停止侵害和消除危险;有些是填补损失性质的,如恢复原状、恢复名誉、赔礼道歉。

第四,侵权责任的方式具有法定性和任意性。与违约责任的约定性不同,侵权责任的方式以及具体内容,法律都有明确规定。由于侵权责任是一种民事责任,当事人可以在法定的基础上,对责任的内容、方式等加以协商和处分。

第五,侵权责任具有优先性。因同一行为应当承担侵权责任和行政责任、刑事责任,民事主体的财产不足以支付的,优先用于承担民事责任。

二、归责原则

【案例】　张公平、董敏法是大学好友,多年未见。某日两人相聚,酒过三巡,两人划拳助兴。由于动作幅度过大,张公平的手指不小心戳到了董敏法的左眼,致董敏法左眼失明。

【问题】　张公平应否对董敏法承担侵权责任?

---

[1]　参见宋纪连:《民法典人生导图》,上海人民出版社2022年版,第68页。

侵权行为归责原则,是指在行为人的行为致他人损害发生之后,据以确定责任由何方当事人承担的根据和标准。《民法典》规定了过错责任原则、过错推定原则、无过错责任原则和公平责任。

(一) 过错责任原则

1.过错责任原则的含义

过错责任原则,以过错作为价值判断标准,判断行为人对其造成的损害应否承担侵权责任的归责原则。①其特征如下:第一,过错责任原则的性质是主观归责原则。第二,以过错作为侵权责任的必备构成要件。第三,以过错为责任构成的最终要件。案例中,张公平的手指不小心戳到董敏法左眼的行为显然不具有主观上的故意,张公平、董敏法都是完全民事行为能力人,酒后划拳时应当预见且能够预见自己手指戳到对方眼睛后的可能后果,张公平当时由于疏忽大意而没有预见,因此张公平具有过失,应当对董敏法所受伤害承担侵权责任。

2.过错责任原则的适用

过错责任原则适用于一般侵权行为,其责任形态都是自己责任,行为人对自己的行为承担责任,不实行替代责任。适用过错责任原则,在举证责任上按照民事诉讼的基本规则进行,即原告举证。《民法典》侵权责任编第3章和第10章没有具体规定的侵权行为,都适用过错责任原则。

(二) 过错推定原则

1.过错推定原则的含义

过错推定原则,是指在法律有特别规定的场合,从损害事实的本身推定侵权人有过错,并据此确定造成他人损害的行为人赔偿责任的归责原则。②所谓过错推定,指被侵权人在诉讼中,能够举证证明损害事实、违法行为和因果关系三个要件的情况下,如果侵权人不能证明对于损害的发生自己没有过错,那么,就从损害事实的本身推定侵权人在致人损害的行为中有过错。

2.过错推定原则的适用

过错推定原则的适用范围是一部分特殊侵权行为。按照《民法典》的规定,下述情况适用过错推定原则:(1)无民事行为能力人在教育机构受到损害的责任;(2)医疗技术过失的推定责任;(3)非法占有高度危险物致害中所有人、管理人的责任;(4)动物园的动物致害责任;(5)物件脱落、坠落损害责任;(6)高空抛

---

① 参见杨立新:《侵权责任法》,法律出版社2021年版,第48页。
② 参见杨立新:《侵权责任法》,法律出版社2021年版,第51页。

物侵权中直接侵权人的责任;(7)自甘风险中活动组织者的过错推定责任;(8)共同危险行为责任;(9)建筑物、构筑物或者其他设施倒塌、塌陷损害责任。其他侵权责任不适用过错推定原则。

(三) 无过错责任原则

1. 无过错责任原则的含义

无过错责任是指不以行为人的过错为要件,只要其活动或者所管理的人、物损害了他人的民事权益,除非有法定的免责事由,否则行为人就要承担侵权责任。无过错责任具有以下几项特征:第一,不以侵权人的过错为责任成立要件。第二,对减责与免责事由有严格的限制。第三,存在最高赔偿限额的规定。第四,无过错责任归责的基础主要是危险。

2. 无过错责任原则的适用

无过错责任并不是绝对责任,在适用无过错责任原则时要注意以下问题:第一,行为人可以向法官主张法定的不承担责任或者减轻责任的事由。在通常情况下,无过错责任一般是加重责任,很难被免责,但是如果存在法律规定的免责事由,则可能依法减轻或免除责任。第二,法官对某一案件适用无过错责任,必须依据《民法典》或者其他法律的明确规定。例如《民法典》第 1236 条规定的从事高度危险作业造成他人损害的,就要承担无过错责任。

(四) 公平责任

1. 公平责任的含义

由于公平责任的适用情形极为狭窄,须严格限制,所以无法作为一项独立的归责原则。[1]所谓公平责任,是指在当事人对于损害的发生都无过错,但法律又未规定适用无过错责任的情况下,法院依据法律的规定,决定由加害人与受害人双方对该损害予以分担。

2. 公平责任的适用

《民法典》第 1186 条规定:"受害人和行为人对损害的发生都没有过错的,依照法律的规定由双方分担损失。"公平责任的适用条件包括如下几项:

第一,公平责任只有在双方当事人均没有过错的情况下才能适用,双方当事人都应举证证明自己没有过错。[2]

第二,适用公平责任必须是法律规定的情形。《民法典》第 1188 条第 1 款、

---

[1]　参见程啸:《侵权责任法》,法律出版社 2021 年版,第 112 页。

[2]　参见马俊驹、余延满:《民法原论》,法律出版社 2010 年版,第 999 页。

第 1190 条和第 1254 条,都是法律明文规定可以分担损失的规范。①

第三,司法实践中,可能会出现损害的发生是由有过错的第三人引起,但却不能找到有过错的第三人从而无法追究其侵权责任的情形。

三、侵权责任构成要件

【案例】 张公平、董敏法是大学好友,多年未见。某日两人相聚于某餐馆,酒过三巡,张公平出现不适的状况。当董敏法发现张公平静坐不动、情形危急时,找到张公平的妻子,告诉其张公平喝醉了。当张公平妻子赶到餐馆时,张公平已经失去知觉,张公平在送至医院的路上死亡。

【问题】 董敏法对张公平的死亡需要承担赔偿责任吗?

(一) 侵权责任构成要件的概念和类型

侵权责任构成,或者说侵权损害赔偿责任构成,是侵权法的核心问题,也是加害人与受害人博弈的“战场”。②行为人是否要承担侵权责任? 判断的标准是什么? 这是侵权责任构成要件要回答的重要问题。侵权责任构成要件是构成侵权人应当承担侵权责任必备的具体条件,是侵权责任有机构成的基本要素。因而,它是侵权人承担侵权责任的条件,是判断侵权人是否应负侵权责任的根据。③

侵权责任的类型不同,其责任构成要件也不同。侵权责任构成要件分为一般构成要件和特殊构成要件。所谓一般构成要件,是指在一般侵权行为中,适用过错责任原则时,认定责任的成立所应当满足的必要条件。所谓特殊构成要件,就是指在特殊的侵权形态中,适用于过错推定责任、无过错责任和公平责任案件中的责任构成要件。各类特殊侵权行为的构成要件多由法律加以特别规定。④

---

① 参见杨立新主编:《〈中华人民共和国民法典〉条文精释与实案全析》(下),中国人民大学出版社 2020 年版,第 291 页。
② 参见柳经纬、周宇:《侵权责任构成中违法性和过错的再认识》,载《甘肃社会科学》2021 年第 2 期。
③ 参见《中国大百科全书·法学》,中国大百科全书出版社 1984 年版,第 473 页。
④ 参见王利明:《侵权责任法研究》(上卷),中国人民大学出版社 2016 年版,第 305 页。

（二）侵权责任的一般构成要件

1. 加害行为

加害行为，也称为违法行为，是一般侵权行为的构成要件之一。加害行为是民事主体在人的意志支配下所实施的侵害他人民事权益的行为。[①]加害行为依其表现形态之不同，可分为"作为"与"不作为"。作为是指，行为人积极的举止动作，即有所为，外界对此能够加以识别，一般来说，侵权行为中的作为是不应该作而作。不作为是指不做某件事情，从外界表现来看，行为人乃处于消极的静止状态，什么也没干。被认定构成加害行为的不作为，必须是违反了某种作为的义务，应该作而不作。案例中，张公平作为完全民事行为能力人，对喝酒后的后果具备完全的认知能力，其突发身亡，本人应承担主要责任。但董敏法在认识到张公平身体出现异常的情况下，未采取有效救治措施，这是不作为的侵权行为，导致张公平失去最宝贵的抢救时间，因此董敏法应当承担相应的赔偿责任。

2. 损害

损害是所有侵权损害赔偿的必备要件，没有损害则没有赔偿。损害事实是指民事主体人身或财产权益所遭受的不利影响。损害按照不同的分类标准，划分为以下类型：

（1）财产上损害与非财产上损害。财产上损害，指具有财产价值，得以金钱计算的损害。非财产上损害，指精神、肉体痛苦等不具有财产价值、难以用金钱计算的损害。[②]

（2）直接损害与间接损害。直接损害，它是指对受害人的人身权益、财产权益本身直接造成的损害。间接损害指因权益受侵害间接致被害人的财产受到的损害。

（3）积极损害与消极损害。积极损害，是指因加害行为的发生导致受害人既存财产即现有利益的减少。消极损害，是指因加害行为的发生导致受害人应增加的财产未增加。

（4）出生前遭受的损害、出生后遭受的损害与死亡后的损害。以遭受损害的时间作为划分标准，可以将损害划分为出生前遭受的损害、出生后遭受的损害与死亡后的损害。这种划分，有利于法律对出生前的损害和死亡后的损害进行系统化考虑，决定提供相应的救济方案。[③]

---

① 参见宋纪连：《民法典人生导图》，上海人民出版社 2022 年版，第 68 页。
② 参见王泽鉴：《损害赔偿》，北京大学出版社 2017 年版，第 75 页。
③ 参见张新宝：《侵权责任构成要件研究》，法律出版社 2007 年版，第 137—139 页。

3. 因果关系

因果关系是指各种现象之间引起与被引起的关系。侵权行为法上的因果关系,包括责任成立的因果关系和责任范围的因果关系。责任成立的因果关系,指可归责的行为与权利受侵害之间具有因果关系。责任范围的因果关系指"权利受侵害"与"损害"之间的因果关系。

因果关系具有如下两个特点:第一,它具有严格的时间顺序性,即原因在前、结果在后,但确定因果关系是从已经发生的损害结果出发而查找损害发生的原因,因此具有逆反性的特点。第二,它具有客观性。一个现象作用于另一个现象,一个现象引起另一个现象的因果性,并不以人们的意志为转移。

4. 过错

过错是指侵权人的一种可归责的心理状况。对于自然人来说,过错体现为故意和过失的心理状态。无民事行为能力人因其不具备正常人的意思能力和判断能力,也就不存在过错。对于法人组织来说,过错并不是心理状态而是指法人团体意志的过错。

过错包括故意与过失。故意是指行为人预见到损害后果的发生并希望或放任该结果发生的心理状态。依据行为人是主动追求还是放任该后果的发生,可将故意分为直接故意与间接故意。①过失是指行为人对自己行为的结果应当预见或者能够预见而竟没有预见,亦称为疏忽的过失,或虽然预见了却轻信这种结果可以避免,亦称为轻信的过失。

四、免责事由

【案例】 张公平、董敏法均为足球爱好者。某日他们利用午休时间与其他数名同事在某学校操场自发进行足球运动。运动中,张公平不小心用手戳到董敏法的左眼,造成其视网膜脱离,鉴定为十级伤残。

【问题】 张公平是否承担对董敏法的人身损害赔偿?

免责事由,是指因其存在而使侵权责任不成立的法律事实。②免责事由主要

---

① 参见陈啸:《侵权责任法》,法律出版社 2021 年版,第 291—292 页。
② 参见陈啸:《侵权责任法》,法律出版社 2021 年版,第 325 页。

具有以下特点:第一,免责事由是免除责任的事由。第二,免责事由主要由法律规定。第三,免责事由一旦成立,就导致责任人的责任免除。

免责事由的适用,遵循特别法优先适用、一般法补充适用的规则。如果相应特殊侵权行为类型对于有关免责事由没有规定的,应当适用"一般规定"中的免责事由。我国《民法典》规定的免责事由包括:(1)一般免责事由:正当防卫、紧急避险、自愿实施紧急救助、自甘冒险、受害人同意、自助行为、行使权利、执行职务。(2)特别免责事由:不可抗力、受害人故意、第三人原因。案例中,董敏法作为足球爱好者,对于自身和其他参赛者的能力以及此项运动的危险和可能造成的损害,应当有所认知和预见,而其仍自愿参加比赛,将自身置于潜在危险之中,应认定为自甘冒险的行为,张公平对董敏法的损害的发生不具有故意或重大过失,故董敏法不得请求张公平承担侵权责任。

第二节　数人共同不法侵害他人权益造成损害的责任——共同侵权

一、共同侵权行为概述

【案例】　张公平与梁一思夫妻俩因房屋排水问题与邻居董敏法产生矛盾,夫妻俩共谋杀害董敏法,具体由张公平来实施,梁一思没有具体参与实施。

【问题】　张公平与梁一思是否构成共同侵权?

共同侵权行为分为广义的共同侵权行为和狭义的共同侵权行为。根据我国《民法典》的规定,通常认为共同侵权行为是指数人共同不法侵害他人权益造成损害的行为。[①]这是对共同侵权行为的广义理解。狭义的共同侵权行为,仅指共同加害行为。本书是从广义的角度讨论共同侵权行为。

共同侵权行为是一种特殊的侵权行为,与单独的侵权行为相比,具有以下构成要件:第一,主体的复数性。共同侵权行为的主体必须是二人或二人以上。主体可以是自然人、法人或者其他组织,也可以是自然人和法人或其他组织的集

---

① 参见黄薇主编:《中华人民共和国民法典侵权责任编释义》,法律出版社 2020 年版,第14 页。

合。案例中,梁一思虽然没有具体参与实施杀害董敏法,但她有意识地利用他人行为作为自己的行为,同样可以被看作是共同行为人,并不要求她必须亲自实施了侵权行为,因此张公平与梁一思的行为构成共同侵权。第二,过错的共同性。指数个侵权行为人对损害后果的出现具有共同故意或共同过失,或者虽无共同故意或共同过失通谋,而是分别实施数个行为,但数个行为直接结合导致了同一个不可分割的损害后果。①第三,结果的同一性。共同侵权行为的特点就在于数个侵权行为造成了同一的损害后果。②第四,责任的连带性。二人以上共同实施侵权行为,造成他人损害的,应当承担连带责任。

共同侵权行为的法律后果,是由共同行为人承担连带责任。权利人有权请求部分或者全部连带责任人承担责任。共同侵权连带责任的各行为人内部承担按份责任。共同侵权连带责任是法定责任。

二、共同加害行为和共同危险行为

【案例】 张公平因房屋排水问题与邻居董敏法产生矛盾。某日两人发生争吵而厮打在一起,张公平的好友李某赶紧帮忙殴打董敏法。梁一思路过并去劝架,在劝架过程中不知被谁打伤,花去医疗费万余元。梁一思遂起诉要求张公平、董敏法、李某连带赔偿其损失。庭审中李某辩称其也是去劝架的,没有理由要其承担责任。

【问题】 该案如何处理?

(一)共同加害行为

1. 共同加害行为的概念和构成要件

共同加害行为,是指两个或两个以上的行为人共同侵犯他人的合法权益从而造成损害,由加害人承担连带责任的侵权行为。③构成共同加害行为需要满足以下几个构成要件:第一,加害主体的复数性。行为主体必须二人或二人以上。并且对共同加害行为应当承担责任的主体必须是二人或二人以上。第二,共同实施加害行为。共同加害行为必须要求数个行为人在主观上具有"共同"的主观

---

① 参见张艳、马强:《试论无意思联络的数人侵权》,载《民商法论丛》2003 年第 1 期。

② 参见张新宝:《中国侵权行为法》,中国社会科学出版社 1995 年版,第 89 页。

③ 参见汪渊智:《侵权责任法学》,法律出版社 2008 年版,第 152 页。

意思,即各行为人主观上存在着共同过错。共同过错包含三层含义:一是共同故意实施的行为。二是共同过失实施的行为。三是共同故意与过失行为的结合。第三,共同加害行为与损害结果须具有关联性。各行为人的加害行为共同作用导致了损害结果的发生。第四,须有损害事实的存在。在共同加害行为中,必须造成了受害人的损害,且损害具有不可分割性。

2. 共同加害行为的法律后果

对于共同加害行为,其责任承担要区分外部责任和内部责任。

(1)外部责任。《民法典》第1168条明确规定共同加害人应当承担连带责任。至于如何具体适用连带责任,要依据《民法典》第178条关于连带责任的一般规定。受篇幅所限,此处不再赘述。

(2)内部责任。《民法典》第1168条并未规定共同加害行为的内部责任,因此对于共同加害行为的内部责任,同样适用《民法典》第178条关于连带责任的一般规定。该条第2款和第3款对连带责任的内部分担进行了明确的规定。

(二)共同危险行为

1. 共同危险行为的概念和构成要件

共同危险行为又称准共同侵权行为,是指数人的危险行为对他人的合法权益造成了某种危险,但对于实际造成的损害又无法查明是危险行为中的何人所为,法律为保护被侵权人的利益,将数个行为人视为侵权行为人。[1]

构成共同危险行为应当满足以下几个条件:第一,行为主体是复数。行为主体是二人或二人以上。危险行为的人数是确定的。第二,行为具有危险性。危险性指的是侵害他人合法民事权利(人身权和财产权)的可能性。这种危险性表现为"虽无意,有可能,无定向"。[2]第三,一人或者数人的行为造成他人损害。首先,须有损害结果的发生。其次,危险行为与损害事实之间存在因果关系。最后,虽然实施损害行为的是数人,但真正导致损害结果发生的只是其中的一人或几个人的行为,即损害结果不能是全部人的行为造成的。第四,无法确定具体侵权行为人。在共同危险行为中,不能确定谁是真正的加害人。

2. 共同危险行为的责任承担和免责事由

依据《民法典》第1170条的规定,共同危险行为人具体责任如下:对外,共同危险行为人须承担连带责任;对内,各危险行为人应平均责任数额。

---

① 参见最高人民法院民法典贯彻实施工作领导小组主编:《中华人民共和国民法典侵权责任编理解与适用》,人民法院出版社2020年版,第68页。

② 参见李显冬:《侵权责任法》,北京大学出版社2014年版,第109页。

关于共同危险行为的免责事由,《最高人民法院关于审理人身损害赔偿案件适用法律若干问题的解释》第 4 条规定:"共同危险行为人能够证明损害后果不是由其行为造成的,不承担赔偿责任。"据此规定,共同危险行为人只要能证明自己的行为与损害结果没有因果关系,就可免责。《民法典》第 1170 条规定:"二人以上实施危及他人人身、财产安全的行为,其中一人或者数人的行为造成他人损害,能够确定具体侵权人的,由侵权人承担责任。"《民法典》修改了司法解释的内容。据此规定,"能够确定具体侵权人"是免责事由。案例中,张公平、董敏法、李某主观上都没有殴打梁一思的共同故意,但正因为他们三人的行为才使梁一思的合法权益受到损害,此种情况应认定为是共同危险行为。李某没有证据证明梁一思的受伤与自己行为之间无因果关系,而且也没有证明谁是真正的行为人。因此李某与张公平、董敏法承担对梁一思的连带承担。

三、教唆和帮助行为

【案例】 张公平是养殖专业户,鱼塘的鱼大量被偷,其好友梁一思劝他在鱼塘周围布上电网。张公平听了他的劝告在鱼塘四围布上了电网,董敏法在偷鱼时被电击成重伤。

【问题】 梁一思是否构成教唆侵权行为?

(一) 教唆侵权行为及其构成要件

所谓教唆行为,是指利用言语对他人进行开导、说服,或通过刺激、利诱、怂恿等办法,最终促使被教唆人接受教唆人的意图,进而实施某种加害行为。[1]构成教唆侵权行为的要件包括:第一,教唆行为只能采用积极的方式作出,而不能采用消极的不作为的方式。教唆的手段是多种多样的,包括诱导、说服、威胁等。教唆的行为是各种各样的,有口头、书面或打手势等。第二,教唆人主观上具有故意。如果是过失行为导致他人产生加害意图的,则不能构成教唆。第三,被教唆人实施了侵权行为,并且教唆行为与侵权行为之间客观上具有因果关系。

案例中,梁一思明知自己教他人私拉电网可能会造成他人人身损害,但依旧实施私拉电网的教唆行为,在主观上梁一思存在过错,属于间接故意;张公平实

---

① 参见张铁薇:《共同侵权制度研究》,法律出版社 2013 年版,第 176 页。

施了梁一思教唆的教唆行为,并造成了董敏法的重伤,张公平属于直接故意。因此梁一思的行为构成教唆侵权行为。

(二) 帮助侵权行为及其构成要件

所谓帮助行为,是指通过提供工具、指示目标或以言语激励等方式,从物质上和精神上帮助实施加害行为的人。[①]其中,帮助人是指为他人实施加害行为提供帮助的人;被帮助人是指接受帮助,实施加害行为的人。构成帮助侵权行为的要件包括:第一,帮助人实施了帮助行为。帮助行为一般情况下是积极的行为。有时不作为也构成帮助侵权行为,如帮助人具有特定的义务,但其故意地消极地不作为。第二,帮助人具有主观故意。一是帮助人和被帮助人之间都具有共同故意。二是帮助人故意为被帮助人的侵权行为提供帮助,但被帮助人不知道帮助人提供了帮助,这种情况也不妨碍帮助侵权行为的成立。第三,被帮助人实施了侵权行为,并且帮助行为与侵权行为之间客观上具有因果关系。

(三) 教唆、帮助行为的法律后果

1. 教唆、帮助完全民事行为能力人的责任

教唆、帮助完全民事行为能力人侵权的,教唆人、帮助人应当与行为人承担连带责任。受害人可以向教唆人、帮助人或实施侵权行为人的一人或数人主张侵权全部损害赔偿。在内部,教唆人、帮助人与被教唆人、被帮助人按照其过错程度进行分担。

2. 教唆、帮助无民事行为能力人、限制民事行为能力人的责任

教唆、帮助无民事行为能力人、限制民事行为能力人时,教唆人、帮助人实际上是利用被教唆、帮助人的身体动作作为侵害他人权利的方式,来实现其非法目的,被教唆、被帮助人在这里类似于他们实施侵权行为的工具。[②]因此应当由教唆人、帮助人对加害行为承担单独的侵权责任。但教唆人、帮助人主观上不知道被教唆、被帮助人是民事行为能力人或限制民事行为能力人时,也应同样适用《民法典》第 1169 条第 2 款规定,由教唆人、帮助人承担单独的侵权责任。

无民事行为能力人、限制民事行为能力人的监护人未尽到监护责任的,应当承担相应的责任。即根据监护人的过错程度确定责任大小,且监护人与教唆人、帮助人之间不存在连带责任。

---

① 参见王利明:《侵权责任法研究》(上卷),中国人民大学出版社 2016 年版,第 550 页。

② 参见最高人民法院民法典贯彻实施工作领导小组主编:《中华人民共和国民法典侵权责任编理解与适用》,人民法院出版社 2020 年版,第 62 页。

四、无意思联络数人侵权责任

【案例】 驾驶电动自行车的张公平与骑自行车的梁一思发生触碰,梁一思倒地后被迎面而来的机动车轧伤。该机动车司机董敏法并未停车便驶离现场。梁一思多处粉碎性骨折,花去医药费数万元。三方未就赔偿事宜达成一致意见。张公平坚持梁一思的受伤系董敏法造成的,与自己无关,拒绝赔偿。梁一思诉至法院。

【问题】 该案如何处理?

无意思联络的数人侵权,是指二人以上没有意思联络,但其行为相互结合造成他人人身或者财产损害,且每个人的侵权行为都足以造成全部损害的侵权行为类型。①无意思联络的数人侵权根据损害结果的原因力结合方式的不同,分为叠加的分别侵权行为和典型的分别侵权行为两种类型。

(一) 叠加的分别侵权行为

1. 叠加的分别侵权行为的概念和构成要件

《民法典》第 1171 条规定:"二人以上分别实施侵权行为造成同一损害,每个人的侵权行为都足以造成全部损害的,行为人承担连带责任。"这是对叠加的分别侵权行为以及责任的规定。叠加的分别侵权行为,又称聚合因果关系、累积因果关系,是指两个以上的行为都是损害发生的原因,且每一个行为均足以造成全部损害的情况。②其构成要件如下:第一,二人以上分别实施侵权行为。行为主体是二人或二人以上,各行为主体之间不存在主观上的关联性,在实施侵权行为时不存在共同的故意或过失。第二,造成同一损害后果。"同一损害"从三个方面来理解:一是指数个侵权行为都是指向同一损害后果,而不是造成若干独立的损害后果。二是同一损害后果不可分割。三是各行为人的侵权行为可以同时进行,也可以分先后进行,但各行为人的侵权行为与损害后果之间必须存在因果关系。第三,各侵权行为都足以造成全部损害。"足以造成全部损害"是叠加的分别侵权行为的重要特征,即每个行为都构成损害结果发生的充足原因,即使在没有其他侵

---

① 参见最高人民法院民法典贯彻实施工作领导小组主编:《中华人民共和国民法典侵权责任编理解与适用》,人民法院出版社 2020 年版,第 83 页。

② 参见满洪杰、陶盈、熊静文:《〈中华人民共和国民法典·侵权责任编〉释义》,人民出版社 2020 年版,第 23 页。

权行为的共同作用下,独立的单个侵权行为也能造成全部损害结果的发生。

2. 叠加的分别侵权行为的法律后果

叠加的分别侵权行为的责任规则如下:首先是对外的连带责任。由于每个侵权行为均足以造成全部损害后果的发生,法律规定各行为人承担连带责任,各行为人都应当就全部损害承担赔偿责任。其次是对内的最终责任。各侵权行为人平均承担赔偿,即根据人数平均确定赔偿份额。

(二) 典型的分别侵权行为

1. 典型的分别侵权行为的概念和构成要件

《民法典》第1172条规定:"二人以上分别实施侵权行为造成同一损害,能够确定责任大小的,各自承担相应的责任;难以确定责任大小的,平均承担责任。"这是对典型的分别侵权行为的规定。典型的分别侵权行为,又称共同因果关系,也称为无意思联络的数人侵权,是指数个行为人事先没有共同故意也没有共同过失,只是由于他们各自的行为与损害后果之间客观上的联系,造成了同一个损害结果的侵权行为类型。[1]其构成要件如下:第一,二人以上分别实施侵权行为。行为主体是二人以上,数个侵权行为人之间没有意思联络,既无共同故意又无共同过失。第二,造成同一损害后果。数个侵权行为造成了同一损害后果,而不是数个后果。数个行为作为一个整体的偶然结合导致了同一损害后果的发生。第三,每个侵权行为都不足以造成全部损害后果。典型的分别侵权行为的每个侵权行为都不足以造成全部损害后果。只有各侵权行为累加、结合或者加强才造成了全部损害。[2]

案例中,梁一思的受伤是多种行为相互结合共同作用的结果。如果张公平没有将梁一思撞倒在地,梁一思也不会被机动车轧伤。张公平的碰撞行为与董敏法的碾压行为互相结合最终导致了梁一思多处粉碎性骨折的事实。张公平的碰撞行为虽然不足以导致梁一思多处粉碎性骨折的发生,但其碰撞行为与梁一思多处粉碎性骨折之间具有部分因果关系,其行为与董敏法的侵权行为相结合导致了损害的发生,所以张公平应当承担相应的赔偿责任。

2. 典型的分别侵权行为的法律后果

典型的分别侵权行为的侵权责任形态为按份责任。按份责任应当依照以下

---

[1]　参见最高人民法院民法典贯彻实施工作领导小组主编:《中华人民共和国民法典侵权责任编理解与适用》,人民法院出版社2020年版,第89页。

[2]　参见满洪杰、陶盈、熊静文:《〈中华人民共和国民法典·侵权责任编〉释义》,人民出版社2020年版,第25页。

规则处理:第一,能够确定责任大小的,各自承担相应的责任。各自按责任大小分担,是指按照各行为人的行为对损害后果的原因力和各自的过错程度分担。原因力是指每一个原因对于损害后果的发生所起的作用力。即作用力越大,承担的责任也越大。同理,过错越大,承担的责任也越大。第二,难以确定责任大小的,平均承担责任。第三,不实行连带责任。各个行为人只对自己的份额承担责任,不对他人的行为后果负责赔偿。

第三节　赔偿数额和承担责任的被告——损害赔偿和责任主体的特殊规定

一、侵权损害赔偿概述

【案例】　某日张公平乘坐梁一思的小货车进城,事发前张公平饮了酒并坐在货车后斗边缘,途中不慎摔伤在地,花去医疗费用数万元,经鉴定颅脑损伤为十级伤残。张公平向法院提起民事诉讼,要求梁一思赔偿其全部损失。

【问题】　张公平的损失能否得到完全的赔偿?

侵权损害赔偿是指实施侵权行为造成损害时,在侵权人和被侵权人之间产生的赔偿之债。被侵权人是赔偿之债的债权人,侵权人是赔偿之债的债务人。被侵权人有请求侵权人进行损害赔偿的债权,侵权人支付一定金钱承担损害赔偿的债务。赔偿之债实现,被侵权人的损失得到补偿。侵权损害赔偿是侵权人承担侵权责任最主要的方式。

(一) 侵权损害赔偿的法律特征

1. 侵权损害赔偿的目的是救济损失

赔偿是为了对受害人给予救济,使其受到的损失得到补偿。救济损失是侵权损害赔偿的根本目的。

2. 侵权损害赔偿是一种财产赔偿

侵权行为造成的财产损害、人身损害、精神损害的赔偿责任都是以财产赔偿的方式进行的。

3. 侵权损害赔偿是由法律强制规定的

侵权损害赔偿不由当事人约定而产生,而是根据法律规定直接在侵权人与被侵权人之间产生,并且责任的大小也不由当事人约定,而是由受害人所受损失的大小确定。

(二) 侵权损害赔偿规则

1. 完全赔偿规则

完全赔偿规则是指侵权人应当就侵权行为所造成的全部财产损失进行完全的赔偿。全部损失包括侵权行为对受害人所造成的直接损失和间接损失以及受害人因侵权行为所支出的必要费用。

2. 损益相抵规则

损益相抵规则是指受害人因某一侵权行为而受到损害的同时也获得利益的,确定其所获损害赔偿数额时应扣除其所获得利益的规则。承担损害赔偿责任的义务人有权请求在赔偿额中扣除受害人所得利益,仅就差额承担赔偿责任。

3. 过失相抵规则

过失相抵规则是指受害人对损害发生或扩大有过错的,应当根据其过错的程度相应地减轻侵权行为人的损害赔偿责任。案例中,梁一思用小货车搭载张公平,并让其坐在货车的后斗内,违反了安全驾驶的规定,对于张公平的摔伤存在较大过错,应当对张公平的损失承担赔偿责任。而张公平作为完全民事行为能力人,饮酒后坐在货车的后斗边缘,对自身摔伤行为的发生存在一定过错。并且梁一思是好意同乘,应适当减轻其赔偿责任,法院判决梁一思承担张公平损失的 70%。

4. 衡平规则

衡平规则是指在确定侵权损害赔偿范围时,必须考虑当事人的各种因素,将赔偿责任进行平衡,使赔偿责任的确定更公正。

二、人身、财产和精神损害赔偿

【案例】　张公平夫妇结婚时特地聘请了专业的摄影公司为他们拍摄记录。不料婚礼结束后,摄影公司告知由于记忆芯片损坏,结婚摄像原始资料全部丢失,无法完成约定的婚礼特辑制作。张公平非常愤怒,要求摄影公司不应仅仅赔偿经济损失,还必须赔偿他们的精神损失。

【问题】　摄影公司是否应该对张公平夫妇进行精神损害赔偿?

侵权损害赔偿包括人身损害赔偿、财产损害赔偿和精神损害赔偿。

(一) 人身损害赔偿

人身损害赔偿是指自然人的健康权、身体权、生命权等人身权利受到不法侵害,引起致伤、致残、致死的后果,被侵权人因此而受损,侵权人通过一定数额的金钱赔偿承担侵权责任的方式。根据人身侵害造成损害后果的严重程度,将人身损害分为一般伤害、身体残疾和死亡三种情形。

一般人身伤害是指自然人遭受的可以通过医学治疗痊愈的人身伤害。根据《民法典》第1179条,一般人身伤害的赔偿包括:(1)为治疗和康复支出的合理费用,包括医疗费、护理费、交通费、营养费和住院伙食补助费。(2)因误工减少的收入。

身体残疾是指自然人遭受人身伤害虽经医学治疗但仍丧失或部分丧失身体功能。身体残疾的赔偿除了一般人身伤害的赔偿外,还包括辅助器具费和残疾赔偿金。

侵害他人人身造成死亡的,不仅损害了自然人的健康权、身体权,还最终导致了自然人生命权的丧失。死亡的赔偿除了一般人身伤害的赔偿外,还包括丧葬费和死亡赔偿金。

(二) 财产损害赔偿

财产损害赔偿是指侵权人因侵害财产权或人身权,造成被侵权人财产上的损失,侵权人通过支付一定数额的金钱进行赔偿,承担侵权责任的方式。财产损害赔偿包括:(1)侵害财产权益造成财产损失的财产损害赔偿。《民法典》第1184条规定:"侵害他人财产的,财产损失按照损失发生时的市场价格或者其他合理方式计算。"对财产损害的赔偿包括对直接财产损失的赔偿和间接财产损失的赔偿。(2)侵害他人人身权益造成财产损失的财产损害赔偿。《民法典》第1182条规定:"侵害他人人身权益造成财产损失的,按照被侵权人因此受到的损失或者侵权人因此获得的利益赔偿;被侵权人因此受到的损失以及侵权人因此获得的利益难以确定,被侵权人和侵权人就赔偿数额协商不一致,向人民法院提起诉讼的,由人民法院根据实际情况确定赔偿数额。"

(三) 精神损害赔偿

精神损害赔偿是指被侵权人因人身权益或特定财产权益被侵害而造成严重精神损害,侵权人通过支付一定数额的金钱对被侵权人的精神损害进行赔偿,承担侵权责任的方式。精神损害赔偿适用范围包括:(1)侵害自然人人身权益造成精神损害的赔偿。(2)侵害具有人身意义特定物造成精神损害的赔偿。案例中,摄影公司丢失摄像原始资料的行为不仅是对张公平夫妇的财产权益的损害,更是对他们精神利益的损害,因为婚礼摄影特辑具有重大的人身意义,因此张公平夫妇有权请求精神损害赔偿。

三、监护人责任、用人者责任和定作人责任

【案例】　张公平让保姆梁一思把阳台上的窗户擦干净,并且提醒梁一思在擦窗户时要把花盆从窗台上移走。梁一思认为移走花盆太繁琐,没有将花盆挪开。不巧的是梁一思在擦窗户时一不留神将花盆摔落至楼下,将楼下路过的行人砸伤。

【问题】　行人的受伤由谁来承担?

(一) 监护人责任

监护人的侵权责任,是指在无民事行为能力人或限制民事行为能力人造成他人损害时,其监护人承担的侵权责任,因此又称为监护人责任。监护人责任包括:监护人责任、委托监护责任和暂时丧失心智损害责任。

1. 监护人责任

监护人责任制度实行的是无过错责任,但监护人尽到监护职责的,可以减轻其侵权责任。被监护人自己有财产的,自己承担责任。不足部分,由监护人赔偿。

2. 委托监护责任

委托监护,是监护人将自己负有的无民事行为能力人或限制民事行为能力人的监护职责,委托给受托人承担。对于被监护人造成他人损害的侵权行为,监护人仍然应当承担侵权责任。受托人有过错的,承担相应的责任。

3. 暂时丧失心智损害责任

完全民事行为能力人对自己的行为暂时没有意识或者失去控制造成他人损害有过错的,应当承担侵权责任;没有过错的,根据行为人的经济状况对受害人适当补偿。完全民事行为能力人因醉酒、滥用麻醉药品或者精神药品对自己的行为暂时没有意识或者失去控制造成他人损害的,应当承担侵权责任。

(二) 用人者责任

用工责任亦称用人者责任,是指用人单位的工作人员或者劳务派遣人员以及个人劳务关系中的提供劳务一方在因执行工作任务或者劳务造成他人损害,

用人单位或者劳务派遣单位以及接受劳务一方应当承担赔偿责任的特殊侵权责任。①用人者责任包括用人单位责任、劳务派遣责任和个人劳务责任这三种类型。

1. 用人单位责任

用人单位责任,是指用人单位的工作人员因执行工作任务造成他人损害,用人单位作为赔偿责任主体,为其工作人员的致害行为承担损害赔偿责任的特殊侵权责任。②用人单位的工作人员因执行工作任务造成他人损害的,由用人单位承担侵权责任。用人单位承担侵权责任后,可以向有故意或者重大过失的工作人员追偿。

2. 劳务派遣责任

劳务派遣是指劳务派遣机构与被派遣劳动者签订劳动合同,由劳动者向接受劳务派遣的实际用工单位给付劳动的特殊劳动关系。③劳务派遣责任包括:(1)接受劳务派遣单位的责任。接受劳务派遣单位承担的责任是无过错责任。(2)劳务派遣单位的责任。劳务派遣单位有过错的,承担相应的责任。

3. 个人劳务责任

个人劳务责任,是指在个人之间形成的劳务关系中,提供劳务一方因劳务活动造成他人损害,接受劳务一方应当承担替代赔偿责任的特殊侵权责任。④个人劳务责任的承担分为以下三种情况:(1)提供劳务一方因劳务造成他人损害的,由接受劳务一方承担侵权责任。接受劳务一方在承担侵权责任后,可以向有故意或者重大过失的提供劳务一方进行追偿。案例中,张公平和梁一思形成个人劳务关系。按照《民法典》的规定,梁一思因提供个人劳务致人损害的,雇主张公平应当承担侵权责任。因梁一思在提供劳务过程中有重大过失,张公平在承担责任后可以向梁一思进行追偿。(2)提供劳务一方因劳务致使自己受到损害的,根据双方各自的过错承担相应的责任。(3)因第三人行为造成提供劳务一方损害的,提供劳务一方有权请求第三人承担侵权责任。《民法典》也明确规定,因第三人的行为造成提供劳务一方损害的,提供劳务一方也有权请求接受劳务一方给予补偿。接受劳务一方对提供劳务一方补偿后,可以向第三人追偿。

---

① 参见满洪杰、陶盈、熊静文:《〈中华人民共和国民法典·侵权责任编〉释义》,人民出版社2020年版,第66页。

② 参见杨立新:《侵权责任法》,法律出版社2021年版,第296页。

③ 参见张新宝:《侵权责任法》,中国人民大学出版社2016年版,第155页。

④ 参见杨立新:《侵权责任法》,法律出版社2021年版,第303页。

(三) 定作人责任

定作人指示过失责任,是指承揽人在执行承揽合同过程中,因执行定作人的有过失内容的定作或指示而不法侵害他人权利造成损害,应由定作人承担损害赔偿责任的特殊侵权责任形式。[1]《民法典》第 1193 条规定:"承揽人在完成工作过程中造成第三人损害或者自己损害的,定作人不承担侵权责任。但是,定作人对定作、指示或者选任有过错的,应当承担相应的责任。"这是对定作人指示过失责任的规定。

四、网络侵权责任、违反安全保障义务责任和教育机构责任

【案例】 梁一思为一大型商城某酒店服务员,该酒店举办婚宴会后没有及时处理婚礼现场的氢气球。梁一思下班时与酒店厨师张公平乘坐同一部电梯下楼。张公平将大量氢气球带入电梯,并在电梯内点燃了香烟,致使氢气球发生爆炸,将梁一思炸伤。梁一思将张公平、酒店和酒店所在的某大型商城诉至法院。

【问题】 该案如何处理?

(一) 网络侵权责任

网络侵权责任是指网络用户、网络服务提供者因过错在网络上侵害他人权益所应承担的责任。[2]网络侵权责任的承担主体包括网络用户和网络服务提供者。网络侵权责任的承担,分为以下几种情形:

1. 通知规则

通知规则也称为提示规则或者"通知—删除"规则,它是指在网络用户利用网络服务者提供的网络实施侵权行为时,在网络服务提供者知道侵权发生之前,只有在受害人通知网络服务提供者要求采取必要措施以后,网络服务提供者才有义务采取必要措施以避免损害的扩大。[3]

2. 反通知规则

为了保护网络用户的合法权益,《民法典》增加了反通知的规定。《民法典》第 1196 条规定:"网络用户接到转送的通知后,可以向网络服务提供者提交不存

---

[1]　参见杨立新:《侵权责任法》,法律出版社 2021 年版,第 312 页。

[2]　参见王利明:《侵权责任法研究》(下卷),中国人民大学出版社 2016 年版,第 113 页。

[3]　参见王利明:《侵权责任法研究》(下卷),中国人民大学出版社 2016 年版,第 127 页。

在侵权行为的声明。声明应当包括不存在侵权行为的初步证据及网络用户的真实身份信息。网络服务提供者接到声明后,应当将该声明转送发出通知的权利人,并告知其可以向有关部门投诉或者向人民法院提起诉讼。网络服务提供者在转送声明到达权利人后的合理期限内,未收到权利人已经投诉或者提起诉讼通知的,应当及时终止所采取的措施。"这是对避风港原则中的反通知规则的规定。

3. 红旗原则

红旗原则,是指网络用户在网络服务提供者提供的网络上实施侵权行为,侵害他人的民事权益,非常明确,网络服务提供者知道或者应当知道而不采取必要措施,即应承担侵权责任的规则。①

网络服务提供者知道或者应当知道网络用户在自己的网站上实施侵害他人民事权益行为的,对该信息没有采取必要措施的,对被侵权人造成的损害,与该网络用户承担连带责任。

(二) 违反安全保障义务责任

违反安全保障义务的侵权责任,是指依照法律规定或者约定对他人负有安全保障义务的人违反该义务,因而直接或者间接地造成他人人身或者财产权益损害,应当承担损害赔偿责任的特殊侵权责任。②违反安全保障义务侵权责任的承担,可以分为以下两种情形:

(1) 直接责任。宾馆、商场、银行、车站、机场、体育场馆、娱乐场所等经营场所、公共场所的经营者、管理者或者群众性活动的组织者,未尽到安全保障义务,造成他人损害的,应当承担侵权责任。

(2) 补充责任。因第三人的行为造成他人损害的,由第三人承担侵权责任;经营者、管理者或者组织者未尽到安全保障义务的,承担相应的补充责任。经营者、管理者或者组织者承担补充责任后,可以向第三人追偿。第三人的侵权责任是第一顺序侵权责任,安全保障义务主体的补充责任是第二顺序侵权责任。补充责任的赔偿是有上限的。安全保障义务主体只承担相应的责任,不能超出其相应责任的范围。

案例中,张公平在电梯内点燃香烟是导致氢气球爆炸的直接原因,张公平的行为是直接的侵权行为,对梁一思的损害后果应当承担侵权责任。酒店在婚宴后没有及时处理易燃易爆的氢气球,导致事故的发生,因此酒店也具有过错。大

---

① 参见杨立新:《侵权责任法》,法律出版社 2021 年版,第 320 页。
② 参见杨立新:《侵权责任法》,法律出版社 2021 年版,第 322 页。

型商场作为经营者,在张公平将氢气球带入电梯时,理应加以制止,但该商场并没有采取任何安全措施。因此法院认定该商场未尽安全保障义务,承担补充赔偿责任。

(三)教育机构责任

所谓教育机构的责任,是指无民事行为能力人和限制民事行为能力人在幼儿园、学校等教育机构学习、生活期间,因教育机构未尽到相应的教育管理职责,导致其遭受人身损害或者致他人损害时,教育机构所应当承担的赔偿责任。[1]其责任包括:

(1)无民事行为能力人受到人身损害的教育机构的责任。无民事行为能力人在幼儿园、学校或者其他教育机构学习、生活期间受到人身损害的,采取过错推定责任,幼儿园、学校或者其他教育机构应当承担侵权责任;但是,教育机构能够证明自己尽到教育、管理职责的,不承担侵权责任。

(2)限制民事行为能力人受到人身损害的教育机构的责任。对于限制民事行为能力人在学校或教育机构学习、生活期间受到人身损害的,确定教育机构的责任,实行过错责任原则。如果教育机构有过错,承担赔偿责任;没有过错,不承担赔偿责任。

(3)第三人在教育机构造成人身损害的教育机构侵权的责任。无民事行为能力人或者限制民事行为能力人在幼儿园、学校或者其他教育机构学习、生活期间,受到幼儿园、学校或者其他教育机构以外的第三人人身损害的,由第三人承担侵权责任;幼儿园、学校或者其他教育机构未尽到管理职责的,承担相应的补充责任。幼儿园、学校或者其他教育机构承担补充责任后,可以向第三人追偿。

第四节 七种常见的侵权责任——典型侵权责任

一、产品责任

【案例】 恒泰系某燃具公司生产商,公司发现已经投入市场的灶具存在质量缺陷,为了不影响该款灶具的销量,并没有通过媒体和销售商发布召回该款灶

---

[1] 参见王利明:《侵权责任法研究》(下卷),中国人民大学出版社 2016 年版,第 181 页。

具的通知。张公平在购买该灶具后,某日做饭时发生爆炸,被炸身亡。

【问题】 恒泰公司没有完成召回义务导致张公平身亡的法律责任是什么?

"产品责任"即产品的缺陷导致他人损害,生产者、销售者等应依法承担的侵权责任,而并非产品质量不合格导致的合同责任。产品责任属于特殊的侵权责任,适用的是无过错责任。只要产品使用人使用产品确实存在缺陷,不管产品缺陷的造成之人是谁,受害人可以向生产者主张权利,也可以向销售者主张权利。

(一)缺陷产品预防性补救责任

根据《民法典》第1206条的规定,产品投入流通后发现存在缺陷的,生产者、销售者应当及时采取停止销售、警示、召回等补救措施;未及时采取补救措施或者补救措施不力造成损害扩大的,对扩大的损害也应当承担侵权责任。依据前款规定采取召回措施的,生产者、销售者应当负担被侵权人因此支出的必要费用。案例中恒泰公司没有完成召回义务,张公平有权请求恒泰公司承担赔偿责任。

(二)缺陷产品惩罚性赔偿责任

生产者、销售者明知产品存在缺陷仍然生产、销售,或者没有依据《民法典》第1206条规定采取有效补救措施,造成他人死亡或者健康严重损害的,被侵权人有权请求相应的惩罚性赔偿。《民法典》第1207条虽然没有明确规定惩罚性赔偿超出实际损害赔偿的特定倍数,但确定了"被侵权人有权请求相应的惩罚性赔偿"的规则,这一规则实际上是数额确定的具体标准。

二、机动车交通事故责任和医疗损害责任

【案例】 梁一思因病在某医院做子宫全切术,医院为其实施了子宫全切术,但在手术过程中,医院擅自将梁一思的子宫和子宫双侧附件一并切除。梁一思得知自己双侧附件被切除后非常愤怒,以医院未尽到告知义务,要求医院赔偿损失。

【问题】 分析本案中某医院的侵权责任,并说明理由。

(一)机动车交通事故责任

机动车交通事故责任,指因在道路上驾驶机动车,过失或意外造成人身伤

亡、财产损失而应当承担的损害赔偿责任。[1]首先,机动车之间发生交通事故,实行过错归责原则。双方按照各自的过错比例分担责任。其次,机动车与非机动车驾驶人、行人之间发生交通事故,采用过错推定和无过错责任相结合的模式。即只要机动车与非机动车驾驶人、行人之间发生交通事故,就推定机动车一方有过错。根据《道路交通安全法》第76条,有证据证明非机动车驾驶人、行人有过错的,机动车一方可以在90%的范围内减轻责任。同时《民法典》也规定了机动车交通事故责任承担的特殊情形。

(1)擅自驾驶和租赁、借用、试乘机动车的责任认定。未经允许驾驶他人机动车,发生交通事故造成损害,属于该机动车一方责任的,由机动车使用人承担赔偿责任;机动车所有人、管理人对损害的发生有过错的,承担相应的赔偿责任,但是本章另有规定的除外。因租赁、借用等情形机动车所有人、管理人与使用人不是同一人时,发生交通事故造成损害,属于该机动车一方责任的,由机动车使用人承担赔偿责任;机动车所有人、管理人对损害的发生有过错的,承担相应的赔偿责任。

(2)转让而未过户情况下的责任认定。当事人之间已经以买卖或者其他方式转让并交付机动车但是未办理登记,发生交通事故造成损害,属于该机动车一方责任的,由受让人承担赔偿责任。

(3)抢盗机动车情况下的责任认定。盗窃、抢劫或者抢夺的机动车发生交通事故造成损害的,由盗窃人、抢劫人或者抢夺人承担赔偿责任。盗窃人、抢劫人或者抢夺人与机动车使用人不是同一人,发生交通事故造成损害,属于该机动车一方责任的,由盗窃人、抢劫人或者抢夺人与机动车使用人承担连带责任。

(4)挂靠营运情况下的责任认定。以挂靠形式从事道路运输经营活动的机动车,发生交通事故造成损害,属于该机动车一方责任的,由挂靠人和被挂靠人承担连带责任。

(5)转让拼装车、报废车造成损害情形下的责任认定。以买卖等方式转让拼装或者已经达到报废标准的机动车,发生交通事故造成损害的,由转让人和受让人承担连带责任。

(6)好意同乘的责任认定。非营运机动车发生交通事故造成无偿搭乘人损害,属于该机动车一方责任的,应当减轻其赔偿责任,但是机动车使用人有故意

---

[1]　参见马俊驹、余延满:《民法原论》,法律出版社2010年版,第1065页。

或者重大过失的除外。

（7）肇事后逃逸责任及受害人救济。机动车驾驶人发生交通事故后逃逸，该机动车参加强制保险的，由保险人在机动车强制保险责任限额范围内予以赔偿；机动车不明、该机动车未参加强制保险或者抢救费用超过机动车强制保险责任限额，需要支付被侵权人人身伤亡的抢救、丧葬等费用的，由道路交通事故社会救助基金垫付。道路交通事故社会救助基金垫付后，其管理机构有权向交通事故责任人追偿。

（二）医疗损害责任

医疗损害责任，是指医疗机构及其医务人员在诊疗过程中因过失造成患者人身损害或者其他损害，医疗机构应当承担的以损害赔偿为主要方式的侵权责任。[1]医疗损害责任适用的是过错责任原则。医疗损害责任有三个类型：

（1）医疗伦理损害责任。医务人员在诊疗活动中未向患者说明病情和医疗措施，未保守与病情有关的各种秘密以及实施不必要检查等，医疗机构应当承担赔偿责任。案例中，医院没有履行告知义务就将梁一思的子宫附件切除，该行为不仅违法，而且给梁一思造成了人身伤害，该违法行为与梁一思的损害之间有因果关系，医院应当承担赔偿责任。

（2）医疗技术损害责任。医务人员在诊疗活动中未尽到与当时的医疗水平相应的诊疗义务，造成患者损害的，医疗机构应当承担赔偿责任。

（3）医疗产品损害责任。医疗机构在医疗过程中使用有缺陷的药品、消毒药剂、医疗器械以及血液及制品等医疗产品，造成患者人身损害，医疗机构或者医疗产品生产者、销售者应该承担的医疗损害赔偿责任。

三、环境污染和生态破坏责任、高度危险责任

【案例】 恒泰是一家化工企业，某夜企业的污水管被进厂偷东西的小偷无意间凿开，未经处理的污水大量流出，造成下游某养殖场的鱼类大量死亡，损失达到 30 万元。养殖场向法院起诉，请求恒泰公司承担损害赔偿责任。恒泰公司认为是小偷的行为导致了污染的发生，污染产生的损失与自己无关。并且自己

---

[1] 参见江必新主编：《民法典重点修改及新条文解读》（下册），中国法制出版社 2020 年版，第 1045 页。

也因为小偷的行为蒙受损失，因此拒绝赔偿。

【问题】　法院应该如何判定此案？

（一）环境污染和生态破坏责任

环境污染和生态破坏责任是指因污染环境、破坏生态造成他人损害时，侵权人应当承担的侵权责任。环境污染和生态破坏责任适用的是无过错责任。只要侵权人造成环境污染和生态破坏，无论有无过错都应承担侵权责任。案例中，虽由于第三人小偷的行为引起了污染的后果，但环境污染和生态破坏责任适用无过错责任原则，恒泰公司虽然没有主观上的过错，仍然应当承担赔偿的责任。

就数人侵权的环境污染和生态破坏责任，《民法典》第1231条规定，两个以上侵权人污染环境、破坏生态的，承担责任的大小，根据污染物的种类、浓度、排放量，破坏生态的方式、范围、程度，以及行为对损害后果所起的作用等因素确定。可见数个侵权人承担的是按份责任。

（二）高度危险责任

高度危险责任，也称高度危险作业责任，是指因从事高度危险活动或保有高度危险物品而导致他人损害，依法应当承担的侵权责任。高度危险责任的类型有：(1)民用核设施损害责任。(2)民用航空器损害责任。(3)占有、使用高度危险物损害责任。(4)高度危险活动损害责任。(5)遗失、抛弃高度危险物损害责任。(6)非法占有高度危险物损害责任。高度危险责任适用的是无过错责任。

四、饲养动物损害责任、建筑物和物件损害责任

【案例】　年幼的张公平在小区附近玩耍时，不料被突然冲上来的狗咬伤，花去医疗费数万元。经查询确认该狗的主人是梁一思，梁一思称狗于事前已经丢失数日，拒绝赔偿。

【问题】　梁一思是否应当赔偿张公平的损失？

（一）饲养动物损害责任

饲养动物损害责任就是指饲养的动物造成他人损害的，动物饲养人或管理人应当承担的侵权责任。饲养动物损害责任适用无过错责任原则，只有动物园饲养的动物致害的情形适用过错推定责任原则。

《民法典》第1246条到第1250条针对饲养动物致人损害各种具体情况,规定了特殊规则,确立了各种具体的饲养动物损害责任。饲养动物损害责任包括:(1)违反管理规定未采取安全措施的动物致人损害责任。(2)禁止饲养的危险动物致人损害责任。(3)动物园的动物致人损害责任。(4)遗弃、逃逸的动物致人损害责任。(5)第三人过错造成动物致人损害责任。案例中,梁一思饲养的狗虽然已经丢失数日,但狗的所有权关系并没有变化,仍然归梁一思所有。因此逃逸的狗造成张公平损害的,还是应当由狗的所有人即梁一思承担侵权责任,而且承担的是无过错责任原则。梁一思应当赔偿张公平的医疗费用。

(二) 建筑物和物件损害责任

建筑物和物件损害责任是指因建筑物和物件导致他人人身或财产损失依法应承担的侵权责任。《民法典》在侵权责任编第十章将建筑物和物件损害责任作为一种典型侵权责任,专门进行了规定。由于物的类型成千上万,物件致人损害的情况非常复杂,各具特点,很难抽象出一般规则,因此《民法典》没有规定建筑物和物件损害的一般规则,而是就实践中比较多发生的、典型的建筑物和物件致人损害的情况进行了分别的规定。包括:(1)建筑物等倒塌、塌陷致人损害责任。(2)建筑物等脱落、坠落致人损害责任。(3)高楼抛掷物品致人损害责任。(4)堆放物致人损害责任。(5)妨碍通行物品致人损害责任。(6)林木致人损害责任。(7)地面施工致人损害责任。

参 考 文 献

［1］梁慧星:《民法总论》,法律出版社 2017 年版。

［2］王利明:《民法总则研究》,中国人民大学出版社 2018 年版。

［3］杨立新:《中国民法总则研究》,中国人民大学出版社 2017 年版。

［4］王利明主编:《中华人民共和国民法总则详解》,中国法制出版社 2017 年版。

［5］王泽鉴:《民法总则》,北京大学出版社 2009 年版。

［6］［德］卡尔·拉伦茨:《德国民法通论》,王晓晔等译,法律出版社 2003 年版。

［7］魏振瀛主编:《民法》,北京大学出版社 2010 年版。

［8］陈甦主编:《民法总则评注》,法律出版社 2017 年版。

［9］朱庆育:《民法总论》,北京大学出版社 2016 年版。

［10］陈华彬:《民法总则》,中国政法大学出版社 2017 年版。

［11］佟柔主编:《中国民法》,法律出版社 1994 年版。

［12］史尚宽:《物权法论》,荣泰印书馆 1957 年版。

［13］龙卫球:《民法总论》,中国法制出版社 2001 年版。

［14］梁慧星、陈华彬:《物权法》,法律出版社 2016 年版。

［15］王利明:《物权法研究》(上、下卷),中国人民大学出版社 2016 年版。

［16］李宇:《民法总则要义:规范释论与判解集注》,法律出版社 2017 年版。

［17］马俊驹、余延满:《民法原论》,法律出版社 2010 年版。

［18］崔建远:《物权法》,中国人民大学出版社 2017 年版。

［19］陈华彬:《民法物权》,经济科学出版社 2016 年版。

［20］［德］曼弗雷德·沃尔夫:《物权法》,吴越、李大雪译,法律出版社 2002 年版。

[21] 程啸：《不动产登记法研究》，法律出版社 2011 年版。

[22] 王利明、尹飞、程啸：《中国物权法教程》，人民法院出版社 2007 年版。

[23] 栾兆安：《民法总则简明知识例解》，中国民主法制出版社 2017 年版。

[24] 龙翼飞：《物权法原理与案例教程》，中国人民大学出版社 2008 年版。

[25] 国家法官学院案例开发研究中心编：《中国法院 2019 年度案例：物权纠纷》，中国法制出版社 2019 年版。

[26] 梅夏英：《物权法·所有权》，中国法制出版社 2005 年版。

[27] 张秀全、李忠原：《物权法》，高等教育出版社 2010 年版。

[28] 最高人民法院民法典贯彻实施工作领导小组主编：《中华人民共和国民法典侵权责任编理解与适用》，人民法院出版社 2020 年版。

[29] 最高人民法院民法典贯彻实施工作领导小组主编：《中华人民共和国民法典人格权编理解与适用》，人民法院出版社 2020 年版。

[30] 杨立新主编：《〈中华人民共和国民法典〉条文精释与实案全析》，中国人民大学出版社 2020 年版。

[31] 江必新主编：《中华人民共和国民法典适用与实务讲座》（上、下册），人民法院出版社 2020 年版。

[32] 江必新主编：《民法典重点修改及新条文解读》（上、下册），中国法制出版社 2020 年版。

[33] 王利明主编：《中国民法典评注：侵权责任编》，人民法院出版社 2021 年版。

[34] 邹海林、朱广新主编：《民法典评注：侵权责任编（1—2）》，法制出版社 2020 年版。

[35] 满洪杰、陶盈、熊静文：《〈中华人民共和国民法典·侵权责任编〉释义》，人民出版社 2020 年版。

[36] 黄薇主编：《中华人民共和国民法典侵权责任编释义》，法律出版社 2020 年版。

[37] 梅夏英、高圣平：《物权法教程》，中国人民大学出版社 2010 年版。

[38] 王泽鉴：《人格权法》，北京大学出版社 2013 年版。

[39] 王胜明主编：《中华人民共和国侵权责任法释义》，法律出版社 2013 年版。

[40] 王利明、杨立新：《侵权行为法》，法律出版社 1996 年版。

[41] 唐慧、闫朝东：《侵权责任法案例与学理研究》，中国社会出版社 2017 年版。

[42] 宋纪连:《民法典人生导图》,上海人民出版社 2022 年版。

[43] 宋纪连:《人格权与生活》,上海人民出版社 2022 年版。

[44] 宋纪连、徐青英、郭艺蓓:《民法总则与生活》,上海人民出版社 2019 年版。

[45] 宋纪连、徐青英、郭艺蓓:《物权与生活》,上海人民出版社 2020 年版。

[46] 宋纪连、徐青英、郭艺蓓:《侵权责任与生活》,上海人民出版社 2020 年版。

[47] 徐青英:《婚姻家庭继承与生活》,上海人民出版社 2021 年版。

[48] 郭艺蓓:《合同与生活》,上海人民出版社 2022 年版。

[49] 史尚宽:《亲属法论》,荣泰印书馆 1980 年版。

[50] 最高人民法院民法典贯彻实施工作领导小组主编:《中华人民共和国民法典婚姻家庭编继承编理解与适用》,人民法院出版社 2020 年版。

[51] 杨大文:《亲属法与继承法》,法律出版社 2013 年版。

[52] 肖峰:《民法典婚姻家庭编条文精释与案例实务》,法律出版社 2020 年版。

[53] 黄薇主编:《中华人民共和国民法典婚姻家庭编释义》,法律出版社 2020 年版。

[54] 黄薇主编:《中华人民共和国民法典婚姻家庭编解读》,中国法制出版社 2020 年版。

[55] 夏吟兰、龙翼飞等:《中国民法典释评·婚姻家庭编》,中国人民大学出版社 2020 年版。

[56] 全国人民代表大会常务委员会法制工作委员会编:《中华人民共和国婚姻法释义》,法律出版社 2001 年版。

[57] 最高人民法院民事审判第一庭编:《最高人民法院婚姻法司法解释(二)的理解与适用》,人民法院出版社 2015 年版。

[58] 余延满:《亲属法原论》,法律出版社 2007 年版。

[59] 陈甦、谢鸿飞:《民法典评注继承编》,中国法制出版社 2020 年版。

[60] 房绍坤、范李瑛、张洪波编著:《婚姻家庭与继承法》(第 4 版),中国人民大学出版社 2000 年版。

[61] 薛宁兰、谢鸿飞:《民法典评注婚姻家庭编》,中国法制出版社 2020 年版。

[62] 杨大文:《婚姻家庭法》,中国人民大学出版社 2015 年版。

[63] 马忆南:《婚姻家庭继承法学》,北京大学出版社 2019 年版。

［64］刘淑媛:《婚姻家庭继承法新论》,宁夏人民教育出版社 2010 年版。

［65］李少伟:《民法学教程》,法律出版社 2021 年版。

［66］黄薇主编:《中华人民共和国民法典合同编释义》,法律出版社 2020 年版。

［67］王利明、杨立新等:《民法学》,法律出版社 2020 年版。

［68］王利明:《合同法通则》,北京大学出版社 2022 年版。

［69］韩世远:《合同法总论》(第四版),法律出版社 2018 年版。

［70］李显冬:《侵权责任法》,北京大学出版社 2014 年版。

［71］王利明、程啸、朱虎:《中华人民共和国民法典人格权编释义》,中国法制出版社 2020 年版。

［72］王利明:《人格权法研究》,中国人民大学出版社 2018 年版。

［73］杨立新:《人格权法》,法律出版社 2015 年版。

［74］黄薇:《中华人民共和国民法典人格权编解读》,中国法制出版社 2020 年版。

［75］张俊浩:《民法学原理》,中国政法大学出版社 1991 年版。

［76］杨立新主编:《中华人民共和国侵权责任法草案建议稿及说明》,法律出版社 2007 年版。

［77］杨立新:《人身权法论》,中国检察出版社 1997 年版。

［78］王利明:《侵权责任法研究》,中国人民大学出版社 2016 年版。

［79］中共中央宣传部宣传教育局、全国人大常委会法制工作委员会民法室、司法部普法与依法治理局:《中华人民共和国民法典合同编学习读本》(上),中国民主法制出版社 2021 年版。

［80］佟柔:《民法原理》,法律出版社 1982 年版。

［81］张新宝:《侵权责任法》,中国人民大学出版社 2020 年版。

［82］姬新江:《共同侵权责任形态研究》,中国检察出版社 2012 年版。

［83］程啸:《侵权责任法》,法律出版社 2021 年版。

［84］房绍坤:《民法》,中国人民大学出版社 2017 年版,第 199 页。

图书在版编目(CIP)数据

民法典与生活 / 徐青英著. -- 上海 : 上海人民出
版社，2024. 6. -- ISBN 978-7-208-18959-1

Ⅰ. D923. 04

中国国家版本馆 CIP 数据核字第 2024C3U013 号

责任编辑　史尚华
封面设计　一本好书

民法典与生活

徐青英　著

出	版	上海人民出版社
		（201101　上海市闵行区号景路 159 弄 C 座）
发	行	上海人民出版社发行中心
印	刷	上海商务联西印刷有限公司
开	本	720×1000　1/16
印	张	14
插	页	2
字	数	238,000
版	次	2024 年 6 月第 1 版
印	次	2024 年 6 月第 1 次印刷

ISBN 978 - 7 - 208 - 18959 - 1/D・4337

定　价　65.00 元